中小企業研究の

新地平

SHINCHIHEI

中小企業の
理論・経営・政策の
有機的展開

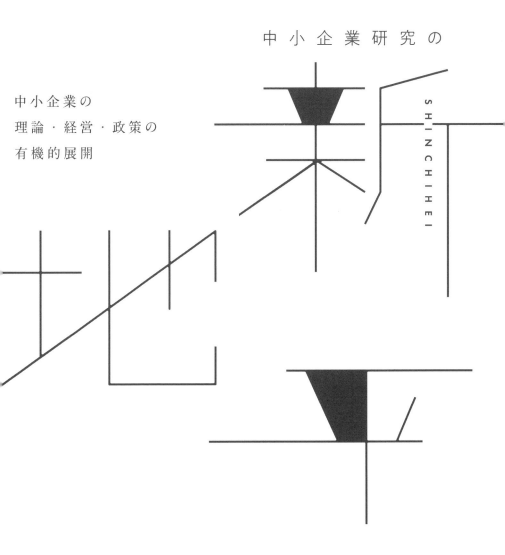

梅村　仁
堀　　潔
岡田　浩一
弘中　史子
文能　照之
太田　一樹
本多　哲夫
藤川　健
池田　潔
髙橋　美樹
関　智宏　編著

同友館

目次

序章
日本の中小企業研究の新地平

1. 日本の中小企業と日本の中小企業研究

　一国の全企業数において，中小企業の比重は非常に高いことが知られている（OECD, 2020）。中小企業は規模による区分に基づく企業形態の1つである。規模をいかなる指標をもちいて規定するかは国によってさまざまであるが，日本では，中小企業基本法によってその範囲が規定されている。その範囲規定に基づけば，『中小企業白書 小規模企業白書 2021年版』によれば，直近の2016年で日本の企業数約358万9千のうち，中小企業は357万8千，その割合にして99.7％となっており，全企業数に占める比重はきわめて高い（中小企業庁編, 2021a; 2021b）。

　中小企業を対象とする研究が中小企業研究である。日本における中小企業研究は，1930年代くらいから本格的に展開されており（渡辺, 2008:125），約100年の歴史を有するといわれる。今日にいたるまで，中小企業研究としての多くの研究成果が雑誌や書籍などさまざまな媒体物をつうじて発表されてきている[1]。その過程で，日本の中小企業研究は独自の発展を遂げてきた（佐竹, 2008; 2021）。日本の中小企業研究のこれまでの研究成果を知ることができるものとして，たとえば，『日本の中小企業研究』があげられる。これは，これまでに1970年代，1980年代，1990年代，2000年代の4度にわたって刊行された，日本における中小企業研究の10年間ごとの成果をそれぞれの分野からまとめたものである[2]。それらのなかでも2000年代の中小企業研究の成果をまとめた『日本の中小企業研究：2000〜2009』では，本質論を筆頭に（なお本

---

(1)　直近の研究成果のなかで書籍として刊行されたものとして，たとえば，髙田・前田・池田編著（2019）などがある。

(2)　これらの詳細は，渡辺（2008）を参照のこと。

書では理論・本質論的研究として理論が併記されている），政策的研究，経営的研究，歴史的研究，国際比較的研究があり，そのあとに個別具体的な多元的ともいうべき各論が取り上げられている（中小企業総合研究機構編，2013）[3]。この各論は，これまで時代とともに変遷してきたが，各時代においても，この本質論を軸として展開されてきた。

　日本中小企業学会第4期会長を務めた瀧澤によれば，中小企業本質論は，中小企業とは何かをめぐる議論であるという（瀧澤，1995）。そもそも中小企業研究の嚆矢は，中小企業の存立問題にある。本来，存在しにくいとされるものが存在していることを「存立」という。日本の中小企業は，日本経済が発展していくなかでも，決してなくならず，一定の比重をもって永く存立してきた。このことから，日本において中小企業はなぜ存立し続けてくることができたのであろうかという中小企業の存立を検討していくという中小企業存立論が中小企業研究の主要なテーマを成してきた（佐竹，2008）。

　本来存在しにくいものが存在しているという点にみられるように，日本の中小企業研究における中小企業認識の嚆矢はその問題性にあった。規模が小さいことに起因する問題（過少性），数が多いことに起因する問題（過多性），大企業との関連に起因する問題（格差，下請など）など，問題性の所在がさまざまな観点から指摘されてきた。経済社会の環境が変化するたびに，日本の中小企業はこれまでに厳しい局面に何度もさらされてきた。しかしながら，そうした状況にもかかわらず，現実的に日本の中小企業は一定の比率をもって存在し続けてきた。日本の経済社会において雇用の創出や経済発展への貢献などさまざまな諸点において重要な役割を果たしているという認識が生じてくるとともに，こうした貢献性ともいえる中小企業認識が先進国だけでなく，新興国にお

---

(3) 具体的には，研究，中小企業と生産・技術，中小企業と市場・流通，中小企業と雇用・労働・労務，中小企業と金融，中小企業と経営管理，中小企業と情報化社会，中小企業と社会的責任，中小企業と地域経済，中小企業とまちづくり，中小企業とグローバリゼーション，中小企業のライフサイクル，中小企業の組織化・連携，中小企業とイノベーション，製造業，商業，サービス業，建設・運輸・その他の産業，下請・系列企業，小企業，ベンチャー企業，となっている。

いても世界で共通する認識となっている（OECD, 2020）。こうして中小企業が何かをめぐる認識的側面では，問題性に基づく中小企業認識と貢献性に基づく中小企業認識という2つの対極する中小企業認識を軸に議論がなされてきた（日本中小企業学会編, 2001; 瀧澤, 1995）。

2.　日本の中小企業研究と中小企業存立論
─佐竹（2008）を基にして

　このような中小企業認識の拡がり，さらには中小企業に対する国際的関心の高まりとともに，中小企業存立論は日本の国内外のさまざまなアプローチから展開されるようになった。日本で中小企業存立論の体系的枠組を提唱したのは，日本中小企業学会第14期会長を務めた佐竹である（佐竹, 2008）。佐竹（2008）によれば，中小企業存立論は，異質多元的（山中, 1948）な存在である中小企業を研究対象とするがゆえに，研究アプローチも多様となるとしながらも，そのおもなものとして，経済学と経営学との2つの学術領域から，「中小企業問題」，「適正規模中小企業」，「寡占─非寡占」，「企業間関係」，「イエ社会」の5つのアプローチがあるとし，これら5つのアプローチから中小企業存立論が構成されるとしている。

　佐竹（2008）が述べるように，中小企業存立論は中小企業の存立の現状や存立条件について検討するものである。日本における中小企業研究が，中小企業の問題性の認識のうえに中小企業が研究対象として取り上げられたことに端を発するように（二場, 2021），中小企業の存立は，中小企業をめぐるさまざまな問題をどのように解消していくかという中小企業政策と，さらに個別中小企業がどのような経営によって存立可能とならしめているかという中小企業経営とに結びついている。この点については，佐竹（2008）でも強調されている。佐竹（2008）では，中小企業存立論に加えて，「大企業との格差は正に端を発し，中小企業の存立を補填することを目的とした経済政策（産業政策）について検討する」中小企業政策論と「個別中小企業における経営面・金融面・労働面・技術面などを検討していく」中小企業経営論という，存立論・経営

3

論・政策論を中小企業論の3つの各分野として位置づけている（佐竹，2008:9）。さらに佐竹は，それら3つの分野の「融合を図り，中小企業存立に向けた処方箋を提示できる経営論・政策論をも内包していく中小企業存立論を体系化していく」ことを目指し（佐竹，2008:9），中小企業存立論として提示した上の5つのアプローチ（これを狭義としての中小企業存立論としている）に加えて，「地域中小企業」アプローチと「ベンチャー」アプローチの2つのアプローチに特徴づけられる中小企業経営論と，さらにそれら狭義の中小企業存立論と中小企業経営論のそれぞれの処方箋として機能してきた中小企業政策論といったように，存立論・経営論・政策論とが有機的に展開した「広義ともいうべき中小企業存立論」として体系化している（佐竹，2008:288）。

　この中小企業論を成すとされる存立論・経営論・政策論の3つの各論の「有機的な展開」とはどのようなことを意味するのであろうか。佐竹（2008）の第9章「中小企業論における存立論・経営論・政策論の有機的展開—異質多元性についての再検討—」でその見解が示されている（佐竹，2008:255-288）。佐竹は，現代日本における中小企業認識が問題性と効率性であるという2つの認識の観点から，「中小企業が問題性と効率性の両面を併せ持った主体」として「現代中小企業における異質多元性とは中小企業という主体が，個別中小企業の観点から見た場合に経営環境によって問題性を有した主体と成りうるときもあれば，効率性を有した主体となりうることもあるとすることを指すこととなる」とする。なお佐竹は，ここで中小企業認識における問題性に対峙するものとして効率性という概念をあてており，また複眼的中小企業論を主張する黒瀬は，発展性という概念をあてている（黒瀬，2021）。効率性にせよ発展性にせよ，中小企業のどの点の問題性に対峙させるかで表現が異なっているが，貢献性も含めていずれも中小企業の「良い」部分に焦点を当てている点で共通している。以下では，問題性に対峙する概念として貢献性に統一する。

　佐竹の見解を振り返ろう。佐竹（2008）では，中小企業の問題性と貢献性という2つの中小企業認識を基に，中小企業の存立論・経営論・政策論の「有機的展開」を説明しようとしている。具体的には佐竹は，中小企業存立論を，

4

問題性の観点から中小企業政策論の視点で，貢献性の観点から中小企業経営論の視点で評価し，それらの融合を試みている。前者（中小企業政策論）は，現存する中小企業は，問題性だけでなく貢献性も含むことから，その貢献性を発揮するためにも，中小企業の自主努力を新しい革新的な方向へ向けていくたんなる起業・創業策だけではない従来の近代化と不利是正の政策原理を内包しうる中小企業政策を講じていくことが国民経済的視点において公共の利益の観点からも必要である。後者（中小企業経営論）は，中小企業が「Vital Majority」であるということを積極的に評価しながら，経営的視点のなかでも経営資源と経営戦略両者からの視点を中心とするものである。具体的には，経営資源の確保ならびに獲得のためにネットワーク化が必要となるが，中小企業家によって提示する方向性に沿って戦略的に組み合わせていくこと，すなわち自社の存立意義を見つめ直し，事業コンセプトを明確にして，高い顧客価値を実現できる組織をつくることが求められている。とくに中小企業の場合には，存立する地域の経営資源を活用することで，地域に存立する中小企業は自社に対する信用を創造し，さらに存立基盤強化を達成することで「強い企業」＝「良い企業」へと転換するが，このために革新的行動の実現が求められるのである（佐竹，2021）。

　佐竹（2008）で示された中小企業の存立論・経営論・政策論の「有機的展開」の目的は，あくまで広義としての中小企業存立論の体系化を試みようとした点にある。中小企業の研究は，いまだ一定の体系性のもとで論じられていないために「論」に留まっており，それゆえに中小企業「学」に至らないという指摘がある（川上，2008:354-355）が，佐竹（2008）はさまざまなアプローチとして展開されていたものを，中小企業存立論としての体系化を試みたのである。中小企業（存立）「学」に迫る，学問としてのアイデンティティの形成につながる研究として，佐竹（2008）は高く評価されるべきであろう。ただし論としての体系化は，あくまで研究のための研究ともいえ，渡辺が主張する「中小企業論研究」（渡辺，2008）ともみなされるかもしれない。しかし佐竹（2008）で示されたこれら存立・経営・政策の3つの諸点の側面での「有機的

展開」は，必ずしも論に限らず，中小企業が存立している現象をめぐっても，同じく「有機的展開」を指摘することができると考える。二場（2021）は，日本社会には中小企業の存立にとって「不利な観念・制度・慣行などが社会的遺制として残っている」（二場，2021:93）が，不利是正にはそのための政策も必要であると同時に[4]，中小企業家（二場は「中小企業者」としている）による「不公平さへの強い問題意識とそれを支持する社会的気運の醸成が必要である」とし，中小企業自身が行動を起こす必要性を指摘している（二場，2021:85）。このように中小企業存立を考察していくということは，同時に中小企業政策や中小企業経営も含めて考察していくことにつながるのであり，それゆえに中小企業研究としての研究成果は，存立・経営・政策のいずれかがとくに強調されたものになるか，あるいはそれらの複数が包摂されたものになるといえよう。

3．日本の中小企業研究の課題と展望
―日本の中小企業研究の新地平

　中小企業研究は，その言葉どおり，まさに実際に存在する（してきた）中小企業を対象とした研究である。中小企業に関心をもつ研究者たちの多くは，実際に存在する中小企業をめぐるさまざまな現象を描いてきた。それゆえに，研究者は中小企業のある特定の事象に焦点を当てがちであり，この傾向は近年ますます高まってきている。日本中小企業学会が年に一度発行する論集に掲載された論稿のタイトルをみても，事例，調査，実証といった用語が比較的多く使われる傾向にある（関，2020）。ある特定の産業やある特定の地域，さらにはある特定の事象に焦点が当てられており，「流れ星」的な研究であると指摘されている（出家，2019）。

---

(4) 二場は，いまの中小企業政策の中心課題として，①経営者機能が質的に向上する環境を醸成すること，②地域経済と地域中小企業の発展を追求すること，そして③前近代的な中小企業のイメージや取引慣行などを是正すること，の3点を取り上げている（二場，2021:90-94）。

　日本中小企業学会は1980年10月に創設され，2020年10月の大会で40回目の節目を迎えた。そこでは「中小企業研究の継承と発展—日本中小企業学会40年間の歴史の軌跡—」をテーマに，中小企業研究のこれまでの推移と今後のあり方が問われた。そのなかで日本中小企業学会第10期会長を務めた三井は，「なぜ中小企業を論じるか」という点を中小企業研究の原点的な問題意識としながら，「21世紀においては中小企業研究が世界的にいっそう活発となっており，関心や対象，議論の位置づけ等が細分化し，詳細な研究や政策評価などがはかられる一方，そもそも『なぜ中小企業を論じるのか』という原点的な問題意識が曖昧になっている感も拭えない」と警鐘を鳴らしている（三井，2021:13）。

　日本の中小企業研究は，学会としても40年を迎え，あらためてその研究がはたして何を問う学問であるのか，という学問としてのアイデンティティを問う時期にきている。たんに中小企業を取り上げるだけで中小企業研究ということにはならないであろう。それでは，真に中小企業研究となるためには，中小企業をめぐってどのようなことをいったい何のために論じなければならないであろうか。こうした中小企業研究の学問としてのアイデンティティを形成させていくことにつながる諸研究がよりいっそう求められている。

　中小企業論研究としての研究展開も重要ではあるが，中小企業研究が真に中小企業研究であるゆえんは，冒頭にも記したように，中小企業を研究対象とするという点にある。かつて日本中小企業学会初代会長を務めた山中は，中小企業を「異質多元性」とし，研究者の多くも，「異質多元的」である中小企業の現象に即して，さまざまな研究方法や研究視点（アプローチ）からその現象を捉えようとし続けてきた。たとえば佐竹（2008）では，現代においても存立維持していくことができうる中小企業が，はたしてどのような中小企業であるかということを問いながら，経済発展段階でみたときの現在の経済環境下を経済衰退期とし，個別的には多様な存立形態をとる中小企業のなかでも，個別中小企業の経営という観点から，経営資源と経営戦略とのそれぞれの視点でみた場合に，現代日本，すなわち経済衰退段階の経済成長過程にある日本の中小企

業の経営形態は，経営資源上では企業間連携組織，また経営戦略上ではベンチャーとして位置づけられる，革新的行動をともなうベンチャー型中小企業であるとしている（佐竹, 2008:262-263）。今後もこうした中小企業の現象を捉えようとする研究が展開され続けていくことは重要であるし，また中小企業の「異質性」をさらにいっそう解明していく必要があろう。しかし，ここでの主張は，必ずしも「異質的」な中小企業の一般化を試みるということではない。むしろ「異質的」な中小企業をみるための学際的なメタ理論を構築していくことが必要であり（平野, 2018），これが中小企業研究の学問としてのアイデンティティの形成につながると期待される。

　さらに中小企業をめぐる特定の事象をどのように明らかにしていくかという中小企業の解明のための研究方法や研究視点（アプローチ）もその「異質性」に応じるかたちで「多元的」なものが要求されうる。二場は，日本の中小企業問題は「問題性」の研究であるとしており（二場, 2021:85），さらに三井は，「現実の経済社会」のさまざまな問題から「中小企業問題」と「不利是正」が今日においてもいまだみられることを指摘している（三井, 2021:13-14）。中小企業の問題性が発現されるメカニズムの解明には，ただ唯一のものでなく，多様な研究方法や研究視点（アプローチ）からの研究展開がより求められるであろう。二場は，現象として生じる中小企業の問題性をその基盤にある資本主義構造の特徴と結びつけて考察することを（二場, 2021:85），また三井は中小企業の存在が，そこにかかわる多くの人々の仕事と暮らし，社会全体の望ましい発展と諸問題の解決，そして地球規模の課題への実践的な処方箋につなげていくことをそれぞれ提唱した（三井, 2021:14）。このように，日本の中小企業の現象を解明していくためには，企業組織，企業を取り巻く社会構造，さらに企業を牽引する企業家といった異なる分析レベルを結びつけ（関, 2021），そして多様な学術領域にまたがった「多元的」な研究方法や研究視点（アプローチ）が，日本の中小企業研究でよりいっそう求められているのである。研究方法や研究視点については，ようやく比較的最近においていくつかの研究成果が発表されつつあるところであるものの（出家, 2019; 平野, 2018; 池田, 2020;

三井, 2016; 大林, 2015; 関, 2021), これまでほとんど検討されてこなかった[5]。こうした研究方法や研究視点（アプローチ）を検討し続けていくことも中小企業研究において重要であろう。

　日本中小企業学会第14期会長を務めた佐竹は，問題性と貢献性（効率性）の2つの認識的側面を有する異質多元的な中小企業を前提に，経済学と経営学の異なる学術領域にまたがった狭義としての中小企業存立論だけでなく，さらに存立論・経営論・政策論をそれぞれ有機的に展開させることで広義としての中小企業存立論の体系化を試みた。この佐竹の主張にみられるように，日本の中小企業研究のさらなる発展のためには，上で取り上げたよう多様な学術領域にまたがった「多元的」な研究方法や研究視点（アプローチ）を組み合わせることによって，現実に存在する（してきた）「異質多元的」な中小企業の現象を，存立・経営・政策の「有機的展開」の視点から真に捉えていくことが肝要である。

　以下に続く各章の諸研究は，日本における中小企業学会の中枢を担う数名の研究者による最新の研究成果である。本書に所収された諸研究は，存立・経営・政策の「有機的展開」から織りなす中小企業研究の理論的・方法論的研究ならびに実証研究の果実であるとともに，日本の中小企業研究のさらなる深化を試みるものである。本書が，日本の中小企業研究の新たな地平を開く議論の起点となることを祈願する。

【参考文献（アルファベット順）】
中小企業庁編（2021a）『中小企業白書 小規模企業白書 2021年版（上）』日経印刷。
中小企業庁編（2021b）『中小企業白書 小規模企業白書 2021年版（下）』日経印刷。

---

(5) 渡辺は，「社会学では社会調査の方法論をめぐる理論・研究があるが，中小企業論の分野ではそうしたことは重視されてこなかった。調査の方法論を示した著書がまったくないわけではないが，中小企業論の研究を志すものは，多くの場合，見様・見真似にもとづいて，経験的に調査の方法を修得してきたのが実情であろう」と述べている（渡辺, 2008:133）。

中小企業総合研究機構編（2013）『日本の中小企業研究　2000-2009（第1巻）成果と課題』同友館。

出家健治（2019）「中小企業の研究対象と研究方法ならびに問題意識と問題視角について―中小企業の理論体系化の喪失と研究の流れ星化」福岡大学研究推進部『福岡大学商学論叢』第63巻第3・4号：393-433.

二場邦彦（2021）「日本の中小企業研究の到達点と課題」日本中小企業学会編『中小企業研究の継承と発展―日本中小企業学会40年間の軌跡』同友館：84-94.

平野哲也（2018）「中小企業研究の方法的立場―中小企業概念の系譜とデザインの方法」日本中小企業学会編『新時代の中小企業経営』同友館：208-221.

池田潔（2020）「中小企業研究の分析視点に関する新たな考察―中小企業ネットワークを疑似企業体として捉える」大阪商業大学比較地域研究所『地域と社会』第23号：31-58.

川上義明（2008）「中小企業研究における科学性と実践性のディレンマの解消―パトス的領域とロゴス的領域：試論的アプローチ」福岡大学研究推進部『福岡大学商学論叢』第52巻第3・4号：353-367.

黒瀬直宏（2021）「中小企業の発展性と問題性―複眼的中小企業論の主張」日本中小企業学会編『新時代の中小企業経営』同友館：57-70.

三井逸友（2016）「中小企業研究の課題と方法―公益社団法人中小企業研究センターの50年の歴史に寄せて」『公益社団法人中小企業研究センター年報2016』中小企業研究センター：3-19.

三井逸友（2021）「『世界の中の日本中小企業』（研究）の半世紀を考える」日本中小企業学会編『中小企業研究の継承と発展―日本中小企業学会40年間の軌跡』同友館：3-16.

日本中小企業学会編（2001）『中小企業政策の「大転換」』同友館。

日本中小企業学会編（2021）『中小企業研究の継承と発展―日本中小企業学会40年間の軌跡』同友館。

大林弘道（2015）「中小企業研究における調査・分析の新たな地平」立教大学経済学研究会『立教経済学研究』第69巻第2号：97-122.

OECD（2020）*OECD SME and Entrepreneurship Outlook 2020*, OECD Publishing.

佐竹隆幸（2008）『中小企業存立論―経営の課題と政策の行方』ミネルヴァ書房。

佐竹隆幸（関智宏編集責任）（2021）『中小企業政策論―持続可能な経営と新しい公共』関西学院大学出版会。

関智宏（2020）「日本における中小企業研究の40年―『日本中小企業学会論集』に

　　掲載された論稿のタイトルの傾向分析」同志社大学商学会『同志社商学』第72
　　巻第1号：117-155.
関智宏（2021）「中小企業研究の分析をめぐる視点と対象―アントレプレナーシップ
　　研究領域における個人，組織，社会レベルでの分析レベルの観点から」mimeo.
髙田亮爾・前田啓一・池田潔編著（2019）『中小企業研究序説』同友館。
瀧澤菊太郎（1995）「『中小企業とは何か』に関する一考察」商工総合研究所『商工
　　金融』第45巻第10号：3-22.
渡辺俊三（2008）「中小企業論研究の成果と課題」名城大学経済・経営学会『名城論
　　叢』第8巻第4号：121-141.
山中篤太郎（1948）『中小工業の本質と展開―国民経済構造矛盾の一研究』有斐閣。

関　智宏

第1章
「中小企業存立論」再考：予備的考察
——中小企業「規模拡大」支援策を踏まえて

1. はじめに

　2020年9月23日に永眠された佐竹隆幸先生は，2008年に初めての単著として『中小企業存立論』を著され，「経営の課題と政策の行方」を論じられた。そこでは，経済学・経済政策論と経営学の両分野に通じた先生らしく，下請制・系列化論争と二重構造論，適正規模論，寡占体制と中小企業競争の理論，企業間関係論，イエ社会論，産業集積とソーシャル・キャピタル論，ベンチャー存立論—と，多角的に「中小企業存立論」が論じられている。

　多様な論点に共通する問題意識が，中小企業は「異質多元」であり，そのために，「中小企業の存立維持には，企業別・形態別・業種別・地域別にそれぞれ異なる対応が必要であり，多様な中小企業の経営戦略・中小企業政策が必要となる」（p.1）という問題意識である。

　翻って，菅義偉政権（2020年9月〜2021年10月）は，「成長戦略」の1つの柱として，「中小企業の足腰を強くするための支援」を掲げ，「中小企業の合併などの規模拡大」支援や「中小企業から中堅企業へ成長途上にある企業」への支援を進めた。場合によっては，「異質多元」と反するような，このような「成長戦略」には，日本の低い潜在成長率を引き上げ，新たな成長軌道にのせる政策，と高く評価する見解（「社説/コロナ後の事業再編　中小が中堅に成長する好機に」『日刊工業新聞』（2021.3.22））がある一方で，生産性の低い中小企業に退出をせまる政策，と問題視する見解（「［社説］中小企業支援　体質強化策の検討は丁寧に」『読売新聞』（2020.11.28朝刊））もある。

　本章では，伝統的な「中小企業存立論」を視野に入れつつ，上述の「中小企業の足腰を強くするための支援」策について，若干の評価を試みたい。

2. 中小企業の低生産性とその対応策

2-1. 中小企業の低生産性

　菅政権下で進められた一連の中小企業政策は，「日本では中小企業の生産性が低い」という問題意識に基づく。そこで，最初に，「中小企業の生産性が低い」という場合，具体的にどのような状況をさすのか，確認しておきたい。代表的な生産性指標には，労働生産性（生産量/労働投入量），資本生産性（生産量/資本ストック），全要素生産性（Total Factor Productivity: TFP，生産量/全生産要素投入量）があるが，どのような観点から「生産性が低い」と言っているのか。

　図表1-1は，2020年11月19日に開催された成長戦略会議（第4回）で配付された基礎資料の一部である（p.10）。「中小企業の生産性が低い」という場合の「生産性」は，就業者1人当たりGDPで測られる，労働生産性を意味していることがわかる[1]。

　労働生産性に注目が集まるのは，今後大幅な人口減少・高齢化が見込まれる日本で，社会経済的な課題に対処するためには，（国内総生産であると同時に総所得でもある）GDP減少を食い止める必要があるためである[2]。

　GDPは，固定資本減耗を差し引く前の付加価値合計であり，売上でとらえた生産額（＝産出額）から中間投入（他企業から原材料等として生産に投入された額）を引いたものに等しい。日本経済の現状は，図表1-2のようになっている。

---

(1) 『中小企業白書 2021年版』にも同様の分析がある（pp.I-134-I-139）。
(2) 以下の説明に当たっては，アトキンソン（2020）も参照のこと。

図表1-1 企業規模別の労働生産性の推移

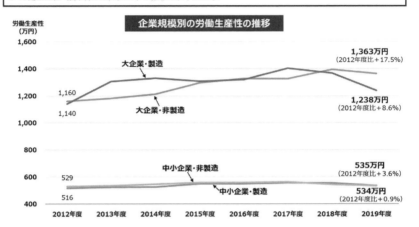

○ 労働生産性（就業者1人当たりGDP）の推移は以下のとおり。

（注）付加価値額を期中平均従業員数で割った値。大企業：資本金10億円以上の企業，中小
　　　企業：資本金1億円未満の企業。
出所：財務省「法人企業統計」を基に作成。
出典：成長戦略会議（第4回）配付資料（基礎資料，p.10）

図表1-2 分配面からみたGDPと支出面からみたGDP（2019暦年）

国内総生産（分配）		国内総生産（支出）	
雇用者報酬	287	民間最終消費支出	306
営業余剰・混合所得	93	政府最終消費支出	111
固定費本減耗	135	総固定資本形成	142
生産・輸入品に課される税	47	在庫変動	2
（控除）補助金	3	輸出	97
統計上の不突合	3	（控除）輸入	98
合計	561	合計	561

（注）1.「雇用者報酬」とは，生産活動から発生した付加価値の雇用者への分配額。現物を含む賃
　　　　金・俸給と社会保険に対する雇主の現実社会負担及び帰属社会負担からなり，家計部門の
　　　　みに計上される。
　　　2.「営業余剰・混合所得」は，産出額から中間投入，固定資本減耗，生産・輸入品に課され
　　　　る税及び補助金（控除）を差し引いた国内要素所得から雇用者報酬を差し引いたものであ
　　　　り，企業の利益に相当する。なお，「混合所得」は事業所得を労働費用と分離できないよ
　　　　うな個人事業主について用いる。
出所：内閣府・経済社会総合研究所『国民経済計算体系の解説』

　また，付加価値額は，企業レベルでは，次のように計算される（『中小企業白書 2021年版』15表，p.III-53）。

　　付加価値額＝労務費＋売上原価の減価償却費[3]＋人件費＋地代家賃＋販売費及び一般管理費の減価償却費[4]＋租税公課＋支払利息・割引料＋経常利益＋能力開発費

　続いて，労働生産性について，基本的な内容を確認したい。

2-2. 労働生産性を上昇させる要因[5]

　いま，名目賃金を W，物価を P，労働分配率を S_L，労働投入（労働者数×労働時間）を L，GDP を Y，中間投入物の価格を P_I とすれば，

$$S_L P Y = W L$$

がつねに成り立つ[6]。これを変形すると，

　　実質賃金（W/P）≡労働生産性（Y/L）×労働分配率（S_L）

となり，この式はさらに，中間投入物の価格 P_I を用いて，

　　労働生産性（Y/L）≡相対賃金（W/P_I）×相対物価（P_I/P）×労働分配率の逆数（1/S_L）

と書き直すことができる。

　このとき，労働生産性を上昇させる要因は，次の3点にまとめることができ

（3） 製造工程又は業務の直接部門で使用する有形固定資産及び無形固定資産の取得原価を使用する期間や耐用年数に応じて配分した費用の総額をさす。
（4） 販売費及び一般管理費に計上する減価償却費をさす（売上原価に含まれる減価償却費を除く）。
（5） ここでの説明は，中島（2001）を参照した（pp.27-52）。
（6） 労働者の実質的な受取は，労働者1人当たりの生産物（GDP＝付加価値合計）に労働者への配分割合を乗じたものに等しいことを示す。

る。

a) 労働が他の投入物に比べて相対的に高価になること

b) 物価が投入物価格に比べて相対的に安価となること

c) 労働分配率が下落すること

　第1の点（上記a）は，賃金が他の投入物価格よりも相対的に高くなって，機械などの投入物（資本）に置き換えられるような状況をさす。第2の点（上記b）は，新技術の導入や量産効果（大規模生産のメリット）によって，生産コストが節約され，財の価格が下がるような状況をさす[7]。最後に，第3の点（上記c）は，労働に比べて資本の貢献度が高まるような状況をさす。

　中島（2001）は，高度成長以降の日本（1955-97年）について，労働生産性上昇率を分解し，労働生産性を向上させた有力な要因が，労働を資本と比べて相対的に節約すること（資本・労働比率を高めること），換言すれば，労働から資本への置換えを進めたことにあること，また，その背後には，技術進歩や量産効果（大規模生産のメリット）があったことを検証している（pp.31-35）。

2-3.　中小企業の生産性が低い理由とその対応策

　ここで再び，企業規模別にみた労働生産性の違いに注目しよう。

　一般に，日本の労働生産性が低い原因は，大企業に比して低い，中小企業の時間当たり労働生産性に求められる（『中小企業白書 2018年版』p.60）[8]。

　中小企業が労働生産性を向上させるためには，ここまでの議論を踏まえれば，相対賃金を上げて労働から資本への置換えを進めて，新技術の導入や量産

---

(7)　別の言い方をすれば，インプットの価格がそのままアウトプットの価格に転嫁されない状況であり，その理由は，新技術導入（工程革新など）の効果や量産効果などが総体的にもたらす効果—全要素生産性—が存在するからである。

(8)　労働生産性は，就業者1人当たり就業時間と時間当たり労働生産性に分解できるから，企業規模間での就業時間格差が長期的には縮小傾向にある（厚生労働省『平成27年版　労働経済の分析』，p.118）とすれば，時間当たり労働生産性の違いに注目する必要がある。

技術の確立を目指すことが1つの方向性になる。政府が主導するデジタルトランスフォーメーション（DX）は，このような観点からは評価できる。

　ただし，労働から資本への置換えが，ただちに付加価値増加に結び付くとは限らない。確かに，新しい設備の導入で労働時間が削減されれば，労働生産性は改善する。だが，設備投資にともなって資本コストが発生し，それが労働時間短縮にともなう賃金の減少幅よりも大きければ，付加価値は必ずしも増えないからである。付加価値増加の背景には，工程改善のように，インプットとしては計測できない要素が貢献している，と考えられる[9]。

　また，労働から資本への置換えによって生じた余剰労働は，付加価値の増加に用いられる必要がある。『中小企業白書 2020年版』でも主張されるように，労働生産性を向上させるために，分母である労働投入を削減しても，それ自体は「企業が生み出す『付加価値額』の増加にはつながらず，我が国全体の経済成長にも貢献しない。分子である『付加価値額』を増やすアプローチでの労働生産性の上昇が，より重要」なのである（p.II-4）。

　なお，賃金は労働市場の状況に応じて決まるのであり，労働需要が増加することによって賃金は上昇する。この点，菅首相やそのブレーン，アトキンソン氏らが主張する，最低賃金の引き上げが，労働生産性にどのような影響をもたらすか，注目される。最低賃金の引き上げは，労働参加率（あるいは労働力率：人口に占める労働者の比率）を上げて1人当たりGDPで表される「生産性」を向上させる一手段として提案されていると思われるが[10]（図表1-3），最低賃金の上昇は，労働生産性にも影響を与える可能性があるためである。

　この点に関連して，たとえば，Izumi et al.（2020）では，2001–2014年の

（9）深尾ほか（2014）は，労働生産性の規模間格差の原因を分析し，TFP格差が，資本労働比率につぐ原因になっていることを示している。
（10）最低賃金引き上げでその後予定される選挙を有利に進めるのが目的という推測もあるが（たとえば，「［スキャナー］『28円上げ』　政権意向を反映　最低賃金』『読売新聞』2021.07.15朝刊），図表1-3からも明らかなように，少なくとも表向きは，生産性向上が目的と思われる。

図表1-3　生産性向上策と最低賃金引き上げとの関係

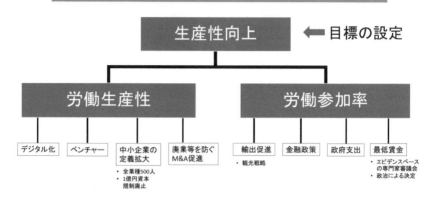

日本経済成長戦略概略

生産性向上　⬅ 目標の設定

労働生産性　　　　　労働参加率

| デジタル化 | ベンチャー | 中小企業の定義拡大 | 廃業等を防ぐM&A促進 | | 輸出促進 | 金融政策 | 政府支出 | 最低賃金 |

- 全業種500人
- 1億円資本規制廃止

・観光戦略

- エビデンスベースの専門家審議会
- 政治による決定

出所：成長戦略会議（第1回）配付資料（資料6 アトキンソン氏提出資料）

『工業統計表』を用いて労働集中度[11]と最低賃金の効果を分析して，次のような点を明らかにしている。

a）最低賃金の引き上げは平均的には雇用を減少させるが，その減少幅は労働集中度が高いほど小さい

b）最低賃金の上昇により中小工場では雇用が減り，大工場では雇用が増える

c）最低賃金の上昇によって事業所退出率が上がり，退出率は労働市場が競争的なほど大きい[12]

　いずれにしても，ここで重要なのは，労働から資本への置換えにせよ，最低賃金の引き上げにせよ，その効果は，中小企業と大企業で異なることである。

---

(11) 企業城下町で一部の大企業が多くの労働者を雇用している場合のように，労働需要が少数の企業に限られる場合を，労働集中度が高いという。

(12) 退出率は，工場が存在する場合を1とする，ロジットモデルで推計される。

3. 十分な需要をともなわない企業規模拡大の危険性

3-1. 規模の経済性とその発生要因[13]

　先にみたように，労働から資本への置換えは，典型的には量産効果をともなっておこなわれる。量産効果が働くのは，工場規模と単位当たり生産費（＝長期平均費用）の間に「規模の経済性」が存在するためである。

　一般に，規模の経済性は，生産（工場）規模（設備の生産能力）が拡大するにつれて，長期平均費用が低下する現象として説明される。図表1-4で，SACは，1～4で表される各生産（工場）規模に応じた，短期平均費用曲線を表す（図表1-4の点線）。このとき，長期平均費用曲線は，各数量に対してもっとも低い短期平均費用を与える曲線として描かれる（図表1-4の実線LAC）。長期平均費用曲線は短期平均費用曲線の包絡線として描かれることが多いが，現実には，設備は非連続的にしか変更できないため，ここでは包絡線としては描いていない。

　図表1-4で規模の経済性が働くのは，Q_1とQ_2の間であり，Q_2より右側では規模の不経済が発生する。Q_1は最小最適（または最小効率）規模，Q_1からQ_2までを最適規模範囲，Q_2を最大最適規模とよぶ。

　このような規模の経済性がもたらされるのは，大きく3つの要因による。

a) 専門化・標準化された機械や設備の導入により，「分業の利益」が発生すること

b) 生産規模の拡大によって品質管理，在庫管理，工場設計，原材料調達等に学習効果が現れること

c) 工場の建設において，いわゆる「建設費用の経済性[14]」が存在すること

---

(13) 説明に当たって，植草（1987）pp.43-59，および越後（1969）を参照した。なお，本章のテーマと密接に関わる，規模の経済性と成長の経済性の関係については，別の機会に検討したい。「成長の経済性」についてはPenrose（2009）を参照のこと。
(14) 面積と体積の関係で，たとえば，球状の設備で，球の容積を2倍にするときに，表面積は2の2/3乗（＝1.56）倍ですむことをいう（植草, 1987：47）。

図表1-4　規模の経済性と需要規模との関係

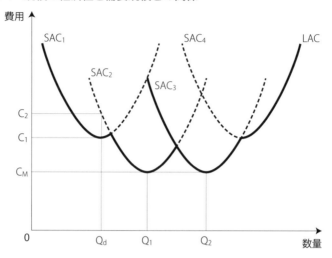

（注）1. SACは短期平均費用（Short-run Average Cost），LACは長期平均費用（Long-run Average Cost）を表す。
　　　2. SACの添え字は生産規模（設備規模）の違いを表し，数字が大きいほど規模が大きいことを示す。
出所：筆者作成

――である。

　以上のような，規模の経済性は，工場規模だけでなく，企業規模との関係においても現れうる。企業レベルでの規模の経済性は，企業規模を拡大すること，あるいは工場を複数もつことによって，次のような経済性が享受できることをいう。

　α）大量購買の利益

　β）大量販売の利益

　γ）資金調達上の有利性

　δ）経営管理者の専門化

　ε）物流費（輸送・保管等の費用）の節約

　言うまでもなく，専門化や学習効果に限界がくれば，あるいは，企業規模が拡大するにつれて，企業者機能や経営管理能力に限界が訪れ，情報伝達や諸活

動を調整したりする費用が高くなれば，規模の不経済が発生することになる。

3-2. 短絡的な企業規模拡大の危険性

ここで，図表1-4に戻って，規模の経済性と需要規模との関係を見たい。

先に説明したとおり，技術的には，Q_1とQ_2の間では規模の経済性が得られ，もっとも低い平均費用（C_M）が実現する。その意味では，一見すると，元々Q_dの規模だった中小企業が，Q_1やQ_2まで規模を拡大することには合理性があるようにも思われる。

しかしながら，Q_1やQ_2までの規模拡大が経済性をもたらすためには，生産規模に相応しい需要規模がなければならない。

いま，規模拡大前の中小企業がSAC_1に対応した数量で生産していたと仮定する。このとき，需要規模Q_dに対応した平均費用はC_1となる。ここで，需要規模を考慮せずに規模を拡大し，SAC_2に対応した数量で生産するようになると，需要規模Q_dに対応した平均費用はC_2となる。需要規模を考えずに規模を拡大すると，規模の経済性を享受するどころか，その反対に，かえって大きな平均費用を負担することになるのである。この場合，販売価格が変わらない限り，生産規模拡大によって利潤が減ることは明らかである。

あるいは，技術的に可能だという理由で，Q_1やQ_2まで生産規模（設備）を拡大し，生産すれば，売れ残って，在庫の山を抱えることになる。

もちろん，企業規模の経済性の効果が，以上のような工場規模の不経済性を上回れば，規模を拡大することが正当化される可能性はある。しかしながら，需要が少ないときに，大量購買の利益や大量販売の利益に代表されるような，企業規模の経済性が得られるとは考え難い。

結局，規模の経済性が効果を発揮するためには，その生産規模に見合った（潜在的）需要が必要なのであり[15]，規模を拡大すれば無条件に規模の経済性

---

(15) この点に関し，中島（2001）は，現実の生産現場における規模の経済性は，新技術の開発・導入をともなって実現されることが多く，「技術開発・導入にはコストがかかるため，量産効果が働く技術を導入するさいには，長期にわたる生産量の増加

が享受できる，というような単純な話ではないといえる。

3-3. 需要・規模の経済性と「中小企業の存立条件」論

需要や規模の経済性と中小企業存立との関係は，古くより，「中小企業の存立条件」として論じられてきた。

たとえば，適正規模論的アプローチの代表例である末松（1961）にしたがえば，「中小企業が合理的に存在している要因」あるいは「中小企業が中小企業のままで労働生産性をあげて大企業に対して十分な競争能力をもっている場合」が次のようにまとめられる（pp.37-39）。

a）製品に対する需要変動が激しくて，必要な固定設備が比較的に小さいもの

b）「市場の不完全性」（買手の好み，習慣，輸送コストなどによる）によって保護される特殊な市場

c）労働集約的産業で機械化，標準化が困難なもの

d）職人的な緻密や注意や作業を必要とする，高品質な工芸品のようなもの

e）サービスのように，直接消費者と接しなければならないもので，需要量が限定されるもの，また，製品の輸送が困難なもの

f）生産工程上，小規模な生産規模がもとめられるもの

同様の指摘は，競争論的アプローチの代表的研究とみなされる佐藤（1976）にもみられる（pp.35-39）。すなわち，同一産業内において大企業（＝寡占的核）と中小企業（＝競争的周辺）が，競争しながらも共存するのは以下のような場合という。

α）「商品サービスの品質・性能・プライス・顧客クラス等において相違，つまり『製品差別化』ないし『独占的競争』が存在」する場合[16]

β）「既存中核大企業」が支配する産業の「異部門ないし亜種部門」として，

を保証するだけの需要規模の拡大が見込まれなければならない」（p.70）という。

(16) 通常，製品差別化には「プライス」は含めないが，ここでは，原典にしたがって，そのまま引用した。

新製品や新技術をともなって存立する場合。ただし，「産業の成長性に応
じて，既存大企業の参入」（内製等を含む）が生じれば，「やがてこの新産
業は既存産業に吸収され，埋没していき，『同一部門』となる」。

末松（1965）にもみられるように，両アプローチの間には論争があるが，
どちらも，今でいう「ニッチ」（＝市場の特定のセグメント）特化や「差別化」
の存在を，中小企業存立の有力な条件としていることは共通している。また，
明示はされていないが，「経営規模の拡大が妨げられる」「産業の成長性に応じ
て，既存大企業の参入」が生じる，という記述からは，市場が小さく規模の経
済性が働かない分野であることに存立の条件を求めていることが読み取れよ
う。

ただし，たとえば，ICTの発達によって，生産工程の標準化や機械化が進め
ば，あるいは，規模の経済性がより小さな生産規模から発揮できるようになれ
ば[17]，中小企業の存立分野は狭まることになる。同様のことは，需要が拡大し
た場合にも，起こりうる[18]。中小企業の存立分野は固定したものではなく，長
期でみれば，技術進歩や需要の変化によって，絶えず変わる，ということであ
る。

4. まとめに代えて―中小企業の「規模拡大」は慎重に

ここまでの議論から，「中小企業の足腰を強くする」ことを目的に，一律に
「中小企業の合併などの規模拡大」を支援することには，ほとんど意味がない
ことが明らかになったであろう。

中小企業の存立が有利なのは，ニッチのように，標準化・規格化が難しい
財・サービスの分野，あるいは，すぐには大きな需要が見込めないような，画
期的な財・サービスの導入期などである。このことが意味するのは，中小企業

---

(17) 図表1-4でいえば，最小最適規模Q_1の位置がQ_dまで下がるようなケースである。
(18) 図表1-4でいえば，Q_dの位置が最小最適規模Q_1まで上がるようなケースである。

分野では，労働を資本に置き換える余地が相対的に小さく，また，安易な規模拡大は危険である，ということである。

ただし，中小企業の存立分野は，技術進歩や需要変化の影響を受けて絶えず移り変わる。そして，技術や需要の変化は，すべての企業や業種，地域などで一律に進むとは限らないから，故・佐竹教授が強調されたように，異質多元な中小企業に，多様な中小企業の経営戦略・中小企業政策が必要となるのである。

従来の存立分野が狭まるような時に重要なのは，いま一度，付加価値の源泉に目を向けることである。

付加価値の定義は，企業レベルでいえば，

　　　　売上高－外部購入価値（材料費，部品費，外注加工費など）

——だから，新規事業に取り組んで売上高を増やしたり外注に出していたものを内製に切り替えたりすることでも付加価値を向上させることができる。

また，この章のはじめに，付加価値（GDP）増加の理由を，労働から資本への置換えという観点から説明したが，付加価値の増加をもたらすのは，労働や資本のような投入物の変化だけではない。同じ量の労働や資本でも，仕事の役割分担を変えたり，生産工程を改善したりすること，あるいはイノベーションに取り組むことで，より大きな付加価値がもたらされるからである[19]。

今後は，資本や労働のようなインプットだけに注目するだけでなく，広く，イノベーションという観点から付加価値の源泉，ひいては中小企業の存立分野を再検討することが望まれる。なお，成長戦略の一環として中小企業政策として進められる，「中小企業から中堅企業へ成長途上にある企業」への支援については，残された研究課題としたい。

---

(19) 同様のことが，Penrose（2009）では，「生産のプロセスで『投入』されるのは資源そのものではなく，資源がもたらす用役（service）」であり，「同じ資源が別の目的に用いられる場合や別の仕方で用いられる場合，あるいは別の資源と一緒に用いられる場合には，異なった用役，または用役の集合体をもたらす」（p.22）として説明される。

【参考文献（アルファベット順）】

デービッド・アトキンソン（2020）「第2章　日本経済の未来を考える」村上亨・柳川隆・小澤太郎編著『成長幻想からの決別　平成の検証と令和への展望』（日本経済政策学会叢書3）勁草書房：11-24.

越後和典（1969）「序説　規模の経済性について」越後和典編著『規模の経済性』新評論：7-26.

中小企業庁編『中小企業白書　2021年版』
https://www.chusho.meti.go.jp/pamflet/hakusyo/2021/PDF/chusho.html

深尾京司・牧野達治・池内健太・権赫旭・金榮愨（2014）「生産性と賃金の企業規模間格差」労働政策研究・研修機構『日本労働研究雑誌』第649号：14-29.

Izumi, A., N. Kodama, and H.U. Kwon (2020) "Labor Market Concentration on Wage, Employment, and Exit of Plants: Empirical Evidence with Minimum Wage Hike," *CPRC Discussion Paper Series* CPDP-77-E.

中島隆信（2001）『日本経済の生産性分析』日本経済新聞社。

Penrose, E. (2009) *The Theory of the Growth of the Firm 4th edition*, Oxford University Press.

佐竹隆幸（2008）『中小企業存立論—経営と政策の行方』ミネルヴァ書房。

佐藤芳雄（1976）『寡占体制と中小企業』有斐閣。

末松玄六（1961）『中小企業成長論』ダイヤモンド社。

末松玄六（1965）「現段階における最適経営規模論の意義」中小企業金融公庫調査部『調査時報』第7巻第1号：64-77.

植草益（1987）『産業組織論』日本放送出版協会。

髙橋美樹

第2章
国際的見地からみた「中小企業とは何か」とは何か
──「大」との差異か，その異質性か

1. はじめに

　本章は，日本の中小企業研究の本質論ともいわれる「中小企業とは何か」という課題（瀧澤, 1995; 山中, 1948）がどういうことかについて，おもに経営研究の領域における国際ジャーナルに掲載された論文の知見を取り上げながら考察しようとするものである。より具体的にいえば，本章は，中小企業に関心をもつ研究者などが，研究対象として中小企業（SME: Small and Medium sized Enterprise[1]）を取り上げるさいに，研究上加味しなければならない点を国際的見地からみて明確にすることを目的としている。すなわち，われわれは，なぜ企業のなかでも中小企業を研究対象とするのか，あるいは，なぜ研究対象とする企業を中小企業と呼ぶのか，という疑問に対して，何らかの回答を与えようとするものである。

　中小企業という用語は，一般的に多くの人々に認知されていると考えるのは，筆者だけではないであろう。中小企業という企業は，企業の諸形態のなかで規模別の区分の1つの形態である。すなわち，中小という用語は，大と比べて相対的に規模が小さいということである。このため，すべての企業から中小企業とされる企業を抽出するということは，その中小企業が同時に大企業と比べて相対的に規模が小さいということになるのは自明であろう。しかし，それではなぜ中小企業をわざわざ一般企業から区別しなければならないのであろうか。

　いわゆる中小企業は，学術コミュニティ[2]におけるホットなイシューの1つ

---

(1) 一般的には複数形としてEnterprisesとなるために，SMEsとなる。
(2) 日本でいえば，日本中小企業学会といった中小企業研究に関心をもつ多様な専門
　　分野の研究者の集まりのことをさす。日本中小企業学会会則によれば，第2条の目的

であり，多くの研究者が研究成果を発表してきた。しかしながら，中小企業研究といわれる学術コミュニティに属していない研究者が，研究対象として中小企業を取り上げるさいに，なぜその企業を中小企業とするのかが言及されていないことが少なくない。一般的に企業とせずに，あえて中小企業とするからには，それをなぜ中小企業とするのかについて，少なくとも何らかの説明やそのことによる含意の導出などが必要であると考える。

　本章は，先行研究を頼りとしながら，「中小企業とは何か」とは何かについて考えてみようとするものである。本章が想定する読者は，日本の中小企業研究者だけでなく，中小企業を研究対象として取り上げようとする日本の研究者である。日本にはこれまでにも中小企業研究の学術コミュニティを中心とした多くの研究蓄積がある。しかし，本章では，日本の中小企業研究とされる研究蓄積についてはとくに触れず，おもに経営研究の領域の国際ジャーナルに掲載され，かつ中小企業を検討対象とした論文を取り上げる[3]。国際ジャーナルは，多様な学問的領域のみならず学問的立場が許容されており，論文として公開される以前から，カンファレンスなど多くの場で，積極的な議論がなされてきた。また，国際ジャーナル上においても，先行研究のレビューというかたちで諸研究の蓄積や洗練がなされてきた。国際ジャーナルの投稿者は，英語を母語とする一部の学術コミュニティでなく，いまや全世界の研究者であり，国籍を越えたグローバルな研究潮流は，中小企業やスモール・ビジネス[4]，さらに近

の条項のなかで，「本会は，中小企業研究に関心をもつ多様な専門分野の研究者を結集し，中小企業の総合的・学際的研究を発展させ，その成果の普及を図ることを目的とする」と明記されている（http://www.jasbs.jp/pdf/kaisokulink1.pdf）（2021年10月31日アクセス）。
(3)　日本における中小企業研究は，諸外国の影響を受けながらも，英国など他国と同様に（Blackburn and Smallbone, 2008），独自の発展を遂げてきたと評されることがあるが（佐竹，2008），国際的見地からみた研究の独自性の詳細については，本章の検討事項の範囲を超えているため，別稿にて紹介かつ検討することにしたい。
(4)　ここを含めて本章のいくつかの箇所では「中小企業」と表記しているが，国際ジャーナルにおいては，必ずしもSMEと英語で表記しない場合がある。SMEの代わりに，たとえば，Small EnterpriseあるいはSmall Firmといった小企業や，Small Businessといったスモール・ビジネス，すなわち小事業といった用語が用いられる。

年では関連領域としてアントレプレナーシップといった領域で，新しい課題の発見や洞察に重要な貢献をしてきた。本章において，筆者なりに「中小企業とは何か」という課題に関連したさまざまな知見を整理し，日本語で説明することで，中小企業およびその関連領域に関心のある，より多くの日本の研究者および学術コミュニティに対して，国際的な研究潮流を認識し，かつ国際的な議論と対話していくための知識を提供することができると考える。

　本章の構成は以下のとおりである。第2節では，中小企業とはどういう企業かについて，日本の範囲規定から説明する。第3節と第4節では，中小企業をとらえていくための2つの方法についてそれぞれ議論する。第3節では，その方法の1つとして，大企業ないし大事業といったいわゆる「大」との差異について，いくつかの先行研究を題材に議論していく。第4節では，その方法のもう1つとして，中小企業内部の差異，すなわち中小企業の異質性について議論する。第5節では，中小企業研究が経営研究に対して果たしうる理論的貢献を提示する。第6節は，小結であり，本章での考察を踏まえ，「中小企業らしさ」を追求していくことを，中小企業を対象とした研究の1つの方向性として提案する。

2. 中小企業はどういう企業か

　中小企業は，大企業と比べて相対的に規模が小さい企業を意味する。この規模の小ささは，量的指標によって表される。量的指標には，資本金額や売上高，さらには資産額などいくつかの指標があるが，おもな指標といえば，国際比較などでももちいられる従業員数であろう。たとえば日本では，中小企業基本法に中小企業の範囲規定がなされており，ここで量的指標として，資本金額と従業員数（常用雇用者数）の2つの指標が採用されている。業種別に4つの類型があるが，従業員数の指標のみを取り上げると，製造業では300名以下，

　この点は，後であらためて言及される。

28

卸売業・サービス業では100名以下，小売業では50名以下の範囲（と別に規定されている資本金額のどちらか一方）を満たせば中小企業となる。さらに日本では，中小企業の規定とは別に，従業員数の指標のみで小規模企業が規定されている。具体的には，製造業では20名以下，それ以外の業種では5名以下の範囲を満たせば小規模企業となる（なおこれ以降では，日本の法律上の範囲に限定しない限りで，小規模企業を小企業と同義とする）。

　量的指標としての従業員数の規定は，日本以外でも世界各国で採用されている基本的なものである。たとえば，アメリカでは米国中小企業庁（Small Business Administration）がスモール・ビジネスを規定している。この規定では業種ごとで大幅に異なり，さらに従業員数と年間売上高が加味されるが，製造業で従業員数500名以下（あるいは最大でも1,500名の範囲内）となっている。欧州連合（EU）では欧州委員会勧告（Commission Recommendation）で中小企業にかんする規定があり，ここでは従業員数以外にも年間売上高や資産額なども加味されるが，従業員数だけ取り上げると中規模（medium-sized）が250名未満，小企業（small）が50名未満，さらにマイクロ（micro）が10名未満となっている。アメリカの範囲規定はあくまでスモール・ビジネスが対象となっており，「中小」でなくまた「企業」でもない。さらに欧州連合の範囲規定は中小企業を対象にしているが，欧州では中・小・マイクロを総称して中小企業としながらも[5]，中・小・マイクロは個別に規定されているが，日本では小規模企業は中小企業の範囲に含まれているという点で日本と異なっている。

　各国それぞれの状況によって，「中小企業」の範囲に違いがあるものの，量的指標をもちいて「中小企業」の範囲を規定することで全企業のなかから「中小企業」を抽出することが可能となる。しかし量的な範囲規定を満たす企業が規模的に「中小企業」であるとしても，どのような企業が「中小企業」なのか

(5) 英国の研究者のなかには，マイクロ・ビジネスは中小企業（SMEs）とは区別するべきという見解もある（Gherhes et al., 2016）。

については，いくつかの疑問や課題が残される[6]。1つは，大企業との違いである。量的に中小企業の範囲が確定し，中小企業なる企業層の企業が抽出されることで大企業と規模的に区分されることになるが，大企業のミニサイズが中小企業ではないことは自明であろう（Curren and Blackburn, 2001）。それでは中小企業は，大企業と比べて規模が小さいというほかにどのような違いがあるのであろうか。

2つは，中小企業とされる企業の内部における違いである。大企業と規模的に区分された中小企業なる企業は，「中小」ということからも推察できるように，現実的にも多様な規模の企業から構成されている。たとえば，日本では，量的指標によって規定される中小企業は，企業数全体の99％以上を占めている。さらにその内実をみると，従業員数のみで規定される小規模企業として規定される20人以下規模層が85％程度を占めている[7]。このように，中小企業といわれる企業層のなかにも，たとえば規模別による違いがあるが，規模による違いのほかに，どのような違いがあるのであろうか。

3つは，企業規模と事業規模との関連である。企業規模と事業規模は必ずしも一致しない。つまり，中小企業は規模が相対的に小さい企業ではあるが，運営する事業規模が小さいわけではなく，企業規模の小ささと事業規模の小ささは別である（Welsh and White, 1974）。「中小」＝「小（スモール）」でないことは自明であるため，中小企業＝スモール・ビジネスでないことは容易に理解

---

(6) たとえば日本では，量的指標として採用されている資本金額については，ある問題が指摘されている。それは大企業の「中小企業化」である。資本金額に応じて税負担金の違いがあることから，巨額損失の補填原資の確保のために税負担を軽減するべく，大企業が資本金の減資をして「中小企業化」する事例がある。こうした大企業は一時的な措置とはいえ実質的に「中小企業化」する。こうした「中小企業化」した大企業が一般中小企業と同じ中小企業であるということにはならないであろうが，ではなぜ同じでないといえるのかについて，一定の力のある説明はなされていないように考える。
(7) 2016年度経済センサスによれば，民営かつ非一次産業で産業別規模別企業数を企業数でみると，日本において358.9万の企業が存在しているが，そのうち99.7％の357.8万が中小企業であり，さらにそのうち84.9％の304.8万が小規模企業である。

できるであろうが，小企業は，スモール・ビジネスという単位をはるかに超えた存在であるため（Curran, 2006; Volery and Mazzarol, 2015），小企業＝スモール・ビジネスでもないのである。

　このように，世界各国の状況を考慮し，量的指標をもちいることによって，それぞれの国ごとで中小企業の範囲を規定することができる。しかしながら，どのような企業が中小企業であるのかを説明することは容易ではない。それゆえ，どのような企業が中小企業であるのかを説明するためには，量的指標をもちいた範囲規定とは異なる別の方法からアプローチしなければならない。そこで以下では，おもに経営研究の領域での国際ジャーナルに掲載された中小企業をめぐる論文を手がかりとし，1つは大企業ないし大事業といった「大」との差異，またもう1つは中小企業の内部の異質性，という2つのアプローチから，中小企業をとらえていくことにしたい。ただし，ここで問題がないわけではない。国際ジャーナル上の論文は英語で書かれている。上でみたように，SMEs, Small Enterprises/Small Firms, あるいはSmall Businessといったように中小企業に関連する用語がいくつか混在しており，それぞれが明確に使い分けられていない場合が一部に見受けられる。それぞれの用語の用法をどのように整理していくべきかについては，課題が残されていることをまずここで明記しておく。

3.「大」との差異をとらえていく

3-1. D'AmboiseとMuldowneyによる中小企業の経営理論

　中小企業がどのような企業であるかをとらえていくための試みは，スモール・ビジネスには，「独自の組織理論が必要である」（Dandridge, 1979）と指摘されたように，1970年代から展開されてきた。1970年代後半にみられた見解は，たとえば，「スモール・ビジネスは少し大きめのビジネスではない」（Welsh and White, 1981），などと指摘されたように，「小」は「大」を小さくしたものではなく，むしろ特異的であるというカテゴリカルな主張（Torrès and Julien, 2005）であった。それゆえ研究者は，中小企業（ないしスモール・ビジネス）を定義することで，中小企業を抽出することに満足していた（D'Amboise and Muldowney, 1988; Storey, 1994; Torrès and Julien, 2005）。こうして中小企業ないしスモール・ビジネスは，「大」と比べて相対的に規模の小さい企業や事業の総称とされるようになった。しかし「大」との違い，すなわち規模の違いに焦点を当てると，こうして抽出される「中小」はあまりにも同質な層となった。

　1980年代後半になると，小企業ないしスモール・ビジネスの特徴を特定するために議論が展開されていくようになる（Curran and Blackburn, 2001; D'Amboise and Muldowney, 1988; Miller and Toulouse, 1986）。なかでも，大きな影響力のある先行研究という点では，経営研究の領域で非常に大きな影響力のある，かつ国際的に代表するジャーナルの1つであるAcademy of Management Reviewに1980年代後半に掲載されたD'Amboise and Muldowney（1988）があげられる。D'AmboiseとMuldowneyは，断片化されていた小企業ないしスモール・ビジネスにかんする諸研究を包括的にレビューし，小企業ないしスモール・ビジネスの理論として，「タスク環境」（環境とのかかわり），「組織構成」（株主や経営者，ガバナンスのあり方），「経営者の特性」（①起業家との違い（Carland et al., 1984），②モチベーションと方向性（Smith and Miner, 1985），③目標・目的・戦略（Sexton and Van Auken, 1985））の3つの視点に整理した。これら3つの視点を包括する「成功・失敗」と「進化」という2つのカテゴリーを提唱した。

　このように，D'Amboise and Muldowney（1988）は，小企業ないしスモール・ビジネスの経営問題の特異性を考慮に入れる必要性を説いた。さらにMiller and Toulouse（1986）は，企業家の性格，具体的には柔軟性，達成欲求，そして行動統制の意識（internal locus of control）が小企業の戦略や構造，意思決定方法，業績に影響をおよぼすことを実証的な調査から明らかにした。1970年代にみられた見解からみれば，D'Amboise and Muldowney（1988）やMiller and Toulouse（1986）などにみられる1980年代後半の議論は，小企

業の特徴を特定するために努力してきたと評されている（Curran and Black-burn, 2001）。小企業ないしスモール・ビジネスの異質性ないし多様性を主張していくために，多くの研究者はその立場を緩和させていくことになり，「中小企業は多かれ少なかれ特異的である」というように緩和された（Brooks-bank, 1991）。

3-2.　TorrèsとJulienによる「特異性」およびCurranの反論

　小企業ないしスモール・ビジネスは，同質的でなくむしろ特異的であるという考え方は，長年にわたり，「基本的な前提，基本的で議論の余地のない真実」（Torrès and Julien, 2005）とみなされてきた。しかしながら，個々の小企業ないしスモール・ビジネスが，その母集団と一致するわけではない。それでは，小企業ないしスモール・ビジネスの異質性はどのようにとらえることができるであろうか。この課題に対して，「特異性（specificity）と変性（denaturing）」というタイトルで，中小企業およびアントレプレナーシップ関連の代表的な国際ジャーナルの1つであるInternational Small Business Journal（以下，ISBJ）の2005年のある号に挑戦的な論文が掲載された。これが，Torrès and Julien（2005）である。

　TorrèsとJulienは，古典的概念として，スモール・ビジネスにみられる「経営上の特異性のテーゼ（managerial specificity thesis）」を主張した（Torrès and Julien, 2005）。これは具体的には，小規模，権限中枢のマネジメント，低レベルの専門化，直感的かつ短期的な戦略，単純かつ非公式の内部・外部の情報システム，ローカル市場といった「特異性」を保有しているというスモール・ビジネスの概念（見方）である（図表2-1を参照）。この「経営上の特異性のテーゼ」の普遍性を反証するために，スモール・ビジネスの概念に対応するかたちで，小規模，権限分散のマネジメント，高レベルの専門化，系統的かつ長期的な戦略，複雑かつ公式の内部・外部の情報システム，世界市場といった要素を保有しているという反スモール・ビジネス概念を提唱した（図表2-1を参照）。言い換えれば，スモール・ビジネスは時代の経過とともに変性して

図表2-1　スモール・ビジネス概念と反スモール・ビジネス概念

スモール・ビジネス概念	反スモール・ビジネス概念
小規模	小規模
権限中枢のマネジメント	権限分散のマネジメント
低レベルの専門化	高レベルの専門化
直感的かつ短期的な戦略	系統的かつ長期的な戦略
単純かつ非公式の内部・外部の情報システム	複雑かつ公式の内部・外部の情報システム
ローカル市場	世界市場

出所：Torrès and Julien（2005）p.363 表2。

きており，必ずしもスモール・ビジネスではなくなっている場合があるということである。TorrèsとJulienはこれを変性コンテクストと呼んでおり，変性コンテクストを，そのコンテクストにおけるスモール・ビジネスに関連するすべての特性が，通常のスモール・ビジネスに関連する特性とは根本的に異なるものであると定義している（Torrès and Julien, 2005:364）。このように変性したスモール・ビジネスは，リーダーシップや組織的特性において古典的なスモール・ビジネスのモデルとは異なり，経営手法においてより規模の大きな企業のモデルに近くみえ，なかには世界市場を手がけるなど，スモール・ビジネスというコア特性のみを共有している可能性がある（Karoui et al., 2017）。

　TorrèsとJulienは，約30年間にわたる小企業ないしスモール・ビジネスの研究を批判的に検討した結果，特異性のテーゼに支えられた伝統的なスモール・ビジネスの定義と現実にあるスモール・ビジネスの異質性との間のギャップの根底にある，この主要な理論的パラドックスを特定した（Karoui et al., 2017）。TorrèsとJulienは，すべてのスモール・ビジネスが経営の特異性が普遍的な原則になるという結果と，特定の管理方法を採用しているという考えに疑問を呈した。その代わりに，スモール・ビジネスの経営の特異性に対する偶発的なアプローチを提案し，スモール・ビジネスの経営実践のテーゼの妥当性の枠組を定義することを可能にした（Volery and Mazzarol, 2015）。

　TorrèsとJulienの見解は，その後も多くの論文で取り上げられるなど，中小企業をどのようにとらえるかをめぐって大きな反響をもたらした。このTorrès

とJulienの見解に対して，彼らが論文を発表して速やかに反論を提示したのが，Curran（2006）である。

Curranは，Torrès and Julien（2005）が掲載された国際ジャーナルであるISBJの別号に比較的短い論稿を発表し，そのなかで，いくつかの反論を提示している（Curran, 2006）。ここではいくつかの反論のうち，おもに3つの点について取り上げる。1つは，TorrèsとJulienがスモール・ビジネスの研究における支配的な「パラダイム」，つまり「経営上の特異性のテーゼ」と呼ぶものについてである。Curranは，本格的な研究が始まった1960年代後半から約30年間にわたって，スモール・ビジネスがどのように機能し，経済のなかでどのような役割を果たしているかがいくつかの研究で明らかにされてきており，そこでは変異性とされるような堅苦しくもなくまた閉じたイメージではなく，学術コミュニティのなかで認識論的，方法論的，研究成果にかんする議論（Curran, 2006; Curran and Blackburn, 2001; Grant and Perren, 2002; Gibb, 2000）が展開されていると指摘する。

2つは，規模の量的規定にかんする問題である。中小企業の企業形態が多様であるために，定量的に測定された小規模性が必ずしもスモール・ビジネスと同一視されることはないという点である。Curranは，この点を「一定の同意が得られる指摘」としながらも，小規模な企業ほどスモール・ビジネスと性格が合致するために，TorrèsとJulienの批判の力は弱くなるとしている。Curranがとくに問題にするのは，定量（quantitative）のアプローチに対する欠陥の認識であり，その後発展してきた定量のアプローチに代わる定性（qualitative）の認識論的かつ方法論的アプローチ（Cope, 2005; Curran and Blackburn, 2001:43-46, 102-124）について，TorrèsとJulienが触れていないという点である。定性のアプローチは，スモール・ビジネスを担う中小企業が多様なかたちで存在しているありのままの現象を豊かに記述し，その世界を説明する実証主義を超えたアプローチであり，いまでは実証主義よりもより一般的なものに

なってきているといわれる（Curran and Blackburn, 2001:103)[8]。

　3つは，TorrèsとJulienがいう「変性」の議論の根拠の1つとなっているグローバリゼーションについてである。TorrèsとJulienによれば，グローバリゼーションは，現在の小企業の「パラダイム」を「変性」させる必要性を増大させており，増え続けるスモール・ビジネスの数は，小規模でありながらグローバル経済で活躍するようになっていると主張している。この点に関してCurranは，たしかにより多くの中小企業がグローバル経済に積極的に参加しているが，全企業の3分の2はサービス業でかつそれは国内での事業であり，グローバル経済に積極的に参加することがどの程度重要なことであるのか，という疑問を呈している。また，繰り返し指摘するように，中小企業の大部分は小規模企業なのであるという規模の極端な分布を踏まえると，「グローバル」になりえる中小企業というのは，中小企業全体のなかでもごく一部の企業にすぎないと主張する。

　以上から，Curranは，TorrèsとJulienはその論文において，現在のスモール・ビジネスの研究を固定的で硬直的なものとして描いていること，ビジネスを取り扱うより広い研究コミュニティからみずからを封印していること，また，大企業と中小企業を区別するさいの境界線上の問題を誇張していること，そしてさらに深刻なこととして，これらの問題を解決するために質的研究者がおこなってきた貢献を考慮に入れていないこと，を痛切に批判する（Curran, 2006)。そして，スモール・ビジネスがグローバル企業であることはほとんどない，あるいは今後もそうなる可能性があることよりも，むしろその結果として生じる経営や組織構造への影響のほうが問題であるが，現在のスモール・ビジネスをめぐる研究は，他の最近出現しつつある影響と同様に，これらの問題に対処することができるとする。こうしてCurranは，TorrèsとJulienの見解

---

(8) 定性のアプローチがより一般的になってきているのは，中小企業ないしスモール・ビジネスの研究とより親和性のあるアントレプレナーシップ研究においても同様であるとの指摘がある（Javadian et al., 2020; Gartner and Birley, 2002; Suddaby et al., 2015)。

は，認識論的にだけでなく，方法論的にも実証的にも失敗していると批判した（Curran, 2006）。

3-3. Runyan と Covin による SBO（スモール・ビジネス・オリエンテーション）

　中小企業をめぐる議論は，経営研究の国際ジャーナルのなかで，数多くの議論が展開されてきているが，1980年代後半，とくに2000年代に入ってから，アントレプレナーシップ研究が経営研究の学術コミュニティのなかでの独自の学術領域の地位に加えて（Gartner, 2013; Shane, 2012），実証研究など方法論といったものの確立が果敢に目指されてくるようになった（Chandler and Lyon, 2001; Dean et al., 2007; Low and MacMillan, 1988）。アントレプレナーシップ研究独自の国際ジャーナルを発行する動きもあったが，既存の中小企業関連の国際ジャーナルにもアントレプレナーシップの内容がオーバーラップするようになっていった。

　Volery と Mazzarol は，中小企業ないしスモール・ビジネスだけでなく，アントレプレナーシップの研究分野の進展を明らかにするために，1982年から2012年までに ISBJ に掲載された660本の論文を対象に書誌学的な検証をおこない，その研究分野の進化を分析した（Volery and Mazzarol, 2015）。Volery と Mazzarol は，ISBJ の主眼はそれまで中小企業ないしスモール・ビジネスであったが，アントレプレナーシップに特化した論文の数が大幅に増加していることを明らかにするとともに，アントレプレナーシップ研究をめぐって記述的研究よりも理論的研究が増加していること，さらにこの点に加えて，中小企業ないしスモール・ビジネスの分野では，これと同様の議論がほとんどおこなわれていないことを指摘している（Volery and Mazzarol, 2015）。その後も，アントレプレナーシップ研究はさらに飛躍的に成長していったが，これに対して，中小企業ないしスモール・ビジネスに対する関心はむしろ衰退してきたとの指摘もある（Runyan and Covin, 2019）。Volery と Mazzarol は，アントレプレナーシップに関連した問題への関心が高まっているにもかかわらず，学者や政策立案者には，今後の研究においても，スモール・ビジネスを重要な焦点と

して維持することを奨励するために，重要なこととして，（とらえどころのない「スモール・ビジネスの理論」を追求するのではなく）「スモール・ビジネスの視点（small business perspective）」を開発するための努力を研究者に求めた（Volery and Mazzarol, 2015）。VoleryとMazzarolによれば，中小企業を研究対象とする研究者は，スモール・ビジネスそのものでなくスモール・ビジネスにかんする知識を提供しようとするのであれば，中小企業のサンプルを用いて研究するさいには，スモール・ビジネスとしてブランド化する以上のことをしなければならないと指摘した（Volery and Mazzarol, 2015）。

　中小企業は，大企業と比べて相対的に規模の小さい企業の総称であるが，その規模の相対的な小ささ以上のものが「スモール・ビジネスの視点」であるとすると（Volery and Mazzarol, 2015），この「視点」ははたして何を意味するであろうか。VoleryとMazzarolは，その「視点」の重要性こそ中小企業を研究対象とする研究者に進言したが，その内実は必ずしも明らかにされていない。そこで，相対的な規模の小ささを超越した「スモール・ビジネスの視点」について議論を展開させていくことに期待される1つの議論をここで紹介したい。それが規模の小さい企業がもつ潜在的な志向性であり，RunyanとCovinが，ISBJなどと同じく中小企業関連の代表的な国際ジャーナルの1つであるJournal of Small Business Managementにて2008年に発表したSBO（Small Business Orientation：スモール・ビジネス志向）と主張されるものである（Runyan and Covin, 2019; Runyan et al., 2008）。

　ここで議論の起点となるのは，スモール・ビジネスを担う企業家の志向性であり，これによる行動のあり方の変化である。企業家の志向性をあらわす1つの指標が目標である。小企業のオーナーが短期と長期にどのような目標をもつかという目標の区別は，かねてから研究の関心事の1つであった（Carland et al., 1984; Davidsson, 1989; Woo et al., 1986）。こうした視点は，アントレプレナーシップ研究の勃興と相俟って，起業する者（アントレプレナー）が誰という視点から，企（起）業家か否かということと関連づけて議論されるようになった。具体的には，アントレプレナーには，革新性（innovativeness），

先取性（proactiveness），リスク・テイク（risk-taking）といった要素がある
とされ（Covin and Slevin, 1989; Miller, 1983; Lumpkin and Dess, 1996），こ
うした要素を備えた志向性を，Runyanらは，EO（Entrepreneurial Orienta-
tion：起業志向）とし，さらにこれに対して，アントレプレナーであるとはい
えない一般の小企業の企業家の志向性をSBOとした（Runyan et al., 2008）。
このように，アントレプレナーシップは，スモール・ビジネスの経営者の日常
を超えたものとして位置づけられた（Volery and Mazzarol, 2015）。

　スモール・ビジネスを担う企業家のSBOに該当する志向性は，Runyanらが
SBOという概念を提唱する以前から，いくつかの研究で指摘されていた。た
とえば，企業家がスモール・ビジネスを担うことは，企業家の人格の延長線上
にあり，また個人的な目標を達成するためであり，さらに家族の収入を得るた
めでもあるという（Carland et al., 1984）。また企業家には，生計を立て，余
暇を増やすといった一貫した個人戦略がスモール・ビジネスを担うことにある
ことを発見するとともに，小企業のオーナーのビジネスに対する感情的な関係
や愛着があるという（Jenkins and Johnson, 1997）。さらに，小企業のオーナー
の態度には，個人と企業としてのビジネスのバランスを取るためのコミットメ
ントと欲求があるという（Brush and Chaganti, 1999）。SBOは，スモール・
ビジネスを担う企業家の行動に起因する志向性を，EOとの違いからより明確
にしようとするものである。ここでの最大の関心事の1つは，企業家が有する
EOないしSBOの程度を測定するための測定モデルを提案かつ検証することで
あった。

　RunyanとCovinは，最初にSBOのコンセプトを世に問うてから，その約
10年後に，経営領域の国際ジャーナルとしてその影響度合いが非常に高いこ
とで知られるEntrepreneurship Theory and PracticeにおいてSBOをめぐる論
文を発表し，再びSBOのコンセプトのさらなる精緻化を試みている。Runyan
とCovinは，スモール・ビジネスを担うオーナー・マネジャーの個人を超越し
た，普遍主義（universalism）と博愛主義（benevolence）といった価値観
（values）がスモール・ビジネスの存続を可能にすることを指摘する（Runyan

and Covin, 2019; Schwartz, 1994)。ここでいう普遍主義は，環境や地域社会との外向きのつながりとかかわっている。具体的には，環境を保護すること，美の世界，自然との一体，広い心，社会的正義，知恵，平等，平和な世界，そして内なる調和，すべての人々と環境の福祉に対する義務，寛容さ，および一般的な懸念が含まれる（Schwartz, 1994）。また博愛主義は，従業員，顧客，および経営者といった内向きのつながりとかかわっており，具体的には，役に立つ，正直，寛容，忠誠，責任，真の友情，精神的な生活，成熟した愛，そして人生の意味が含まれる（Schwartz, 1994）。これらの価値観には，相対的な重要性に応じて優先順位がつけられることで順序づけられる（Schwartz, 1994）。

　スモール・ビジネスを担う企業のオーナー・マネジャーの個人の価値観が，自己超越的となる2つの理由がある（Runyan and Covin, 2019）。1つは，スモール・ビジネスを担う企業では，オーナー・マネジャーが主導することで代表者の考え方や信念が強く経営に反映されるためである。もう1つは，スモール・ビジネスを担う企業では，トップ・マネジャーの直接的な権限が強くかつ操作可能な範囲が広いためである。こうしてSBOは個人を超越し企業レベルとしてみることができる。企業レベルでのSBOには，普遍主義と博愛主義とそれぞれで3つずつ，6つの次元に反映される。具体的には，普遍主義には，市民的配慮，パフォーマンスの多元性，組織的スチュワードシップが，また博愛主義には，ビジネスの完全性，顧客対応力，従業員中心主義の価値観が含まれる。当該企業においてSBOが高くみられるさいには，企業の評判を高める，ステークホルダーからの忠誠心を得られる，組織のロバストネスに有効である，トップ・マネジャーのSBOが組織全体の自己同一性に寄与する，といった各種効果が散見される可能性があるという（Runyan and Covin, 2019）。

　このようにRunyanらが提唱するSBOのコンセプトは，スモール・ビジネスを担う企業におけるオーナーやトップ・マネジャーの個人の性質およびその個人を超越した企業の，一見バラバラに見える決定や行動を，普遍主義と博愛主義といった価値観として捉えることができうる。たしかに，SBOは現時点

ではコンセプトの提示に留まっており，その実証はこれからの課題となっている。実際にRunyanとCovinは引き続きSBOの実証を進めようと計画しており，その研究成果に期待がもてる。このように，SBOの有効性はこれから実証されていくことになるが，SBOは，スモール・ビジネスを担う企業家および企業の特質を描き出す「レンズ」であり，相対的に規模の大きな事業ないしそれをより追求しようとするその担い手，すなわち「大」との差異を明らかにする有効な「スモール・ビジネスの視点」（Volery and Mazzarol, 2015）になりえる。このことは，SBOがEOとの対比で捉えられていることからも明らかであろう。

　しかしながら，SBOの考え方に問題がないわけではない。実際，企（起）業家は，民間，公共，非営利を問わず，あらゆる種類や規模の組織に存在する可能性があると指摘されている（Volery and Mazzarol, 2015）。このことと同様にSBOもまた，あらゆる種類や規模の組織に存在する可能性がある。すなわちSBOは，あくまで「大」との差異を明らかにする「スモール・ビジネスの視点」にとっては有効なツールとなりえるが，逆にいえばスモール・ビジネスに共通する同質的な側面であり，スモール・ビジネスを超えた存在である中小企業の特質を明らかにするツールにはならない可能性がある。たとえば，ある特定産業分野で，範囲規定上は大企業に分類される企業でも，当該大企業が担う事業はつねに大規模の事業であるというわけではなく，場合によって事業分割をし，その事業規模を縮小することで実質的にスモール・ビジネスを手がけることがある。この場合には，ある時期において，大企業においてもSBOが強く表出される場合があるということになる。以上から，SBOは「スモール・ビジネスの視点」（Volery and Mazzarol, 2015）の1つの有効なツールになるが，スモール・ビジネスをおもに担う中小企業の特質を明らかにするツールとは必ずしもならないといえる。

4. 中小企業の異質性をとらえていく

4-1. 存在の多様なかたち

　中小企業と一言でいっても，「中」と「小」のように規模別に異なる企業が含まれていることから，中小企業には極めて多様な企業が含まれている。それは「小」とする企業（小企業）を取り上げても同様である[9]。小企業（small enterprises）の形態がより多岐にわたっていることはこれまでにもたびたび指摘されてきた。たとえば，CurranとBlackburnは，小企業が経済のあらゆる分野で事業を展開していること（なおCurranとBlackburnは，コンピュータ・ソフトウェア，キャンドル製造，保険，楽器製造をあげている）をあげている。

　さらに，小企業というように，企業の規模が小さいといっても，当該小企業が担う事業が単一でも小規模でもあるわけではない。すなわち，小企業が担う事業は必ずしもスモール・ビジネスであるわけではなく，スモール・ビジネスという単位をはるかに超えた存在である（Curran, 2006; Volery and Mazzarol, 2015）。小企業は，「その見かけの単純さと形式化されていない性質」とかつて称されたが（D'Amboise and Muldowney, 1988），Schaperらは，一般的な意味で，スモール・ビジネスが次の4つの特徴によって特徴づけられるとする（Schaper et al., 2014; Volery and Mazzarol, 2015）。具体的には，1.スモール・ビジネスは，独立して所有され，運営されている，2.所有者（オーナー）は，運転資本のすべてでないにせよほとんどに貢献している，3.おもな意思決定機能は，所有者に委ねられている，4.事業は，市場シェアが小さい，である。これらゆえに，小企業はスモール・ビジネスという単位をはるかに超えた存在であるとされる。

　たとえば上のスモール・ビジネスの4つの特徴のうち，2の運転資本の構成

---

(9) 欧州では，中小企業（SMEs）と区別される企業に，マイクロ・ビジネスがあるとの見解もある（Gherhes, et al., 2016）。

者についてみれば，運転資本の所有が誰にどのようなかたちで分散されている
かである。それが家族・親族で構成されるファミリー・ビジネスであるのか，
第三者を含めたビジネス形態であるのかによって，当該中小企業の形態が異な
る。さらに，これに加えて，小企業の経営者やオーナーは，その性別，年齢，
学歴，さらに民族などを考慮すると，さらに多様になる（Curran and Black-
burn, 2001）。また，小企業の取締役会の種類についても，非常に断片的な結
果しか知られていなかったが（Jonsson, 2013），企業の3つの重要な機能であ
る所有者，取締役，役員の間の分化のレベルから取締役会の構成をみると，6
つの異なるタイプが存在するといわれる（Karoui et al., 2017）。さらに小企業
の事業特性は，立地場所によって異なる可能性もある。たとえば，国によって
も異なるかもしれないし，また一国内でも繁華街かそうでないかによっても，
そのコミュニティのあり方が異なる可能性が考えられる（Runyan et al.,
2008）。

　このように中小企業にはその内部に多様性が存在する。こうした中小企業の
多様性は異質性（heterogeneity）と呼ばれる。研究者は多くの場合，中小企業
の異質性を過小評価しているため（Karoui et al., 2017），異質性それ自体が中
小企業の経営や政策においてどのような影響をもたらすかについて，まだ十分
に明らかにされていない部分が大きい。

4-2.　成長の多様な志向性

　中小企業の異質性のなかでも，とくに研究者を悩ましてきた議論の1つが，
企業成長にかんするものである。そもそも中小企業といった相対的に規模が小
さい企業が，数多く存在し続けているのは，はたしてなぜであろうか。それ
は，新規に発生して間もない企業がある一定数存在することも考えられるが，
むしろ以前から存在してきた企業のすべてが成長段階に移行していないため，
あるいは企業家もまた成長を強く志向しているわけではないためであろう。

　企業成長には，成長維持・進化・乱流といった段階があり，その各々に異
なった解決策があるもの，それが問題の根源となって当該企業に危機や変化を

もたらす（Greiner, 1972）。企業成長には一定の限界があるが，小企業の場合には，専門性の追求が成長を促す一方で，同時に制限する要因となるために，大企業の成長とは異なるといわれる（D'Amboise and Muldowney, 1988; McGuire, 1976）。

　また，企業家のすべてが成長志向を有するわけではない。企業家がその事業をなぜ担うのかという動機は，企業家によってさまざまであることが知られている。たとえば，事業の初期段階において，企業家がしっかりとした利益目標をもって事業を運営しようとする場合には，その事業の成長に対してプラスの影響を与えるが，しかしその事業の運営が趣味である場合には，事業の成長に対してマイナスの影響を与えるという（Cowling, 2006; Manolova et al., 2012）。また事業の成長には，利益目標などといった外発的動機だけでなく，世間に認められたい，興奮を味わいたい，運命をコントロールしたい，新規事業に対する最終的な責任をもちたいといった内発的動機との組み合わせが重要との指摘もある（Naffziger et al., 1994; Kuratko et al., 1997）。

　このように企業家の事業の運営に対する動機はさまざまであり，そもそも人々が必ずしも明確な成長意図をもって新規事業を開始するとは限らない（Manolova et al., 2012）。さらに小企業のすべてが成長することを選ばず（Wiklund et al., 2003），期待される財務的成果よりも従業員の幸福のような非経済的な要素をより重要視した企業行動をとりうる可能性がある（Manolova et al., 2012）。すでにみたように，これらの点は，企業家がEOとSBOのどちらの志向性を強くもつかといった志向性の違いにも共通しており（Runyan et al., 2008），中小企業が中小企業として存続していくという経営行動のあり方の1つである。

　しかし，企業家の動機にあらわされる成長の志向性もまた多様である。これは，小企業の基本属性，すなわち，規模や事業内容，さらに企業家の性別，年齢，学歴，さらに民族などといった諸点はそれぞれが多様であるのと同じである。規模をほとんどといってよいほど大きくせずに事業の安定性を志向することも，またある機会に直面したさいに成長意欲を高めて事業の成長を志向する

ことも，どちらも当該企業の経営のあり方であろう。これは，小企業は大企業よりも日和見主義者である可能性が高く，経営実践，生き残り，事業発展に「ランダムウォーク」のアプローチを採用していると指摘されていたように（Geroski, 1999; Curran, 2006:206），小企業の経営のあり方の1つである。しかしここで強調しておきたい点の1つは，こうした成長の志向性が，当該小企業を例にあげてみると，あるときにはほとんどなく，あるときに生じ，またその後減じるなど，時間の経過にともなって変化するという可能性である。われわれが観察する小企業は，観察している事業活動のひと時のプロセスにすぎない。観察のときに発見される事項はたしかに1つの事実であろうが，当該企業の一生というプロセス，すなわち長期にわたる「旅」という観点から事業活動をみれば（McMullen and Dimov, 2013），そのプロセスにおいて，当該小企業の企業家が事業をより成長させたい，事業を安定させたい，事業を売却などして縮小させたい，などといった意思決定と企業行動にかかるさまざまな場面があり，それらの組み合わせによって「ランダムウォーク」的な歩みとなろう。

　ここでは企業の成長の志向性を1つの題材として述べてきたが，中小企業の異質性をとらえるためには，当該中小企業あるいはその企業家について，時間の経過にともなうプロセスを考慮することが重要であろう。

5.　経営研究に対する中小企業研究の理論的貢献

　かつてD'AmboiseとMuldowneyは，スモール・ビジネスのための壮大な経営理論，すなわちスモール・ビジネスのマネジメントを説明し導くことのできる包括的な理論的枠組は存在しないと指摘したが（D'Amboise and Muldowney, 1988），このことは中小企業の異質性を考慮すると，理論的枠組の構築はさらにいっそう困難になることが推察される。しかしこのことが問題になるかといえば，必ずしもそうはならない。そもそも異質性をもつ多様な中小企業を同質的あるいは画一的に描くこと自体に意味がないといえる。それでは，

中小企業研究は，経営研究においていかなる理論的貢献を果たすことができるのであろうか。

スモール・ビジネスをめぐる議論は，国際ジャーナル上でホットなイシューの1つであったが，アントレプレナーシップ研究の勃興とともに，その後においてはスモール・ビジネスをめぐる議論よりもアントレプレナーシップに関連した問題への関心に移っていくことになる。こうした現状を受けて，VoleryとMazzarolは，アントレプレナーシップに関連した問題への関心が高まっているのに対して，スモール・ビジネスが今後の研究の展開において重要な焦点として維持するために，とらえどころのない「スモール・ビジネスの理論」を追求するのではなく「スモール・ビジネスの視点」を提唱したのである（Volery and Mazzarol, 2015）。

さらにVoleryとMazzarolは，その主張に続けて，研究者は，知識（knowledge）よりも叡智（wisdom）に基づくフレームワークをもちいて，当該分野におけるパラダイム開発のための戦略的なオプションを開発することを提唱する（Volery and Mazzarol, 2015:392-393）。そこでVoleryとMazzarolが取り上げているのは，Watkins-Mathys and Lowe（2005）の議論である。そこでは，「プロセス」，「パターン」，「構造」という3つの基準に基づいた概念的なトライアドが提案されている。これら3つの基準はすべて相互に依存しており，複雑で生きているシステムを理解するために必要なものであるという。このような視点から，中小企業ないしスモール・ビジネスが大企業ないし大事業，すなわち「大」とどのように異なるかの証拠の解明を追求することによって（Volery and Mazzarol, 2015），「大」との差異が明らかになるとする。

Watkins-Mathys and Lowe（2005）の議論に基づくVoleryとMazzarolが提唱した「大」との差異を明らかにしていく作業は，いまだ途上であるが，この「大」との差異を明らかにしていこうという中小企業研究の成果は，経営理論の発展に大きく貢献することが期待される。一般的に知られた経営理論は，大企業ないし大事業を想定して構築されている場合が多い。「すべての大企業の研究は例外なく，無関係であるとして拒絶されるべきである」という見解もな

いわけではないが（Torrès and Julien, 2005:358），大企業ないし大事業を想定して構築された理論は，中小企業研究の継続的な活発さが示すように，むしろ中小企業研究のきっかけの1つとなっている（Curran, 2006）。さらに，大企業ないし大事業を想定して構築された理論は，中小企業やスモール・ビジネスには当てはまらないとの指摘もある（Curran and Blackburn, 2001）。しかし，その適用可能性について評価することよりも，たとえば大企業というのは企業全般からすればほんの一部しか存在していないために，そうしたサンプルサイズが小さく代表性が疑わしい事例の一部に基づいた理論やモデルに懐疑的になるべきであるとの主張もある（Curran, 2006）。

　かつてWeickは，組織研究者に対して，「大企業の組織を避け，代わりに，日常的な出来事，場所，疑問，ミクロ組織，不条理な組織を調べること」を求めた（Weick, 1979）。このことは，中小企業を研究対象にすることによって，大企業ないし大事業にみられる複雑な組織よりも，組織に関連する現象が，目に見えやすく，仮説を立てやすくなるとするものである（D'Amboise and Muldowney, 1988）。この命題は，経営研究の領域におけるより多くの研究者が，これからさらにいっそう中小企業を研究対象として取り上げていくことを促すものである。大企業ないし大事業を想定して構築された，誰もが当然と思う既存の理論は，中小企業の研究をつうじて疑いが生まれ，その疑いを生じさせ，それにチャレンジするかたちで研究への問いを発展させることができうる。こうした方法は，「方法論的問題化」（Alvesson and Sandberg, 2011; 2013）と呼ばれ，批判的マネジメント研究（CMS: Critical Management Studies/CMR: Critical Management Research）の一部となる（Alvesson and Deetz, 2000; Alvesson and Sandberg, 2013）。つまり，中小企業を研究対象とした研究をすることで得られた中小企業にかんするさまざまな「叡智」は，中小企業を念頭に置いた理論の構築に挑んでいくというよりも，またさらには，大企業ないし大事業のあり方を文字どおり「批判」するというよりも，むしろ既存理論の修正や拡張を促し，経営理論の発展に大きく貢献することにつながると期待されるのである。これが中小企業研究の経営研究への理論的貢献であ

るといえる。

6. 小結──「中小企業らしさ」の追求

　本章では，おもに経営研究の領域における国際ジャーナルに掲載された論文の知見を取り上げながら，研究対象として中小企業を取り上げるさいに，研究上加味しなければならない諸点を明確にすることを目的としていた。本章で先行研究のいくつかを基に具体的に取り上げてきたのは，1つは，大企業ないし大規模事業，すなわち「大」との差異か，あるいはもう1つは，中小企業の異質性か，の2つの論点であった。これら2つの論点をめぐっては，現在までにも国際ジャーナル上で関連した議論が展開されているところである。

　本章では，議論を整理するうえで，2つの論点をそれぞれ個別に説明してきたが，本章をつうじて主張したいことは，中小企業を研究対象とするさいには，これら2つの論点は，「大」との差異かあるいは異質性かといったかたちでどちらか一方についてのみ焦点を当てればよいというものではなく，それら2つの論点をどちらも合わせて同時に考慮するべきものであるということである。これが，本章をつうじて主張したい1つの点であり，同時に，本章の冒頭でも指摘した，「中小企業とは何か」という課題である。

　さらに本章では，それら2つの論点をめぐる考慮の順序についても主張したい。論点の1つめとして取り上げた「大」との差異は，中小企業の「中小」を規定する前提であり，さらに理論的貢献につながりうるものである。こうしたことから，ここでは論点の2つめとして取り上げた中小企業の異質性としての多様性を踏まえ，その異質性の何を議論するかをまず規定し，そのうえで「大」との差異をさまざまなアプローチから解明していくことを主張する。もとより中小企業の異質性は極めて多元的であり，たしかに，ここで規定される中小企業の異質性は，その異質性の一側面にすぎないかもしれない。しかしたんに中小企業というキーワードを取り上げるだけでは，中小企業のどういう点に焦点を当てているかまったくもって不明瞭である。中小企業の異質性の多元性を念

頭におくということが，議論を展開させていくうえでは重要な議論上の設定の
1つとなるのである。

　中小企業の異質性の何を議論するかという議論上の設定は，その異質性が何
かということにとどまらず，あらゆる現象（Weick, 1979）をつうじて「大」
との差異を明らかにしなければならない。「スモール・ビジネスの視点」を提
唱したVoleryとMazzarolは，Watkins-Mathys and Lowe（2005）の議論を踏
まえ，「プロセス」，「パターン」，「構造」という3つの基準からの「大」との
差異を解明していくことを説いたが，私見では，RunyanとCovinが提唱した
SBOにおける普遍主義と博愛主義という価値観もまた「大」との差異を解明
する一助になると期待することができる。中小企業の異質性を前提とした（す
なわち，それが何かを議論上の設定においた）SBOを，ここで「中小企業ら
しさ」と表現することを提案する。この「中小企業らしさ」の追求こそが，中
小企業の異質性の現象がより解明されていくことにつながり，たんに中小企業
という企業の形態を類型化するだけにとどまらず，「スモール・ビジネスの視
点」としてのSBOなどを援用・発展させ，これらによって，「大」との差異が
解明され，既存の諸理論の拡張や修正などといった経営研究の理論的発展に大
きく貢献することが期待されるのである[10]。この「中小企業らしさ」の追求こ
そが，中小企業を研究対象とするわれわれが研究上加味しなければならない点
であるとともに，そのさらなる追求によって「中小企業とは何か」という課題
の解明につながっていくことが期待される。

　ところで，中小企業という概念は，冒頭にも述べたように，世間一般に認知
されているはずであるが，国際ジャーナルに掲載されている先行研究の多くで
はSBOと同様にスモール・ビジネスないし小企業としたかたちで，「小（ス

---

(10)　筆者らは，中小企業という用語からどのようなイメージが抱かれるかについて，
　大学生を対象とした一連の調査をこれまでに継続して実施してきている（たとえば，
　関・曽我, 2021など）。このような中小企業に対して抱かれるさまざまなイメージの
　どれがどの程度「中小企業らしさ」を表しているのかについて，詳細に検討していく
　ことが必要であろう。今後の課題である。

モール）」のみに焦点を当てる傾向があるように見える。中小企業という概念は，世間一般的に認知されているはずであるが，なぜ中小企業の「中」については，一部の研究を除いて（たとえばCurran, 2006など）あまり意識的に触れられていないのであろうか。研究上，中小企業という用語を使う場合には，「中」を「小」とのたんなる規模的な相違としてとらえるのではなく，まさにその規模の相違に起因する中小企業「層」内部の異質性を考慮することが求められる。仮に，そのことが考慮されないということであれば，その企業を中小企業と呼称する必要はなく，小企業でよいということになろう。こうした点は今後検討していくべき課題の1つである。

　本章では，研究対象としての中小企業について，おもに日本の研究者を対象として話題を提供してきた。本章をつうじて，「中小企業とは何か」という課題がどういうことか，すなわち，研究対象として中小企業を取り上げることの意味がより広く共有されることで，中小企業を研究してみようという機運が，中小企業研究の学術コミュニティ以外の学術コミュニティにおいて少しでも高まっていくことになるとすれば，それは日本の中小企業研究のさらなる発展へとつながる大きな一歩となる。

〔付記〕
　本章は，拙稿（2021）を本書収録のために，加筆・修正したものである。

【参考文献（アルファベット順）】

Alvesson, M. and Deetz, S. (2000) *Critical management research*, London: Sage.

Alvesson, M. and Sandberg, J. (2011) "Generating research questions through problematization," *Academy of Management Review*, 36(2): 247-271.

Alvesson, M. and Sandberg, J. (2013) *Constructing research questions: Doing interesting research*, London: Sage.

Blackburn, R.A. and Smallbone, D. (2008) "Researching small firms and entrepreneurship in the U.K.: Developments and distinctiveness," *Entrepreneurship Theory and Practice*, 32(2): 267-288.

Blackburn, R.A. and Stokes, D. (2000) "Breaking down the barriers: Using focus groups to research small and medium enterprises," *International Small Business Journal*, 19(1): 44-67.

Bridge, S., O'Neill, K., and Cromie, S. (1998) *Understanding enterprise, entrepreneurship and small business*, London: Macmillan Business.

Brooksbank, R. (1991) "Defining the small business: A new classification of company size," *Entrepreneurship and Regional Development*, 3(1): 17-31.

Brush, C.G. and Chaganti, R. (1999) "Business without glamour? An analysis of resources of performance by size and age in small service and retail firms," *Journal of Business Venturing,* 14(3): 233-257.

Carland, J.W., Carland, J.C., Hoy, F., and Boulton, W.R. (1988) "Distinctions between entrepreneurial and small business ventures," *International Journal of Management*, 5(1): 98-103.

Carland, J.W. III, Carland, J.W., Carland, J. C., and Pearce, J.W. (1995) "Risk taking propensity among entrepreneurs, small business owners and managers," *Journal of Business and Entrepreneurship*, 7(1): 15-23.

Carland, J.W., Hoy, F., Boulton, W.R., and Carland, J.A. (1984) "Differentiating entrepreneurs from small business owners: A conceptualization," *Academy of Management Review*, 9(2): 354-359.

Chandler, G.N. and Lyon, D.W. (2001) "Issues of research design and construct measurement in entrepreneurship research: The past decade," *Entrepreneurship Theory and Practice*, 25(4): 101-113.

Cope, J. (2005) "Researching entrepreneurship through phenomenological enquiry, philosophical and methodological issues," *International Small Business Journal*, 23(2): 163-189.

Cowling, M. (2006) "Early stage survival and growth," in Parler, S. ed., *The life cycle of entrepreneurial ventures*, 479-506, New York: Springer.

Curran, J. (2000) "What is small business policy in the UK for?: Evaluation and assessing small business support," *International Small Business Journal*, 18(3): 36-50.

Curran, J. (2006) "Specificity and denaturing the small business," *International Small*

Business Journal, 24(2): 205-210.

Curran, J. and Blackburn, R.A. (2001) *Researching the small enterprise*, London: Sage.

D'Amboise, G. (1993) "Empirical research on SMEs: The past ten years in Canada," *Journal of Small Business & Entrepreneurship*, 10(2): 2-12.

D'Amboise, G. and Muldowney, M. (1988) "Management theory for small business: Attempts and requirements," *Academy of Management Review*, 13(2): 226-240.

Davidsson, P. (1989) "Entrepreneurship and after?: A study of growth willingness in small firms," *Journal of Business Venturing*, 4(3): 211-226.

Dean, M.A., Shook, C.L., and Payne, G.T. (2007) "The past, present, and future of entrepreneurship research: Data analytic trends and training," *Entrepreneurship Theory and Practice*, 31(4): 601-618.

Gartner, W.B. (2013) "Creating a community of difference in entrepreneurship scholarship," *Entrepreneurship and Regional Development*, 25(1): 5-15.

Gartner, W.B. and Birley, S. (2002) "Introduction to the special issue on qualitative methods in entrepreneurship research," *Journal of Business Venturing*, 17(5): 387-395.

Geroski, P. (1999) "Why do some firms grow faster than others ?," *The Economist*,15 July.

Gherhes, C., Williams, N., Vorley, T., and Vasconcelos, A.C. (2016) "Distinguishing micro-businesses from SMEs: A systematic review of growth constraints," *Journal of Small Business and Enterprise Development*, 23(4): 939-963.

Gibb, A.A. (2000) "SME policy, academic research and the growth of ignorance: Mythical concepts, myths, assumptions, rituals and confusions," *International Small Business Journal*, 18(3): 13-35.

Grant, P. and Perren, L. (2002) "Small business and entrepreneurial research: Meta theories, paradigms and prejudices," *International Small Business Journal*, 20(2): 185-209.

Greiner, L.E. (1972) "Evolution and revolution as organizations grow," *Harvard Business Review*, 50(4): 37-46.

Holliday, R. (1995) *Investigating small firms, nice work?*, London: Routledge.

Javadian, G., Dobratz, C., Gupta, A., Gupta, V.K., and Martin, J.A. (2020) "Qualitative Research in Entrepreneurship Studies: A State-of-Science," *The Journal of Entrepreneurship*, 29(2): 223-258.

Jenkins, M. and Johnson, G. (1997) "Entrepreneurial intentions and outcomes: A comparative causal mapping study," *Journal of Management Studies,* 34(6): 895-920.

Johansson, A.W. (2004) "Narrating the Entrepreneur," *International Small Business Journal*, 22(3): 273-293.

Jonsson, E.I. (2013) "One role is not big enough: A multi-theoretical study of board roles in SMEs," *International Journal Business Governance and Ethics*, 8(1): 50-68.

Julien, P.-A. (2000) *The State of the Art in Small Business and Entrepreneurship* (2nd ed.), Brockfield, VT: Ashgate.

Karoui, L., Khlif, W., and Ingley, C. (2017) "SME heterogeneity and board configurations: An empirical typology," *Journal of Small Business and Enterprise Development*, 24(3): 545-561.

Kuratko, D., Hornsby, J., and Naffziger, D. (1997) "An examination of owner's goals in sustaining entrepreneurship," *Journal of Small Business Management*, 35(1): 24-33.

Landström, H. (2005) *Pioneers in entrepreneurship and small business research*, New York: Springer.

Low, M.B., and MacMillan, I.C. (1988) "Entrepreneurship: Past research and future challenges," *Journal of Management*, 14(2): 139-161.

Manolova, T.S., Brush, C.G., Edelman, L. F., and Shaver, K.G. (2012) "One size does not fit all: Entrepreneurial expectancies and growth intentions of US women and men nascent entrepreneurs," *Entrepreneurship & Regional Development*, 24(1-2): 7-27.

McGuire, J.W. (1976) "The small enterprise in economics and organization theory," *Journal of Contemporary Business*, 5(2): 115-138.

Miller, D. and Toulouse, J.M. (1986) "Strategy, structure, CEO personality and performance in small firms," *American Journal of Small Business*, 10(3): 47-62.

McMullen, J.S. and Dimov, D. (2013) "Time and the entrepreneurial journey: The problems and promise of studying entrepreneurship as a process," *Journal of Management Studies*, 50(8): 1481-1512.

Naffziger, D., Hornsby, J., and Kuratko, D. (1994) "A proposed research model of entrepreneurial motivation," *Entrepreneurship Theory and Practice*, 18(3): 29-42.

53

Perren, L.J., Berry, A. and Blackburn, R. (2001) "The UK small business academic community and its publication channels: Perceptions and ratings," *Journal of Small Business and Enterprise Development*, 8(1): 76-90.

Perren, L. and Ram, M. (2004) "Case-study method in small business and entrepreneurial research mapping boundaries and perspectives," *International Small Business Journal*, 22(1): 83-101.

Runyan, R. C. and Covin, J. G. (2019) "Small business orientation: A construct proposal," *Entrepreneurship Theory and Practice*, 43(3): 529-552.

Runyan, R.C., Droge, C., and Swinney, J.L. (2008) "Entrepreneurial orientation versus small business orientation: Do their relationships to firm performance depend on longevity," *Journal of Small Business Management*, 46(4): 567-588.

佐竹隆幸（2008）『中小企業存立論―経営の課題と政策の行方』ミネルヴァ書房。

Schaper, M., Volery, T., Weber, P., Gibson, B. (2014) *Entrepreneurship and small business: A pacific rim perspective* (4th ed.), Milton: John Wiley & Sons.

Schwartz, S. H. (1994) "Are there universal aspects in the structure and contents of human values?," *Journal of Social Issues*, 50(4): 19-45.

Schwartz, S.H., Melech, G., Lehmann, A., Burgess, S., Harris, M., and Owens, V. (2001) "Extending the cross-cultural validity of the theory of basic human values with a different method of measurement," *Journal of Cross-Cultural Psychology*, 32(5): 519-542.

関智宏（2021）「研究対象としての中小企業―『大』との差異か，その異質性か」同志社大学商学会『同志社商学』第73巻第2号：561-582.

関智宏・曽我寛人（2021）「中小企業をイメージする（2018年）―2018年度における大学生を対象とした調査による探索的データ分析」同志社大学商学会『同志社商学』第73巻第1号：103-118.

Sexton, D.L. and Van Auken, P. (1985) "A longitudinal study of small business strategic planning," *Journal of Small Business Management*, 23(1): 7-15.

Shane, S. (2012) "Reflections on the 2010 AMR decade award: Delivering on the promise of entrepreneurship as a field of research," *Academy of Management Review*, 37(3): 10-20.

Smith, N.R. and Miner, J.B. (1983) "Type of entrepreneur, type of firm and managerial motivation: Implications for organizational life cycle theory," *Strategic Management Journal*, 4(4): 325-340.

Stewart, W.H., Carland, J.C., Carland, J.W., Watson, W.E., and Sweo, R. (2003) "Entrepreneurial dispositions and goal orientations: A comparative exploration of United States and Russian entrepreneurs," *Journal of Small Business Management*, 41(1): 27-47.

Storey, D. (1994) *Understanding the small business sector*, London: Routledge.

Suddaby, R., Bruton, G.D., and Si, S.X. (2015) "Entrepreneurship through a qualitative lens: Insights on the construction and/or discovery of entrepreneurial opportunity," *Journal of Business venturing*, 30(1): 1-10.

瀧澤菊太郎（1995）「『中小企業とは何か』に関する一考察」商工総合研究所『商工金融』第45巻第10号：3-22.

Torrès, O. and Julien, P.-A. (2005) "Specificity and denaturing of small business," *International Small Business Journal*, 23(4): 355-375.

Volery, T. and Mazzarol, T. (2015) "The evolution of the small business and entrepreneurship field: A bibliometric investigation of articles published in the International Small Business Journal," *International Small Business Journal*, 33(4): 374-396.

Watkins-Mathys, L. and Lowe, S. (2005) "Small business and entrepreneurship research: The way through paradigm incommensurability," *International Small Business Journal*, 23(6): 657-677.

Weick, K. (1974) "Amendments to organizational theorizing," *Academy of Management Journal*, 17(3): 487-502.

Welsh, J.A. and White, J.F. (1981) "A small business is not a little big business," *Harvard Business Review*, 59(4): 18-32.

Wiklund, J., Davidsson, P., and Delmar, F. (2003) "What do they think and feel about growth?: An expectancy-value approach to small business managers' attitudes toward growth," *Entrepreneurship Theory and Practice*, 27(3): 247-270.

Woo, C.Y., Cooper, A.C. and Dunkelberg, W.C. (1986) "The development and interpretation of entrepreneurial typologies," *Journal of Business Venturing*, 6(2): 93-115.

山中篤太郎（1948）『中小工業の本質と展開―国民経済構造矛盾の一研究』有斐閣。

関　智宏

第3章
中小企業のCSRと新たな本質論

1. はじめに

　近年，CSR（Corporate Social Responsibility：企業の社会的責任）活動が，大企業のみならず中小企業でも広がりをみせている。国により，企業によるCSR活動の広がり出した時期は異なるが，藤井によれば，「2001年，CSRは日本ではまだ広く知られてなかったが，ヨーロッパでは大きなうねりとなっていた」（藤井，2005）。とする。日本では1956年，経済同友会が「経営者の社会的責任の自覚と実践」として提言したのが最初であるとする見方がある一方，経済同友会自身は，第15回企業白書『市場の進化と社会的責任経営』を出した2003年が日本における「CSR元年」としている（経済同友会，2010）。

　2003年を日本のCSR元年だとしても，すでに20年近くの歴史があることになる。そこで，企業になぜCSR活動に取り組むのかと問うと，大企業では「当然の取組」として答える企業がある一方，「社会の風潮だから」，とするむきもある。また，中小企業からは，取組自体について「大企業が取り組むべきもの」といった反応が多い。いずれにしても，日本の場合はインドやインドネシアのように，国が法律で実施を義務づけているわけではなく[1]，活動は企業の自主性に任せられている。しかしそこでは，取り組むべきものといった一種の"べき論"で捉えられることが多く，取り組むに当たっての道理はみられない。

　2011年にはポーターとクラマーが，CSV（Creating Shared Value：共有価

---

(1) インドでは，①純資産50億ルピー（約86億円）以上，②総売上高100億ルピー（約173億円）以上，③純利益5,000万ルピー（約8,600万円）以上という3つの要件のうち，少なくとも1つを充たす企業にはCSR活動をする義務があり，上場・非上場は問わない。対象企業は，直近3会計年度の純利益の平均2％以上をCSR活動に支出することとなっている（梅野，2021）。

値の創造）を提唱した（ポーター／クラマー, 2011）。すなわち，企業は経済的価値を創造しながら，社会的ニーズに対応して社会的価値も創造できる。企業が地域社会に投資するさい，CSRに代わってCSVを指針にすべきとした。CSRプログラムはおもに評判を重視し，当該事業との関わりも限られているため，これを長期的に正当化し継続することは難しい。一方，CSVは企業の収益性や競争上のポジションと不可分である。その企業独自の資源や専門性を活用して，社会的価値を創出することで経済的価値を生み出すとしている（ポーター／クラマー, 2011）。CSVは，社会貢献活動をビジネスモデルのなかに組み込んでおり，社会貢献をすることで売上向上にもつながるというインセンティブになるとともに，根拠ともなっている。

　CSVは経営戦略の一環として，社会的価値（社会貢献活動）は売上や利益をあげるための手段として位置づけられており，CSRとは異なる。そこで本章では，これまで"べき論"として捉えられてきたCSRへの取組姿勢を道理として捉えるために，地域・社会と企業との「共生性」という視点を導入する。すなわち，企業，とりわけ中小企業は地域・社会と共生性を有する存在として捉えることで，CSRに取り組むことを道理として捉えることができる。

　本章では，中小企業によるCSR活動をみるとともに，それを実践する企業から導出された，「中小企業は地域・社会と共生性を有する存在である」を基に，これまでの中小企業本質論を再考し，新たな本質論を提示する。

2.　中小企業におけるCSRの取組実態

2-1.　CSRの類似概念と定義

　『中小企業白書 2015年版』（中小企業庁, 2015）では，CSRに類似した概念として図表3-1のようにまとめており，それぞれの内容についても図下の注に記されている。図表3-1では，1980〜90年代のメセナ／フィランソロフィーに始まり，2000年代前半のCSRや戦略的フィランソロフィー，2000年代後半の戦略的CSR，さらに，2010年以降のCSV，CRSV（Creating and Realizing

図表3-1　CSRはCSVに発展するのか

	既存の社会性概念					CRSV
	メセナ/フィランソロピー	CSR	戦略的フィランソロピー（CRM）	戦略的CSR	CSV	
年代	1980年代～1990年代	2000年代前半	2000年代後半	2000年代後半	2010年以降	
目的	社会貢献	社会的責任（社会貢献・企業倫理・コンプライアンス）の行使	社会貢献，企業全体の利益・競争力向上，自社のブランディング	社会的課題の解決，企業全体の利益・競争力向上，自社のブランディング	事業を通した社会的課題の解決，事業売上・利益の獲得	事業を通した地域課題の解決，事業売上・利益の獲得
内容	慈善・奉仕活動			営利事業	社会的課題を解決するための営利事業（ソーシャル・ビジネス）	地域課題を解決するための営利事業（ソーシャル・ビジネス：コミュニティビジネス）
運営資金	本業で獲得した余剰資金（利益）				ソーシャル・ビジネスの経費（コスト）	
連携状況	単独展開（連携なし）				官・民・中間支援機関等の複数組織と協業（連携あり）	
組織形態	事業会社（一般・社会志向型の大企業）					地域の事業会社（一般・社会志向型の中小企業，ベンチャー企業）
展開エリア	海外・国内（全国）					国内（特定地域・近隣限定）
効果	社会貢献，ブランド力（評判・名声）の獲得			社会的課題の解決，企業全体の利益・競争力向上，ブランド力（評判・名声）の獲得	事業を通した社会的課題の解決，経済的価値（売上・利益），ソーシャル・イノベーション，ブランド力（評判・信頼）の獲得	事業を通した地域課題の解決，経済的価値（売上・利益），ソーシャル・イノベーション，ブランド力（評判・信頼）の獲得

- 「メセナ」とは，「即効的な販売促進・広告宣伝効果を求めるのではなく，社会貢献の一環として行う芸術文化支援」をいう。公益社団法人企業メセナ協議会ホームページを参照（http://www.mecenat.or.jp/ja/introductuin/post/about/）。
- 「フィランソロピー」とは「弱者の救済，学術の振興，文化・芸術の支などの公共性に高い分野での寄附活動やボランティア活動の総称」をいう。
- 「CSR（Corporate Social Responsibility）」とは，「社会に経済的価値を提供すること，利益を社会に還元し，社会貢献すること，企業不祥事を防ぐための取組」をいう。
- 「戦略的CSR」とは，「数ある社会問題の中から，企業として取り組むことで大きなインパクトがもたらされるものを選択し，これを踏まえた上でバリューチェーンと競争環境を改革することによって，企業と社会双方がメリットを享受できる活動」をいう。
- 「CSV（Creating Shared Value）」とは，「企業が事業を営む地域社会や経営環境を改善しながら，自らの競争力を高める方針とその実行」をいう。
- 「戦略的フィランソロピー」とは「企業の社会貢献活動であるフィランソロピーを自社の競争ポテンシャルの改善につながる分野と結び付け，そこから生み出される社会的価値と経済的価値の両方を最大化しようと戦略的に取り組む活動」をいう。
- 「CRM（Cause Related Marketing）」とは，「市場に対してイメージ，製品，サービスを有する企業が，相互利益のために，1つまたは複数のコーズと，リレーションシップやパートナーシップを構築する活動」をいう。

(注) 原タイトルは，「既存の社会性概念の変遷・整理とCSRV概念との比較」
資料：中小企業庁委託「平成26年度 中小企業のCSRVの先進的取組に関する調査（2015年2月みずほ情報総研㈱）
出所：中小企業庁編（2015）

Shared Value：事業をつうじて社会的課題を解決することから生まれる「社会価値」と「企業価値」は両立可能とする考え方）と中心が移っているとする。時代ごとの流行として捉えると，このように図示することも可能だが，実際には年代に関係なく，メセナ/フィランソロフィーやCSRを実施する企業は，時代を超えてそれぞれの活動をおこなっている。

　CSRは「企業の社会的責任」と訳されているが，かつて企業は，収益を上げて納税することや，従業員を雇用していれば，十分に企業としての社会的責任を果たしているとする考え方があった。現在では，社会の公器として法令遵守はもちろんだが，人権に配慮した適正な雇用や労働条件の確保，消費者への適切な対応，環境問題への配慮，地域社会への貢献など，企業市民として果たすべき責任として捉えられるようになった[2]。近年，このCSRが大きく取り上げられているのは，企業活動がグローバル化したことにより，世界各国でさまざまな問題を引き起こしていることがある。こうしたことを背景に，2010年11月にジュネーブに本部がある国際標準化機構により，企業のみならずあらゆる組織を対象に，持続可能な発展への貢献を最大化することを目的とした国際規格，ISO26000が発行された。

　ところで，このCSRの定義は，当然のことながら研究者によって，またその時の時代状況によって異なる。水尾・田中（2004）は，「企業組織と社会の健全な成長を保護し，促進することを目的として，不祥事の発生を未然に防ぐとともに，社会に積極的に貢献していくために企業の内外に働きかける制度的義務と責任」と定義した。谷本（2006）は，「企業活動のプロセスに社会的公正性や倫理性，環境や人権への配慮を組み込み，ステークホルダーに対してアカウンタビリティを果たしていくこと」とした。2001年のエンロン事件を皮

---

(2)　藤井は，マルチステークホルダー・フォーラムによるCSRの定義として，「CSRとは社会面及び環境面の考慮を自主的に業務に統合することである。それは法的要請や契約上の義務を上回るものである。CSRは法律上，契約上の要請以上のことをおこなうものである。CSRは法律や契約に置き換わるものでも，また，法律及び契約を避けるためのものでもない。」と紹介している（藤井, 2005:20）。

切りに，多発した企業の不祥事により，両者ともに法令遵守や倫理的な側面が意識され，企業性悪説に立った定義となっている。しかしその谷本も，谷本（2020）では「CSRはビジネス・プロセス全体の中で位置づけられる」とあるように，CSVよりの定義となっており，時代状況によって定義を変えている。

　筆者は中小企業を対象に，法令遵守は当然のこととして，性善説に立った定義をおこなう。すなわち，「地域・社会で企業活動する中小企業が，地域・社会と共生するためにおこなう自発的な社会貢献活動」[3]とする。

2-2. CSRの源流

　日本では2003年をCSR元年としたが，そもそもCSRの源流はそれぞれの国において異なる。日本では，江戸時代の「三方良し」をCSRの源流に揚げることが多いが[4]，本章ではこれまであまり取り上げられることのなかった，同じく江戸時代の大阪の町人橋を取り上げる。

　国土交通省近畿地方整備局大阪国道事務所によると，江戸時代，大阪は，「江戸の八百八町」「京都の八百八寺」と並んで，「浪華の八百八橋」と呼ばれていた。じつは，本当に808ヶ所の寺や橋があったのではなく，それほどの勢いで寺や橋が立ち並んでいたことの比喩的表現である。実際には，江戸の約350橋に対して，大阪には約200橋ほどが架けられていた。では，なぜ大阪が八百八橋の町と呼ばれていたのか。その答えは，誰が橋を架けたのかにある。江戸の橋は，約350ある橋の半分が公儀橋と呼ばれる幕府が架けた橋だったのに対し，大阪では，公儀橋は「天神橋」「高麗橋」などわずか12橋で，残りの橋は，すべて町人が生活や商売のために架けた「町橋」だとされる。町橋に対する幕府からの援助はなく，町人たちは自腹を切って橋を架けたのである。自腹を切ってでも橋を架けた町人たちのこの勢いが，「浪華の八百八橋」と呼ば

---

(3) 中小企業を対象とするのは，本章が中小企業を対象としていることもあるが，中小企業の方が大企業と比べ，地域との関係が深いことがある。
(4) たとえば，末永（2014）。一方で，谷本（2014）は，三方良しの心得が現代の企業経営にどのように生きているのか，経営学的な研究がおこなわれていないとする。

れる所以だとされる[5]。

　ここで重要なことは，町人橋の取組はCSRや戦略的CSR，戦略的フィランソロピーに該当するが，決してCSV的発想でおこなったわけではない。町人橋の取組は商人たちにも利益をもたらしたが，それはあくまで結果であり，自己の利益のことをまず念頭に置いて橋を架けたのではなかったはずである。したがって，大阪の町人による町人橋の架橋も，日本におけるCSRの源流の1つと考えることができる。

2-3. CSRの取組実態

　日本では「CSR企業総覧」や『CSR企業白書』（週刊東洋経済臨時増刊，2019）が毎年刊行されているが，対象は上場企業である[6]。2016年版経済センサスによると，日本にはおよそ358万9千社の企業があるが（2016年），そのうち大企業は0.3％，1万1千社しか占めておらず，残りの99.7％，357万8千社は中小企業である。このことからすると，社会全体としてCSRに取り組むには中小企業が取り組まなければならない。しかし，全国的な中小企業の取組状況を見たものは，管見の限り存在しない。

　そこで，筆者が2016年8月に，東大阪市の中小製造業，卸・物流業，小売業2,500社を対象に調査（有効回答数は240社）した「地域課題解決と企業の社会的責任（CSR）に関する実態調査」を取り上げる。CSR活動としてどのような活動をしているかを問うたところ，「何もしていない」は0％であった。このことからすると，中小企業でも何らかのCSR活動を大方が実施していることがわかる。一方，35に及ぶ質問項目のなかで回答が多かったもの（複数回答）として，「法令遵守」（83.2％），「従業員満足の職場作り」（73.5％），「再雇用制度の実施」（68.1％），「LED化，ハイブリッド車の導入」（55.8％），「男

---

(5) 国土交通省近畿地方整備局 大阪国道事務所。https://www-1.kkr.mlit.go.jp/osaka/commu/road_dat/bridge.html　採取日：2020年12月22日。
(6) たとえば，2020年版では1,593社が取り上げられているが，その内訳は上場企業1,549社・未上場企業44社となっており，ほぼ大企業中心となっている。

女が働きやすい職場作り」（48.7％），「廃棄物の削減」（46.9％），「地元からの雇用」（41.6％）が上がっており，従業員にかんするCSR活動が多くを占めている。

3. CSR活動をする企業から見た中小企業本質論

3-1. これまでの中小企業本質論の展開

　中小企業本質論とは，中小企業とは何かを考えることだとされるが，この問題が大きくクローズアップされたのは，第二次世界大戦以降，「問題性型中小企業本質論」が本格的に展開されだしたころとされる（瀧澤, 1992:5）。この時の嚆矢とされるのが山中篤太郎で，山中（1948）では，「問題」としての中小工業を以下のように記している。すなわち，中小工業が学問的に位置づけられた理由として，近代的な資本制大規模工場は自身の経営利益を確保するために，同じ産業部門内の中小工業を競争のうえ淘汰したが，大規模工場のこうした経営利益を求める活動によってはじめて，中小工業の存在が意識される。大規模工場が経営利益を求めて活動する以前から中小工場は存在するが，その場合の中小工業は中小工業としては意識されない。したがって，中小工業論とは問題性における（筆者注：を有する）中小工業論でなければならず，それゆえに中小工業論とは中小工業「問題」論にほかならない。さらにそれゆえに「中小工業とは何か」とは，「問題としての中小工業とは何か」にほかならない[7]とする。

　山中の問題性論[8]は，その後，当時の経済学の主流だったマルクス経済学者によって議論が深められ，中小企業が有する問題性に基に，中小企業の本質を解明しようとした。当時はマルクス経済学が隆盛だったが，中小企業の本質

---

(7) 山中（1948）pp.43-45。原本は旧字体，旧仮名遣いのため，意訳している。
(8) 山中篤太郎（1901-1981）は日本中小企業学会の初代会長（1980-81）や，日本中小企業学会の親学会である日本経済政策学会の代表理事を務めたこともあり，学会への影響力は大であった。

として，中小企業は問題性を有する存在であるとする考え方が，マルクス経済学の考え方と相性が良く，発展性の本質論が登場するまで，問題性論が中小企業本質論の主流であった。

　発展性議論の嚆矢に関しては複数の見解がある。古くは，末松玄六を嚆矢とする見解である（川上，2005a）。末松（1953）は，中小企業の問題性の議論が，中小企業が置かれている外部環境にのみ注目していることに対し，「戦後，中小企業の危機を克服するには，金融をはじめとする中小企業を取り巻く環境を良くすることが根本ではあるが，環境論を振り回すだけでは中小企業を救い出すことはできない。率直に自己の経営の中に巣食う欠陥を認め，改善すべきは改善し，遅れたところを近代化して競争に勝ち抜くだけの態勢を整えることも大事である」。さらに末松（1956）では，「もし人が問題としての中小企業のみを分析し，問題解決の方向性を探ろうとするならば，それは研究方法上の大きな欠陥をはらむものといわねばならぬ。問題としての中小企業は，いわば，原因が内的であれ外的であれ，つねに欠陥を抱くところの中小企業である。従って，この欠陥を除去し，あるいは少なくとも軽減するには，『問題でない』中小企業，あるいは大企業に比較して経済的合理性を有する中小企業の本質を分析し，それが何に基づくのかを明らかにする必要が生ずる」（末松，1954:307-308）とする。

　もう1つの見解は，問題性にかんする議論が活発だったころの1964年，中村秀一郎が『中堅企業論』（中村，1964）を出版したときを嚆矢とするものである（黒瀬，2018:8）。これを機に，経営資源が少なく，問題性を有する中小企業のなかから，経営資源を蓄え中堅企業に発展する企業が出現し，発展性を有する中小企業の論考がいくつか出された[9]。

　この問題性論と発展性論を統合したのが複眼的中小企業論である。この複眼的中小企業論は，黒瀬直宏によるネーミング[10]だが，「問題型中小企業論も積

（9）　差し当たり，清成（1970）。
（10）　なお，複眼的中小企業論は研究史上先行者がいるとし，佐藤芳雄（佐藤編，1981）をあげている。

極型中小企業論も部分理論であり，2つを統合することが重要である」（黒瀬,
2012:i）とする。「中小企業は固有の発展性を内在させている点で積極型中小
企業論といえるが，問題性も中小企業の本質規定に組み込む点で，従来の積極
型中小企業論とは異なる。複眼的中小企業論は積極型中小企業に足場を置き，
積極型中小企業論と問題型中小企業論を統合するもの」（黒瀬, 2018:16）と捉
えている。中小企業の本質を考えるには，「市場競争の本質に遡らなくてはな
らないとし，市場競争の根幹は情報発見競争である。ここで，商品は売れなけ
れば商品ではないが，売れるとは限らない。そこで，情報発見活動こそが「販
売の不確実性」を低下させ，商品生産者が商品生産者であり続けることを可能
にする」（黒瀬, 2012:22-23）としている。

3-2. 共生性から見た本質論

① これまでの本質論の問題点

さて，問題性，発展性，複眼的中小企業論と中小企業本質論が展開された
が，問題性を議論するときに，対象となるのは当該中小企業（群）と，問題性
を引き起こす原因となる大企業だが，問題はこれらが中小企業からの視点で考
察されていることである[11]。さらに，中小企業本質論のなかでは，業種的には
製造業だけが取り上げられ，議論されていることにも問題がある。

中小企業の存立問題を考えるときに，中小企業を中心に据えて考察すること
は当然である。また，製造業を中心に，中小企業の多くは大企業から支配，従
属を受けており，大企業との関係のなかで存立問題を考えることも理解でき
る。しかし，ここで欠落しているのは，中小企業は大企業との関係性のなかだ
けでなく，地域・社会のなかで活動しており，そのなかでの存立について考え
られていない点である。すなわち，中小企業の存立問題は，中小企業に内在す

---

(11) もちろん，何かを分析するときの視点は重要で，視点が定まらないと分析ができ
ない。したがって，中小企業の問題性を論じるときに，大企業との間で生じる問題を
浮かび上がらせるためにも，中小企業側の視点から分析することは，分析の仕方とし
てはある意味，当然であった。

る問題性，大企業との関係で発生する問題性，中小企業自身の努力による発展性など，中小企業側からの視点で捉えるだけでなく，中小企業が活動する地域・社会のなかで存立を考える必要がある。ここに，中小企業は地域・社会との共生性を有する存在として捉える視点が求められるのである。

② なぜ共生性の視点が必要なのか

　これまでの中小企業本質論では，製造業が中心の議論となっていたが，中小企業の存立問題はすべての業種に関わる問題である。この点，地域・社会との共生性という視点で捉えると，製造業はもとより，流通業，サービス業など，地域・社会で事業を営むすべての中小企業が対象となる。また，地域・社会との共生性の視点からみることで，CSRについても，道理として取り扱うことができる。中小企業の存立を地域・社会との共生性という視点でみることで，CSRの問題を地域・社会と中小企業の共生性というフレームのなかで捉えることができるのである（図表3-2）。

③ 共生性とは何か

　『広辞苑（第6版）』によると，共生とは「ともに所を同じくして生活すること。異種の生物が行動的・生理的な結びつきをもち，一所に生活している状態。共利共生（相互に利益がある）と片利共生（一方しか利益をうけない）とに分けられる」（新村，2008）とある。本章で考察する中小企業と地域・社会との関係は，少し奇妙な表現となるが，中小企業側からみると，短期的には片利共生に近く，長期的には共利共生が期待されるものと考える。これは，後でみるように，中小企業は地域・社会に貢献する（利益を与える）[12] CSR活動をしても，その対価として地域・社会から中小企業が即時的に利益を得ることはまれで，遅れて何らかの利益を享受する場合がまれにみられる。したがって，長期時間軸のなかでみても共利共生が必ず発生するわけではないが，たま

---

(12) ここでは，「貢献する」と「利益を与える」を同義としている。

図表3-2　中小企業の地域・社会との共生

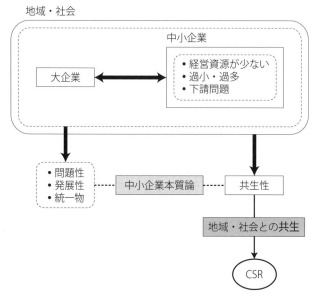

資料：筆者作成

に起こると考えれば，両者は「持ちつ持たれつ」の関係となる。

　日本の中小企業も資本主義社会のなかで活動する営利企業として，売上や利益を上げるための活動をしているが，その活動は地域・社会のなかのさまざまなステークホルダーとの関係性のなかで成り立っている。ここでのステークホルダーには，従業員や取引先企業，金融機関など当該企業の生産，販売，サービス提供などの活動に直接関わるものだけでなく，地域住民や，NPO，各種団体，学校，病院，自治体などが含まれ，反社会的勢力を除くおおよそ地域を構成するものすべてが含まれる。また，それらステークホルダーは，単体のヒトや組織だけでなく，産業集積やクラスターなど，一定の地理的空間に集積する複数の企業や組織，地域コミュニティを形成する人々なども含まれる。

3-3．本章で取り上げる共生性の論理と実態

　中小企業の本質として有する，地域・社会との共生性についてみよう。中小企業と地域・社会との共生性は，短期的には片利共生に近く，長期的には共利共生が期待されるとしたが，中小企業が地域・社会に利益をもたらす活動（＝地域・社会に貢献する活動）とは，まさにCSR活動であり，地域・社会は当該企業のCSR活動によって利益を得ていると考えられる[13]。一方，中小企業が地域・社会から受け取る利益には，直接的利益と間接的利益が考えられる。直接的利益には，消費者やユーザーが当該企業の製品をCSR企業のものとして認識・評価し，指名買いすることによって生じるが[14]，実際には価格やブランドなど，他の要素で購入が決定されることが多く，それほどの指名買いは期待できない[15]。次に，間接的利益には，CSR活動のあと，評判や名声[16]があがることや，それにともなう従業員の士気向上，売上向上などがある[17]。結局のところ，中小企業がCSR活動をとおして地域・社会から受け取る利益は，ほとんどの場合即時的・即物的ではなく，CSR活動を続けることで利益が発生するとすれば，遅れて得られる間接的利益が中心である。

---

(13)　地域・社会は，たとえば，省エネ製品など環境に優しい製品づくり，廃棄物やCO2の削減，住みよいまちづくり（植樹による街並みの美化や，町内清掃など）などにより，利益を得ていると考えられる。

(14)　ホテルの受付カウンターや美術館の棚など特注家具を作っているソーケンでは，さまざまなCSR活動に取り組んでいるが，ユーザーからの指名買いも多い（池田，2018）。

(15)　この点がCSVと異なる。CSVは，最初から直接的利益を得るための経営戦略の一環として，社会貢献活動を捉え，ビジネスモデルのなかに組み入れている。

(16)　評判の例として，レッキス工業（東大阪市）は，さまざまなCSR活動をおこなうことで地域・社会に貢献しているが，立地場所が駅から少し離れた住宅街に立地しているため道に迷う人もいる。地元住民に行き方を尋ねると，多くの人が親切に教えてくれるという。また，同社の評判が良いことから，従業員を紹介されることも多く，採用にお金をかけなくても人が集まる会社となっている（池田，2021）。

(17)　従業員も巻き込みながらCSR活動をする企業として，ソーケンがある。同社は，勤務時間中でも自由にCSR活動ができるが，CSR活動をするために，従業員のほうで自主的に仕事の進め方を考え，効率的に仕事をして生産性をあげており，毎年過去最高の売上，利益を更新している（池田，2018）

ところで，後述の生活広場ウィズのケースでみるように，CSR活動をする中小企業経営者には，地域・社会から何らかの利益を得ることを目的としない人がいる。この点が，ポーターが唱えるCSVと異なる。ポーターはCSRに代わってCSVを推奨したが（ポーター／クラマー，2011），そこでは企業の社会貢献的活動を経営戦略の1つとして捉え，経済的価値を創造しながら社会的ニーズにも対応することで，社会的価値も創造することができるとした[18]。

　しかし，我々の共生性のフレームのなかには，企業のCSVは想定していない。その理由は以下である。CSRは，短期的には片利共生であるが，CSVは先にも触れたように，経営戦略の一環として，社会貢献的な活動も儲けるための手段としてビジネスモデルのなかに組み込んでおり，片利共生は許されない。また，地域・社会との関係では，CSVは地域・社会から利益を得ようとビジネスモデルを構築するが，その地域・社会は当該企業が立地する場所とは無関係でどこでもよく，地域・社会との関係性は薄いことがある。グローバル展開している大企業の場合，そのことがとくに顕著である。その点，中小企業は地域に根差して活動する企業が多い[19]。

　我々が議論している，共生性で求められる取組はCSRである。中小企業が立地している地域・社会で生活する人や活動する組織とは，持ちつ持たれつの関係がある。地域・社会で活動する中小企業は，何かすぐの見返りを求めてCSR活動をしているのではない。そのことを生活広場ウィズ（小売業）で確

---

(18) わかりやすい例として，キリンの氷結がある。キリンは東日本大震災でダメージを受けた福島県を応援しようと，梨果汁の入った氷結を販売したことがある。福島県は果物の産地だが，梨を買い付け，農家を支援したのである。同支援は「復興応援キリン絆プロジェクト」と銘打たれ，このプロジェクトに賛同した消費者が梨果汁入りの氷結を購入することで農家の収入も増える仕組となっている。また，同社のホームページ上には，「キリングループはこれからも事業をつうじてお客様や社会と共有できる価値を創造するCSVに取り組んでいきます」と記されている。(https://www.ki-rin.co.jp/csv/kizuna/ 2020年11月19日採取)

(19) 中小製造業は，同じ業種に属していても地域によって企業行動（1ロット当たりの生産個数，精度など）は異なっている。その理由として，当該地域中小企業のおもな納入先に影響を受けていることがある。したがって，中小企業は中小企業一般として捉えるのではなく，地域中小企業として捉えることが重要である（池田, 2002）。

認して見よう。

〈生活広場ウィズ〉

　兵庫県尼崎市大庄北にある生活広場ウィズは1997年12月に設立された地域密着型食品スーパーである[20]。元々この付近にあった市場が阪神淡路大震災により半壊したため，市場内の店主7人によって設立されたものである。正式名称は「大島事業協同組合」と協同組合（代表：打樋弘氏）であるが，実態はセルフマーケット形式の食品スーパーである。この大庄地区は65歳以上の高齢者が35％を占めるなど，高齢化が進んでいるほか，生活保護家庭も多い地域である。

　打樋氏は同地域で生まれ育ったこともあり，この地域への愛着が人一倍強い。しかし，同地域からの進学率が市内の他地域と比べて低いことや，地域に愛着や誇りをもっていない子どもたちが多いことをみるにつけ，何かこの子どもたちに自信をもたせたい，誇りをもたせたいと思うようになった。そのことが，同地区にある大庄北中学校で何か全国に誇れるものを生み出したいという思いに膨らみ，同校の吹奏楽部への寄付活動につながっていった。

　吹奏楽部への寄付活動の取組は2008年からスタートしたが，具体的には以下のようである。同店の取組に賛同した保護者や顧客は，同店のレジ横と中学校に設置してある「レシート投函ボックス」に購入した商品のレシートを投函し，投函されたレシートの合計金額の0.25％が，大庄北中学校に楽器のかたちで寄付される。これにより毎年30万円ほどが寄付されるが，大庄北中学校からは毎年「サンクス・コンサート」を開催し，寄付していただいた方など地域住民に応えている[21]。

---

(20) 2017年までの詳細は，池田（2018）を参照。なお，同社は2021年1月に，代表の打樋氏の高齢化により事業継続が困難となったことから，食品館アプロに譲渡された。

(21) 類似の寄付活動はイオンでもおこなわれている。イオンは，「お客さまを原点に平和を追求し，人間を尊重し，地域社会に貢献する」という基本理念のもと，かねてより"企業市民"として地域のお客さまとともにさまざまな環境保全活動に取り組ん

その後，これまでのレシート投函制度を廃止し，2017年1月7日より「大庄北中学校応援商品」というかたちで同中学校の部活を応援する方式に移行している。これは，家計簿記載にレシートが必要な顧客がいることや，レシートの一部に個人情報が記載されていたことによるもので，新制度になってからはこれまでの吹奏楽部だけに対する支援だったものから部活動全体に広げている。また，この取組に対し，大庄北中学校の先生からも理解と支持を得ることができ，結果，全保護者世帯に今回の取組に対する案内文を配布してもらっている。この新制度の概要は，週替わりで応援商品を決め，当該商品1点につきお客さんから3円，生活広場ウィズからは7円の計10円が寄付されるというもので，チラシには「地域活動へのご協力をお願いします」のキャッチコピーが記されている。

生活広場ウィズでは，地元中学校に同社のCSR活動に共感した保護者や顧客たちを巻き込み寄付をおこなっていた。すなわち，同社の地域課題は，「大庄北地区の子供たちに自信と誇りを持たせたい」であり，そのために地元中学校の吹奏楽部に，趣旨に賛同した保護者や顧客が投函したレシート金額の合計に応じて楽器を寄付する活動である。代表の打樋氏自身が個人的な思いでスタートさせたことで，社会貢献活動をしていることを前面に出したいとは考えておらず，売上増を期待しての取組ではなかった。したがってこの取組はCSR活動といえる。

ところで，筆者はこの取組はCSV活動にすることが可能で，そのためには活動内容をもっと広くPRをすればよいと進言したことがある。すなわち，この活動に賛同する消費者が増えると，他店で購入するよりもウィズで商品を購

でいるが，2001年8月にジャスコ株式会社からイオン株式会社へと社名変更したことを機に，毎月11日を「イオン・デー」と制定している。2001年10月11日から実施する「イオン 幸せの黄色いレシートキャンペーン」は，お客さまがレジ精算時に受け取った黄色いレシートを，地域のボランティア団体名が書かれた店内備え付けのBOXへ投函していただき，レシートのお買い上げ金額合計の1%をそれぞれの団体に還元するというシステムである（https://www.aeonretail.jp/campaign/yellow_receipt/ 2020年11月18日採取）。

入しようとし，結果，売上が増加し寄付額も増えると考えたからである。しかし，現状はチラシに寄付活動の内容や打樋氏の思いが記載されているわけでもなく，また中学校側も保護者に対して，楽器の一部はウィズの寄付によっているといった案内もなく，地域の消費者に対してサンクス・コンサートの案内程度で，すべてが控え目であった。打樋氏はCSV活動にすることに，あまり乗り気ではなかったのである。同氏によると，この活動は儲けるためにやっているのではなく，あくまで地元愛から実施しているとのことで，見返りを求めての活動ではない，とのことであった。

　当時の取組の様子をみると[22]，大庄北中学校に寄付することに変わりはないものの，これまでの大庄北中学校応援商品1商品につき，購入者から3円，生活広場ウィズから7円の合計10円という制度が見直され，10円すべてを生活広場ウィズが負担するかたちとなり，消費者の負担はゼロとなっている。ウィズの寄付活動は，地元中学校を応援したいという打樋氏の思いで始まったが，池田（2018）では，内閣府の「社会意識に関する世論調査」のなかで，社会貢献をしたいと考える人が年々増加し，平成28年にはその割合が65.0%になったことや，ウィズに対しておこなったアンケート調査結果からも，保護者の寄付マインドは高く，地元中学校を応援したいとする保護者が多いという調査結果が得られたことで，ウィズの取組が成功するように思われた。しかし，実際には食料品など日常の買物は，少しでも安く買いたいとする消費者の思いが強く[23]，買物行動と寄付行為を一緒にした取組が難しかったことを示している。

　その点，震災被害を受けた福島県を応援するために，梨果汁入りの氷結を販売したキリンの取組がCSVとして成立しているのは，この取組が全国の消費者を対象におこなわれていること，氷結の価格は店舗によって異なり，購入希

---

(22)　当時の様子については，2020年11月19日に打樋弘氏にヒアリングをおこなった。
(23)　アンケートの回答者は保護者であり，その約半数はウィズで買い物をするが，ウィズの買い物客全体からするとその割合はそれほど多くはない。したがって，保護者以外の多くの一般買い物客からすると，大庄北中学校への寄付することへの誘因がそれほど強くは働かず，アンケート結果と実際の買物行動とのズレを引き起こしたと考えられる。

望者は自由に店舗を選んで購入できることで，購入者は直接自分が何円か分を寄付（負担）しているという意識を感じさせないビジネスモデルとなっている（注（18）を参照）。そういう意味では，現在のウィズの仕組は，地元中学校を応援したいという思いを掲げ，キリンの氷結と似たような仕組となっているが，キリンの氷結の商圏が全国であるのに対し，ウィズは一次商圏として半径300〜500mの限られたエリアの消費者を対象としていること，しかもその消費者には生活保護受給者もかなり含まれており，価格に敏感な消費者が多いことから，結果的には価格を中心に商品選択をしていることがある。こうして，生活広場ウィズのCSR活動は，寄付の仕方を巡って数度の見直しがおこなわれ，最終的には同社がすべて負担するかたちでおこなわれた。しかし，寄付活動そのものは継続したのであり，これには，経営者である打樋氏の，地域に対する強い思いが影響している。

　この仕組が変化した話のなかで，興味深い話を伺った。この寄付活動を始めた頃は，レシート投函ボックスに投函されたレシートを，従業員が一枚一枚手集計していたこともあり，ウィズの取組を従業員も肌感覚で感じていた。しかし，現在はチラシに掲載された大庄北中学応援商品の売上は，POSレジをとおして集計するだけなので，従業員の手間がなくなったこともあり，ウィズがCSR活動を実施しているという従業員の意識は，以前ほど感じられなくなったという。

　CSVが経営戦略の1つとして位置づけられ，経済的価値と社会的価値を同時に満足させながら利益を上げるよう構築されたビジネスモデル[24]とは異なり，CSRの社会的活動である社会貢献活動は，金目的でおこなっているわけではない。CSR活動を実行する作業は極めてアナログ的で人間臭く，CSVのようにビジネスモデルの一環として，デジタル的に処理され，無味乾燥に履行するのとは異なる。もっとも，地域・社会への貢献という側面からみると，

---

(24) ここでの含意は，CSV活動は経済的活動をしながら社会貢献活動をすることから，社会貢献活動も金を儲けるための手段として位置づけられている，という意味である。

CSVも一定の役割を果たしており，地域・社会にとってメリットである。したがって，CSVを否定しているわけではない。CSVはCSRとは別次元の異質な活動として捉えられるが，CSVによって地域・社会も利益を得，win-winの関係となるからである。

4.　理論的含意

　以上，CSRを実践する企業の視点で中小企業の本質についてみてきた。以下では理論的含意として，これまで述べたことを整理してみよう。

　中小企業は中小企業一般として捉えるよりも，地域・社会との関係が深いことから，地域中小企業として捉えられる。そこで，この地域中小企業の活動をとおして中小企業の本質を探ると，中小企業は地域・社会と共生性を有する存在であることが導出された。この共生性は，中小企業が地域・社会に貢献する（利益を与える）活動によって生じるが，これこそが中小企業のCSRであった。

　これまでのCSRの議論では，CSRから戦略的CSR，さらにはCSVへと発展・進化するもの，すべきものとして捉えられてきたが，本章では進化せずにCSR活動をする企業が存在することを，生活広場ウィズによって確認した[25]。同社は，地元中学校を応援するために寄付活動を実施していたが，経営者の地元愛がその原点であり，CSVではなく，CSRであることに拘っていた。

　また，中小企業本質論に関しても，これまでの中小企業からの視点による本質論ではなく，地域・社会との共生性を有していることが中小企業の本質であるとした。そのことで，これまで閉塞気味だった中小企業本質論の議論に，新たな視点を持ち込むことができたと考える。企業が存続するために，売上・利益を上げることは当然だとしても，共生性の視点を導入することで，売上・利益至上主義とは異なり，地域・社会との共生を第一義とする経営のあり方を示

---

(25)　紙幅の関係で1社しか取り上げることができなかったが，別稿（池田，2021）では複数の企業を取り上げている。

せたと考える。

5. おわりに

　本章の締めくくりとして，中小企業が地域・社会との共生性を有するものであることの原点について考えてみよう。

　「欲求5段階説」で知られるマズローは，人間の欲求はピラミッドのように構成され，一番底辺の「生理欲求」から一番高次のものに「自己実現欲求」があるとした。しかし，マズロー自身は自己実現欲求のさらに上の欲求として，「コミュニティ発展欲求」あるいは「自己超越欲求」があると考えていた(Maslow, 1968)。自己実現欲求までの欲求は自利で，自己超越欲求は利他を追求することになるが，このコミュニティ発展欲求が共生性の原点であると考える。

　このことを，今回の事例に即して考えると，共生性の原点である利他は，「ちょっとした行為による喜びを得ること」と捉えることができる。ヒトをはじめとする地域・社会のステークホルダーに対し，CSR活動をつうじてこの喜びを感じることこそが，CSR活動の原点であると考える。そして，その行為が，企業など組織単位でおこなわれることで，広がりや厚みをもつようになる。

　ちょっとした行為による喜びは，言い換えると「善意」である。すなわち，CSR活動を実施している経営者は，義務感からではなく，善意でCSR活動をおこなっていることになる。中小企業の場合，CSR活動は経営者の善意によって始められることが多いが，経営者だけでなく，従業員にもその思いを伝え，巻き込むことが重要である。企業が倒産してしまっては元も子もないが，社会貢献的なCSRは，あまり景気に左右されることなく実施する必要がある。CSR活動を持続的に実施するために，その根幹となる考え方を明記する必要があるが，それが経営理念や社是である。今後，そうした経営理念や社是のなかにCSR活動を念頭に置いて経営することを文言として組み入れ，企業文化

として深く浸透させていく必要がある。

【参考文献（アルファベット順）】

足立辰雄・井上千一（2009）『CSR経営の理論と実際』中央経済社。

赤池学・水上武彦（2013）『CSR経営　社会的課題の解決と事業の両立する』NTT出版。

秋山紗絵子（2011）「日本における社会的企業論の現状と課題」『岩手大学大学院人文社会科学研究科紀要』第20号：51-60.

有田辰男（2003）「本質論研究」中小企業総合研究機構『日本の中小企業研究（第1巻）成果と課題』同友館：1-23.

中小企業庁編『中小企業白書 2015年版』日経印刷。

池田潔（2002）『地域中小企業論』ミネルヴァ書房。

池田潔（2017a）「中小企業のCSR，CSVによる地域社会との共生に関する試論的考察」『大阪商業大学論集』第12巻第3号：39-62.

池田潔（2017b）「地域密着型食品スーパーのCSRに対する消費者の反応とCSV実現に向けて」兵庫県立大学『商大論集』第68号第3号：307-328.

池田潔（2018）『現在中小企業の経営戦略と地域・社会との共生―『知足型経営』を考える』ミネルヴァ書房。

池田潔（2019）「SDGs時代の中小企業CSR活動の一考察」中小企業研究センター『年報』：3-19.

池田潔（2020）「中小企業研究の分析視点に関する新たな考察―中小企業ネットワークを疑似企業体として捉える」大阪商業大学比較地域研究所『地域と社会』第23号：31-58.

池田潔（2021）「共生性から見た中小企業本質論」大阪経済大学中小企業・経営研究所『中小企業季報』通巻197号：1-16.

川上義明（2004）「日本における中小企業研究の新しい視点（Ⅰ）―二分法のジレンマ：戦前期」『福岡大学商学論叢』第49巻第2号：203-225.

川上義明（2005a）「日本における中小企業研究の新しい視点（Ⅱ）―二分法のジレンマ：終戦期」『福岡大学商学論叢』第49巻第3・4号：315-342.

川上義明（2005b）「日本における中小企業研究の新しい視点（Ⅲ）―複合的視点の提示」『福岡大学商学論叢』第49巻第3・4号：343-360.

清成忠男（1970）『日本中小企業の構造変動』新評論。

清成忠男（1993）『中小企業ルネッサンス』有斐閣。

黒瀬直宏（2018）『改訂版 複眼的中小企業論―中小企業は発展性と問題性の統一物』同友館。

Maslow, A.H. (1968) *Toward a Psychology of Being*, Second 2nd Edition,Insight book.（上田吉一訳『完全なる人間―魂のめざすもの』誠信書房，1998年）

三井逸友（2013）「理論・本質論的研究」中小企業総合研究機構『日本の中小企業研究 2000-2009（第1巻）成果と課題』同友館：5-26.

中村秀一郎（1964）『中堅企業論』東洋経済新報社。

中村秀一郎（1990）『新中堅企業論』東洋経済新報社。

中村秀一郎（1992）『21世紀型中小企業』岩波書店。

新村出編（2008）『広辞苑 第六版』岩波書店。

ポーター，M.E.・クラマー，M.R.（2003）「競争優位のフィランソロピー：社会貢献コストは戦略的投資である」『DAIAMONDハーバード・ビジネスレビュー』2003年3月号：24-43.

ポーター，M.E.・クラマー，M.R.（2011）「経済的価値と社会的価値を同時実現する共通価値の戦略」『DAIAMOND ハーバード・ビジネスレビュー』2011年6月号：8-31.

佐藤芳雄編（1981）『ワークブック中小企業論』有斐閣。

佐藤芳雄（1983）「日本中小企業問題の到達点と研究課題」慶應義塾大学商学会編『三田商学研究』第26巻第5号：85-101.

瀬戸正則（1997）『戦略的経営理念論』中央経済社。

週刊東洋経済臨時増刊（2019）『2020 CSR企業総覧』東洋経済新報社。

末松玄六（1953）『改定増補 中小企業の合理的経営―失敗原因とその克服』ダイヤモンド社。

末松玄六（1954）「中小企業の経営的特質」藤田敬三・伊藤岱吉編『中小工業の本質』有斐閣：307-322.

末松玄六（1956）『中小企業経営論』ダイヤモンド社。

末永圀紀（2014）『近江商人と三方よし 現代ビジネスに生きる知恵』モラロジー研究所。

瀧澤菊太郎（1984）「『本質論』的研究」中小企業事業団・中小企業研究所編『日本の中小企業研究（第1巻）成果と課題』通巻番号882号：1-38.

瀧澤菊太郎（1992）「『本質論』的研究」中小企業事業団・中小企業研究所編『日本

の中小企業研究 1980-1989（第1巻）成果と課題』同友館：3-21.

谷本寛治（2006）『CSR 企業と社会を考える』NTT出版。

谷本寛治（2013）『責任ある競争力―CSRを問い直す』NTT出版。

谷本寛治（2014）『日本企業のCSR経営』千倉書房。

谷本寛治（2020）『企業と社会―サステナビリティ時代の経営学』中央経済社。

梅野巨利（2021）『インド企業のCSR―地域社会に貢献するケララ州企業の事例研究』御茶ノ水書房。

山中篤太郎（1948）『中小工業の本質と展開―国民経済構造矛盾の一研究』有斐閣。

労働政策研究・研修機構

https://www.jil.go.jp/foreign/labor_system/2006_2/europe_and_america_01.html

池田　潔

第4章
日本の分業システムと中小企業
──サプライヤーシステム研究を中心に

1. はじめに

　本章の目的はサプライヤーシステム研究の動向を把握し，日本的分業システムに対する研究の今後の方向性を導出することである。本研究課題に至った背景は次のとおりである。

　1980年代以降，日本の自動車産業や家電産業などの完成品産業における高い国際競争力を解明するため，多くの研究がなされてきた（Womack et al., 1990; Clark and Fujimoto, 1991 など）。そして，その一因として部品を供給する企業群が脚光を浴び，国内外のサプライヤーシステムにかんする比較研究が活発におこなわれた（Cusumano and Takeishi, 1991; Nishiguchi, 1994; Oliver et al., 1996 など）。そこでは，日本のサプライヤーシステムの特徴が明らかになり，その優位性も数多く指摘されてきた。さらに，欧米の完成品企業のなかには，日本から学び，みずからのサプライヤーシステムを変革するものまで現れた（Helper, 1991; Helper and Sako, 1995; Dyer, 1996 など）。しかしながら，今日では日本の完成品製造企業が厳しい国際競争に晒され，競争優位を失ってしまったものも存在する。それにともない，国内のサプライヤーシステムも多調化しており，再びその意義が問われ始めているという（武石・野呂, 2017）。

　ところで，サプライヤーシステム研究では，豊富な研究蓄積をもつ従来の中小企業研究の知見が重要であるとしながらも，立ち入って検討されることは少ない（藤本, 1998; 武石, 2000; 武石・野呂, 2017 など）。そのため，サプライヤーシステム研究と下請制研究は同じ分業システムを分析しているにもかかわらず，分離していると表現された（植田, 1999; 佐伯, 2012 など）。ただし，近年の下請制の議論には，個別産業の購買方式や価格決定問題にまで踏み込んで深堀した研究があり，部分的に両者が交錯しているようにも見受けられる

（清，1990; 植田，1987など）。したがって，これまでの下請制研究の評価を再考することや，これからの下請制研究の指針を見い出すうえでも，あらためて中小企業研究の立場からサプライヤーシステム研究の潮流に目を配ることが重要であると考えている。以上の問題意識に基づき，本章ではサプライヤーシステム研究の変遷を確認し，下請制を含む日本の分業システムにかんする研究への示唆を導くことを試みる。

2.　サプライヤーシステム研究と下請制研究の乖離

　まず，研究のレビューに先立ち，日本のサプライヤーシステム研究と下請制研究の間でなぜ断絶が起きたのかを精査し，両者の関係を確認することから始める[(1)]。具体的に述べれば，両者の乖離は下記の4つの理由から生じている。

　第1は，サプライヤーシステム研究と下請制研究の問題関心の違いである。多くのサプライヤーシステム研究では，1980年代当時の日本の自動車産業や電気・電子産業の国際競争力の高さを念頭に置いて分析が進められた（藤本・西口・伊藤，1998:287）。その帰結として，直接完成品メーカーの競争優位に寄与する有力な1次サプライヤーを検討することが多く，取引する企業間の規模の格差に関心を寄せることはなかった（植田，1999:4; 佐伯，2012:219）。しかしながら，下請制研究は，戦前から日本の工業が他の先進国にキャッチアップするために解決しなければならない生産力上の中小企業の技術的低位から生じる問題や，大企業による景気変動に基づくしわ寄せや利潤の収奪などの生産関係上で生じる中小企業の従属性から生じる問題として分析されてきた（渡辺，1985:390-395）。すなわち，下請制研究は日本の技術的な後進性や企業規模の非対称性に因る問題に強い関心をもつことから始められ，サプライヤーシ

---

(1)　植田（2000）は，サプライヤーシステム研究と下請制研究が実質的に異なるものの，分業関係や分業構造を対象に分析がおこなわれているという点で連続していると評価する。また，佐伯（2012）や李（2000）などのサプライヤーシステム研究と下請制研究を統合する意欲的な試みも一部ある。

ステム研究がそれらを前提としていなかった。このことが両者の分離を導いた最大の要因であると考えられる。

　第2は，サプライヤーシステム研究における対象産業の偏りである。これまでの下請制研究では，機械工業だけではなく，繊維産業や建設業などの多様な産業を対象として取り扱ってきた。そして，藤田敬三氏と小宮山琢二氏との間で展開された藤田・小宮山論争にみられるように，論者が異なる産業や地域を研究して相反する結論を招くこともあった。具体的に述べれば，一方の藤田敬三氏は主として大阪を中心とする関西地域において，問屋制が残存していた機械金属工業や繊維産業を対象にしていた。他方の小宮山琢二氏は，当時すでに関西に比べて工業が発展していた京浜地帯を抱える東京を中核とする関東地域の機械金属工業を取り上げ，都市スラムの労働に依存した問屋制工業や家内工業の特徴がみられるマッチ工業と対比した。このような両氏における産業や地域の異なりは理論化の過程でズレを生じさせ，小宮山氏が下請制の近代性を，藤田氏が下請制の商業資本的支配を主張することになった（太田, 1987:23）。つまり，中小企業研究では，日本的な下請制にまつわる諸問題を究明するためにさまざまな産業が検討された。それに対し，サプライヤーシステム研究では，日本が高度な国際競争力を誇る産業を中心に研究が進められてきた。そのため，サプライヤー研究では自動車産業に研究業績が集中する傾向にある。製品の部品点数，製造工程，専門技能などの製品そのものの性質や，製造技術の相違が生産組織の形態に異なる影響をおよぼす（西口訳, 2000:281）。そのため，対象とする産業の違いは，双方に問題意識や結論のズレを生じさせた可能性がある。

　第3は，サプライヤーシステム研究と下請制研究の対象とする次数の差である。一方のサプライヤーシステム研究では，Asanuma（1989）が提示した承認図と貸与図の分類を念頭に置き，承認図の1次サプライヤーを対象に分析することが多い。また，このことは，サプライヤーシステム研究が，発注側と受注側の関わり方において，承認図と貸与図の差が生じる完成品企業の製品開発

プロセスでのサプライヤーの関与の仕方に傾注してきたことをも意味する[2]。他方の下請制研究では，同じ産業を対象にした場合でも，2次，3次のサプライヤーを中心に取引先企業との生産段階における関係性を考察することが大半である。したがって，サプライヤーシステム研究では，その多くが中小企業である2次以下の部品の開発能力のない貸与図のサプライヤーが分析の射程に入っていないといわれていた（植田，1999:4; 植田，2000:6）。また，サプライヤーシステム研究では，完成品メーカーの優れたパフォーマンスの要因として，サプライヤー選定のメカニズム，取引関係にまつわるプロセス，それらを支える契約の枠組みにおける合理性を検討し，完成品メーカーとサプライヤーの協力体制の解明に力を注いできた（李，2000:16）。換言すれば，サプライヤーシステム研究の分析のレベルは，2つの組織間の関係（対レベル）や焦点となる組織とそれに直接関わる組織間の関係（セットレベル）に着目したものが多く，2次以下を含めた自動車のサプライチェーン全体を分析するという複数組織の集合体の関係（ネットワークレベル）に注目したものが不足していたとも考えられる（武石，2000:41-43）。

　第4は，サプライヤーシステム研究と下請制研究における調査手法の隔たりである。国際比較を明確に意識するサプライヤーシステム研究では，正確に数値で表現できる定量的な分析手法を好む兆しがある。しかしながら，2次以下のメーカーは，分析対象としての数が多く，財務データなども整備されていない場合が多い。そのため，サプライヤーシステム研究では，全国規模で系統的に調査することが困難な2次以下のメーカーを回避してきた（藤本・西口・伊藤，1998：285; 李，2000:14）。裏を返せば，2次以下をおもな対象とする下請制研究の多くが定性的な分析手法に頼ることや，特定の地域に限定して定量的な分析手法を用いなければならなかったともいえよう。このような調査手法の違いが両者の対話を阻んでいたとも考えられる。

---

(2) ただし，VA提案をつうじた承認図を作成する中小企業も現実には存在するため，サプライヤーシステム研究と下請制研究を同時に論じるさいには注意を要する（植田，1999:6-7）。

これらの諸点を念頭に置き，本章では企業規模の非対称性を前提とせず，実証分析に基づいて日本国内の自動車産業のサプライヤーシステムを分析する主要な文献を時系列で考察する。今回のレビューでは，分析するさいに実証部分が本文中や脚注に明示されている研究に絞って検討した。また，今回の考察では，サプライヤーシステム研究と下請制研究の接合を強く意識するため，日本国内でサプライヤーシステムにまつわる研究を継続して発表してきた研究者の業績のみを扱う[3]。したがって，ここでのレビューは，サプライヤーシステムのすべての実証研究を網羅できているわけではないことをあらかじめ付記しておく。

3. サプライヤーシステム研究の変遷

　日本のサプライヤーシステム研究の変遷を時代区分として整理すれば，1990年代の「日本の1次サプライヤーの高いパフォーマンスとその要因の考察」，2000年代以降の「日本的サプライヤーシステムの全貌の解明」，2010年以降の「日本的サプライヤーシステムの変容の検討」の3つにまとめることができる。それでは，各々の区分で関連する文献をいくつかあげながら確認してみよう。第1の区分は，1990年代の「日本の1次サプライヤーの高いパフォーマンスとその要因の考察」である。1980年代の日本の自動車産業の競争優位を分析する作業をつうじて，自動車メーカー自身の重量級プロジェクトマネジャーや，コンカレントエンジニアリングなどの製品開発上の独自の取組に加えて，部品を供給するサプライヤーの製品開発への関与の仕方が日本と欧米では大きく異なるとの指摘がなされた（Clark and Fujimoto, 1991）。そのようなサプライヤーの各国間の違いを説明するために活用されたのが，Asanuma（1989）の先駆的な研究である承認図と貸与図の概念である。浅沼は，自動車

---

(3) 1990年代までの欧米のサプライヤーシステム研究はすでに武石（2000）によって整理されている。

メーカーが供給する図面に従って製造する貸与図の部品と，サプライヤーが作成した図面を自動車メーカーが承認した後に製造する承認図の部品に分け，それらを活用して長期的な取引の過程で生じるサプライヤーの進化や，そこで培われる関係的技能を完成車メーカーと1次サプライヤーに対しておこなった聞き取り調査から導いた（Asanuma, 1989; 浅沼, 1997; 1998）。このような浅沼の承認図と貸与図の分類は，無数に存在するサプライヤーを比較的理解しやすいグループへと類型化することを可能にし，のちのサプライヤーシステム研究において広く使用されるようになる。さらに，サプライヤーシステム研究の分析対象は，承認図を扱う企業規模の大きな1次サプライヤーが中心になった。この時期以降，承認図と貸与図も含めた部品特性の差異と企業間の関わり方に着目したサプライヤーシステム研究が，数多く発表されるようになる（Cusumano and Takeishi, 1991; クスマノ・武石, 1998; 武石, 2003; 朴, 2003; 具, 2008; 佐伯, 2012など）。例を示せば，Cusumano and Takeishi（1991）は，4つの部品について日米の自動車メーカーに対してアンケート調査をおこない，1次サプライヤーの管理とそのパフォーマンスの違いを分析した。承認図メーカーが大半であった日本のサプライヤーは，開発段階での目標価格の達成水準や，納入部品の品質水準でアメリカのサプライヤーよりも優れていることが明らかになった。また，生産段階においても，日本のサプライヤーは部品価格の削減率や欠陥の低下率などで勝っていることが実証された（Cusumano and Takeishi, 1991; クスマノ・武石, 1998）。また，日本の1次サプライヤーが，どのようにして高いパフォーマンスを獲得したのかにかんする研究も進められるようになった（Asanuma, 1989; 浅沼, 1997; 1998; 延岡, 1996; 1998など）。たとえば，延岡（1996）では，1次サプライヤーが複数の自動車メーカーと取引することから得られる顧客範囲の経済と経営成果の関連性を定量的に分析している。そして，日本のサプライヤーが自動車メーカーとの排他的な取引関係を構築しておらず，顧客範囲を広げることによって自身の利益を高めていることを主張した（延岡, 1996; 1998）。

　第2の区分は，2000年以降の「日本的サプライヤーシステムの全貌の解明」

である。バブル崩壊以降，国内需要の低迷と大幅な円高に見舞われた日本の自動車メーカーのなかには，欧米企業との資本提携を図るものが現れた。そして，このような国際再編の影響から，保有する系列サプライヤーの株式を売却するなど国内の自動車メーカー毎の購買方針の違いが鮮明になった。そして，そのような完成車メーカーの調達行動の変化を描くサプライヤーシステム研究がおこなわれるようになった（延岡, 1999; 近能, 2001; 2004など）。とりわけ，近能（2001）では，個別の自動車メーカーに焦点を当て，部品取引の構造がバブル崩壊後にどのように変化したのかをアイアールシーの資料を活用しながら定量的に考察している。そこでは，各々の自動車メーカーと1次サプライヤーの取引関係が複社発注の有無や納入先のアルプス型構造の程度などで大きく異なっていることを述べている（近能, 2001）。また，近能（2004）では，自動車メーカーと1次サプライヤー間の取引関係の限定性が低下し，実力のあるサプライヤーが幅広く複数の自動車メーカーに部品を供給するというオープン化が進展していることを指摘している（近能, 2004）。さらに，この時期からは，サプライヤーシステムと地域経済の関わりを捉えるため，地域に点在する個別の完成車メーカーの分工場における分業のあり方を仔細に分析する研究もおこなわれるようになった（藤川, 2001; 小林, 2007; 目代・尾城, 2013; 菊池, 2019a; 2019bなど）。たとえば，藤川（2001）では，トヨタ九州とその1次サプライヤーへおこなったインタビュー調査に基づき，九州・山口における自動車産業の地域集積を題材にし，完成車メーカーの分工場が集積の成長におよぼす負の影響を域内リンケージに焦点を当てて明らかにしている。そして，分工場を主要な構成要素とする地域集積は，域内リンケージの増加する可能性が低く，成長に対するマイナス要因となる弱い波及効果の問題に直面する恐れがあることを述べた（藤川, 2001）。このように，2000年代以降は，個別の自動車メーカーや個々の分工場のレベルにまで分析が精緻化されるようになった。それに加え，この区分からは，1次サプライヤーの分析に留まる既存研究に懸念を抱き，2次以降のサプライヤーを含むサプライヤーシステム全体に焦点を当てる研究もおこなわれるようになった（藤本・清・武石, 1994; 李,

2000; 朴, 2003; 佐伯, 2012; 遠山・清・菊池・自動車サプライヤー研究会,
2015; 遠山・清・菊池, 2016など)。一例をあげれば, 李 (2000) では, アイ
シン精機へのインタビュー調査から得たデータに基づき, 1次サプライヤーと
そこに部品を納入する2次サプライヤー群との取引関係について考察してい
る。そこでは, 完成車メーカーと1次サプライヤーの間で構築される関係性と
異なり, 協力会メンバーの重要性が限定的であることや, 資本関係・人的関係
が2次サプライヤーの経営成果にとって不利に働くことを明示している。

　第3の区分は, 2010年代以降の「日本的サプライヤーシステムの変容の検
討」である。リーマンショック後, 円のさらなる高騰に対応せざるをえない日
本の自動車メーカーは, 国内生産を著しく減少させている。そして, 海外に進
出した自動車メーカーや1次サプライヤーは, 海外での生産を拡大しながら深
層での現地調達を本格化させている (清, 2017)[4]。さらに, 中国における自動
車生産が急増し, インド, インドネシア, ベトナム, メキシコなどの新興諸国
における自動車産業も発展を遂げ始めた。これらの自動車産業を取り巻く環境
変化の下, 日本のサプライヤーシステムが変化しているとの指摘がなされてい
る (清, 2014; 清, 2016; 遠山・清・菊池・自動車サプライヤーシステム研究会,
2015; 遠山・清・菊池, 2016など)。たとえば, 清 (2014) では, 自動車の1
次サプライヤーの生産・開発の現地化の実態を知ることと, それに対応するた
めの販売先企業と仕入先企業の変動を検討するため, 日本自動車部品工業会の
新旧会員企業のリストから抽出した1次サプライヤーに対してアンケート調査
を実施した。そして, 海外拠点をもつ1次サプライヤーが, グローバル・サプ
ライヤーシステムを拡大しながら, 国内仕入先の増加と減少の両方を発生させ
ていることを確認した (清, 2014; 2016)。また, 遠山・清・菊池・自動車サ
プライヤーシステム研究会 (2015) は, 東京商工リサーチのデータをベース

---

(4) もちろん, この時期以前にも, 日系の自動車メーカーの海外事業展開にともなう
　日本的生産方式の海外移転に言及する研究はおこなわれていた (池田・中川編, 2005
　など)。ただし, リーマンショック後の2010年以降は, 日系の自動車メーカーの深層
　現調化が始まるなど急激な質的変化が生じたと考えている。

にして2次・3次サプライヤーにアンケートをおこない，藤本・清・武石（1994）の議論に依拠しつつ，急激な環境変化に対応するサプライヤーシステムの全体像にかんする情報を提供している。彼らの研究は，高い収益性を誇る企業や主要製品の独自設計をおこなう企業が2次以下の下位階層にも存在することや，階層間をまたいだ複雑な取引関係が形成されていることを指摘し，多様なサプライヤーのあり様や複雑なシステムがもつ構造の一端を紹介している（遠山・清・菊池・自動車サプライヤーシステム研究会, 2015; 遠山・清・菊池, 2016）。上記の変容を意識し，日本のサプライヤーシステムを再検討しているのが武石・野呂（2017）である。具体的に述べれば，彼らは欧米の研究者が指摘する日本の躍進・成功の要因と不信・失敗の要因が同一であることの矛盾を鑑み，日本のサプライヤーシステムに何が起きたのか，なぜ起こったのかをアイアールシーのデータから分析している。そして，系列を解消する完成車メーカー（日産とマツダ）と系列を維持・活用する完成車メーカー（トヨタとホンダ）がいることや，取引を打ち切られた系列サプライヤー（日産系サプライヤー）や系列外の取引を増やす系列サプライヤー（トヨタ系サプライヤー）が混在しており，あらためて系列の意義を検討する段階が訪れていることを主張する。これまでのサプライヤーシステム研究を一覧にしたものが図表4-1である。

4. 日本の分業システムにおけるサプライヤーシステム研究と下請制研究

　以上のサプライヤーシステム研究の変遷を分析対象の深化の観点から再度まとめてみよう。まず，第1の区分であった1990年代の「日本の1次サプライヤーの高いパフォーマンスとその要因の考察」は，浅沼の承認図と貸与図の議論を意識しながら1次サプライヤーを中心に研究が進められてきた時代である。ここで取り上げられた部品特性の違いに着目する研究は，この時代以降も設計要素間の相互関係を機能面と構造面から分析する製品アーキテクチャー論の議論と融和し，サプライヤーシステム研究をさらに充実させていくことにな

る。これら一連の研究業績から，取引のなかで扱われる部品特性の差異が下請
制を含む分業システムのあり方に多大な影響をおよぼすことがわかった。次
に，第2の区分であった2000年代以降の「日本的サプライヤーシステムの全
貌の解明」では，1次サプライヤーの生産性と経営成果の高さや，自動車メー
カーとの協力体制の実態を考察するのみならず，多様で複雑なサプライヤーシ
ステム全体の構造を捉えようとして多彩なアプローチが取られたことに特色が
ある。すなわち，一方の発注側では，各々の完成車メーカーを集約して日本の
自動車産業として分析するアプローチから，個別の完成車メーカーや個々の分
工場にまで細分化して分析するアプローチへと研究が拡張された。他方の受注
側では，データが入手し易い1次サプライヤーを分析することから，大規模な
アンケート調査の結果や信用情報を用いて未知の2次・3次サプライヤーを分
析することへと射程を広げて研究がおこなわれるようになった。これらの発注
側・受注側両面での研究対象の広域化により，サプライヤーシステム研究の分
析レベルは，既述の対やセットの段階から，ネットワークの段階にまで昇華し
たといえよう。したがって，サプライヤーシステム研究と下請制研究の分析対
象の違いから生じる距離感は縮まったと考えられる。最後に，第3の区分であ
る2010年以降の「日本的サプライヤーシステムの変容の検討」では，海外事
業展開を推進する完成車メーカーや1次サプライヤーが現地での深層現調化に
着手するプロセスにおいて，日本のサプライヤーシステムの変化が報告され
た。つまり，この時期から，従来のサプライヤーシステム研究で見い出された
優れた国内のサプライヤーシステムという評価が揺らぎつつある。言い換えれ
ば，個別の自動車メーカーの調達戦略の相違が明確になるなかでも，日本のサ
プライヤーシステム全体が変容しつつあるという兆候は変わらないといえよ
う。そして，このようなサプライヤーシステムの変容は下請制研究の視座から
今日の日本的な分業システムを再考するきっかけをもたらすと考えている。

　すなわち，これまでの下請制研究の多くは，2次以下の中小サプライヤーが
企業規模間の格差から生じる不利益を被る場合がありつつも，日本の完成品産
業の国際競争力を下支えする存在へと成長してきたと評価した。ところが，国

図表4-1　本章で使用した日本のサプライヤーシステム研究のおもな文献

人名（発行年）	分析に用いたデータ	研究者の関心と分析レ
asanuma (1989) (1997) (1998)	完成車と1次へおこなったインタビュー調査（定性）	おもに受注側（対）
Cusumano and Takeishi (1991) (1998)	日・米・日のトランスプラントへのアンケート調査（定量）	発注側（おもに対）
Nishiguchi (1994) (2000)	日・英の完成品・1次・2次へのインタビューとアンケート調査（定量・定性）	双方（おもに対）
藤本・清・武石（1994）	神奈川県の工場名鑑・神奈川県の公設試験場の企業データベース・神奈川県下の協力部品メーカーの名簿（定量）	おもに受注側（対・ト・ネットワーク）
延岡（1996）（1998）	日本自動車部品工業会の日本の自動車部品工業（定量）	受注側（おもに対）
延岡（1999）	総合技研の主要自動車部品の国内における納入マトリックスの現状分析（1993・1997）	発注側（ネットワーク）
李（2000）	アイシン精機に対しておこなったインタビュー調査で得た1次データ（定量）	受注側（セット）
近能（2001）	アイアールシーの主要自動車部品の生産流通調査（1993〜1999）（定量）	双方（ネットワーク）
藤川（2001）	トヨタ九州とその1次サプライヤーへおこなったインタビュー調査（定性）	発注側（対）
武石（2003）	承認図方式の1次と完成品メーカーへのアンケート調査（定量）	おもに発注側（対・ト・ネットワーク）
朴（2003）	統合型アーキテクチャーをもつ1・2・3次へのインタビュー調査	おもに受注側（対）
近能（2004）	アイアールシーの主要自動車部品の生産流通調査（1993〜2002）（定量）	双方（ネットワーク）
小林（2007）	関東自動車岩手工場の1次に対しておこなったインタビュー調査（定性）	受注側（対）
具（2008）	1次へのアンケート調査（定量）と完成車メーカー・1次へのインタビュー調査（定性）	おもに受注側（対）
佐伯（2012）	1次と2次に対しておこなったインタビュー調査（定性）	おもに受注側（対・ト）
目代・尾城（2013）	アイアールシーの九州自動車産業の実態（2013）など	双方（ネットワーク）
清（2014）（2016）	日本自動車部品工業会傘下の新旧会員企業のリストから抽出した1次へのアンケート調査（おもに定量）	双方（対・セット・ワーク）
遠山・清・菊池（2015）（2016）	東京商エリサーチのデータをベースにした2次・3次に対しておこなったアンケート調査（定量）	おもに受注側（対・ト・ネットワーク）
武石・野呂（2017）	アイアールシーの自動車部品200品目生産流通調査（1984〜2008）（定量）	双方（ネットワーク）
清（2017）	海外事業展開を経験したことがある1次と2次へおこなったインタビュー調査（定性）	おもに受注側（対）
菊池（2019a）（2019b）	2018年版のアイアールシーの主要自動車部品の生産流通調査（2018）（定量）	おもに受注側（ネットク）

（注）既存研究を5つの項目に分けて整理する。具体的に述べれば，①人名（発行年），②分析に用いたデータ（定量・定性），③研究者の関心（発注側，受注側，双方）と分析レベル（対，セ...ネットワーク），④次数から見た発注側と受注側の位置づけ，⑤研究上の問いである。なお...
出所：本章に基づき，筆者作成。

…ら見た発注側と受注側	研究上の問い
車メーカーと1次	完成車メーカーとサプライヤーの関係が最終生産物や部品の諸特徴によってどのように変わるのかを調べ，その対応関係の因果的な諸要因を分析すること
車メーカーと1次	アンケート調査に基づき，部品レベルにおけるサプライヤーの管理とそのパフォーマンスの違いやトランスプラントの特徴を明らかにすること
車メーカーと1次，1次・2次	製造業における下請について日本の自動車産業と電気・電子機器産業に焦点を当て，その歴史的進化と現代の慣行の両面から叙述・分析すること
…と2次，2次と3次	日本の自動車産業におけるサプライヤーシステムの全体像を分析し，その構造・特徴・背景について検討すること
車メーカーと1次	1次サプライヤーが取る顧客ネットワーク戦略の違いとそれがもたらす企業成果への影響を検討すること
車メーカーと1次	日本自動車企業の部品調達構造に起こりつつある変化を分析すること
…と2次	日本における1次サプライヤーとその2次サプライヤー群との取引関係について考察し，取引関係と2次サプライヤーの経営状態との関連を分析すること
車メーカーと1次	個々の自動車メーカーとそのサプライヤーの部品取引の構造がバブル崩壊後にどのように変化したのかを定量的に検証すること
車メーカー（分工場）・…次	九州・山口における自動車産業の地域的集積を題材として，分工場が地域的集積の成長に及ぼす負の影響を域内リンケージに焦点を当てて明らかにすること
車メーカーと1次	自動車メーカー内部の分業のマネジメントの差が企業間の分業のマネジメントの良し悪しに繋がることを定量的に分析
…車メーカーと1次，1次・2次，2次と3次	開発期間の短縮という視点から1・2・3次についての事例分析をおこない，技術（製品アーキテクチャー）以外の組織間関係へ影響を及ぼす要因を導出すること
車メーカーと1次	日本の自動車部品サプライヤーシステムが日産リバイバルプラン以降の時期にどのような変容を遂げたのかを定量的に検証すること
車メーカー（分工場）・…次	自動車産業集積地である東北地区に焦点を当てて地域行政の産業振興政策の展開過程を検討すること
車メーカーと1次	自動車メーカーとサプライヤーの間で知識が分散している場合，製品アーキテクチャーの変化がどのようなプロセスで起こるのか，さらにそのような変化が企業間関係を巡ってどのようなダイナミズムをもたらすのかを明らかにすること
…車メーカーと1次，1次・2次	カーエレクトロニクス部品の製品開発の実態を製品アーキテクチャーの視点から分析し，サプライヤーシステムの構造的・機能的特徴を明らかにすること
車メーカー（分工場）・…次・2次・3次	自動車産業集積地としての九州の競争力強化の現状を整理して課題を考察すること
…車メーカーと1次，1次・2次	自動車部品サプライヤーの生産・開発の現地化の実態を知ることと，それと対応する販売先企業と仕入先企業との関係を検討すること
…と2次，2次と3次	1990年代以降の環境変化を踏まえ，中小サプライヤーを中心としたサプライヤーシステムの全体像に関する基礎的な情報を提供すること
車メーカーと1次	日本の自動車産業の系列において，実際に何が起きたのか，それはなぜなのか，何を意味しているのかをデータ分析によって考察すること
車メーカーと1次	深層現地化を通じた日本的生産方式の意義と限界について，取引関係における日系系列の特質及び日本型職種構造の特質を取り上げて検討すること
車メーカーと1次	中国地方に立地する中核企業（マツダと三菱自工）を上位の完成車企業（トヨタと日産）と比較し，国内部品調達の特徴を明らかにすること

…媒体で関連する文献を発表している場合には，初出の発行年度に基づいて並び替えた。それは時系…
…議論の内容を精査するためである。ただし，上記の5つの項目に関しては，その議論の最も新しい…
…の中から抽出することを心掛けた。これは論者の意図を正確に汲み取ることを心掛けたためである。

89

内の完成品メーカーでは国際競争力を失うものや，海外での深層現調化を積極的に進めるものが現れた。このような状況を正しく理解するためにも，中小サプライヤーはどのような面で完成品メーカーの競争優位に貢献してきたのかをあらためてデータを提示しながら，丹念に紐解いていくことが求められよう[5]。また，仮に寄与してきたことを証明できた場合，今度はなぜ完成品メーカーが国際競争力を喪失したのかを中小サプライヤーの立場から分析しなければならない。つまり，完成品産業の基盤的な技術を担ってきたと言われる中小サプライヤーは，どのようにしてみずからの競争優位を失ったのかを地道な実証分析から描く必要がある。また，そのような末端に位置する中小サプライヤーは，自動車産業に部品を納めるだけではなく，他の産業にも広く質の高い部品を供給してきた。したがって，日本の機械工業全体として俯瞰した場合，自動車産業で起こったサプライヤーシステムの変容が，他の産業にいかなる影響をおよぼしているのかも問い直す必要があろう。さらに，自動車産業からの評価のみで中小サプライヤーを価値づけることが正しいのかも併せて検討しなければならない。

　ただし，上記のサプライヤーシステム研究から得た知見は，下請制研究においてもつねに意識する必要がある。つまり，対象とする部品の特性がもたらす企業間関係への影響は，分析のさいに注意を払う必要がある。そして，発注側の企業・分工場レベルや受注側の所属する階層の特徴を考慮したうえで，取引関係を考察することも求められる。また，サプライヤーシステム研究との接続を見据えて，そこで得られた研究成果をより多くの中小サプライヤーを対象にして統計的に検証することも重要であろう。以上を踏まえ，サプライヤーシステム研究とのインターフェースを構築することが新たな下請制研究の1つの発

---

(5) サプライヤーシステム研究のなかには，大企業が外部のサプライヤーを景気変動に対するバッファーとして利用するという見解に対して否定的なものもある。たとえば，Asanuma and Kikutaniは，日本の複数の完成車メーカーが従来からいわれているようなリスクを転嫁するためにサプライヤーを利用しているのではなく，逆にサプライヤーのリスクを吸収する態度を取っていることを定量的に検証している（Asanuma and Kikutani, 1992; 浅沼, 1997）。

展の方向性を導出する。そして，両者の対話が叶う時，近年の日本的分業システムの真の姿が明らかになると考えている。

5.　おわりに

　本章では，サプライヤーシステム研究のレビューをつうじ，下請制を内包する日本の分業システムの今後の研究にかんする展望を模索した。詳述すれば，従来のサプライヤーシステム研究と下請制研究が同じ分業システムを考察しているにもかかわらず，互いに議論が交わされないことを問題意識として取り上げた。そして，サプライヤーシステム研究と下請制研究がなぜ断絶しているのかをこれまでの指摘を中心に精査した。また，既存のサプライヤーシステム研究を，1990年代以降の「日本の1次サプライヤーの高いパフォーマンスとその要因の考察」，2000年代以降の「日本的サプライヤーシステムの全貌の解明」，2010年以降の「日本的サプライヤーシステムの変容の検討」という3つの区分に分類し，各々で関連する文献に触れながらその内容を確認した。さらに，そこから得たサプライヤーシステム研究の知見を踏まえ，下請制研究が日本の完成品メーカーの国際競争力の低下や海外での深層現調化から起こった今日の日本的分業システムの変容を検討するために重要な役割を果たすことを強調した。ただし，今後の下請制研究では，対象とする取引関係がどのような特性をもつ部品を扱っているのか，発注側と受注側の企業が当該産業においてどのような位置づけにあるのかを明確にして調査をおこなう必要がある。また，そのような調査から得た結果を活用し，より大規模な定量分析を試みることも，サプライヤーシステム研究との議論を交わすうえで有意義であることを指摘した。このようなサプライヤーシステム研究と下請制研究の接合は，今日の日本的分業システムを的確に把握するために不可欠であると考えている。

　しかしながら，本章では解決しなければならない課題も存在する。すなわち，下請制研究のレビューをつうじてサプライヤーシステム研究を解釈することである。本研究は，サプライヤーシステム研究を追跡することに終始し，下

請制研究を直接扱うことができなかった。したがって、本章では、下請制研究から見た日本的分業システムの評価の推移を捨象せざるを得なかった。しかしながら、日本の中小企業研究において、下請制にかんする研究は膨大な蓄積が存在する。それを丁寧にフォローすることは、下請制研究側からサプライヤーシステム研究への示唆を得ることにつながり、日本的分業システムを的確に捕捉するためや両者のギャップを埋めるための一助となる。このような下請制研究の視座から日本的分業システムを再検討し、そのなかにサプライヤーシステム研究を位置づけていく作業は残された課題としたい。

【参考文献（アルファベット順）】

Asanuma, Banri (1989) "Manufacturer-Supplier Relationships in Japan and the Concept of Relations-Specific Skill" *Journal of the Japanese and International Economies*, 3(1):1-30.（浅沼萬里訳（1998）「日本におけるメーカーとサプライヤーの関係」藤本隆宏・西口敏宏・伊藤秀史編著『リーディングス サプライヤー・システム 新しい企業間関係を創る』有斐閣）

Asanuma, Banri and Kikutani, Tatsuya (1992) "Risk Absorption in Japanese Subcontracting: A Microeconometric Study of the Automobile Industry" *Journal of the Japanese and International Economies*, 6(1):1-29.（浅沼萬里・菊谷達弥訳「自動車産業における部品取引関係の日米比較」藤本隆宏・西口敏宏・伊藤秀史編著（1998）『リーディングス サプライヤー・システム 新しい企業間関係を創る』有斐閣）

浅沼萬里（1997）『日本の企業組織：革新的適応のメカニズム』東洋経済新報社。

Clark, K.B. and Fujimoto, Takahiro (1991) *Product Development Performance*, Boston: Harvard Business University Press.（田村明比古訳（1993）『製品開発力』ダイヤモンド社）

Cusumano, Michael and Takeishi, Akira (1991) "Supplier Relations and Supplier Management: A Survey of Japanese, Japanese-Transplant, and U.S. Auto Plants" *Strategic Management Journal*, 12(8):563-588.（マイケルA.クスマノ・武石彰訳「自動車産業における部品取引関係の日米比較」藤本隆宏・西口敏宏・伊藤秀史編著（1998）『リーディングス サプライヤー・システム 新しい企業間関係を創

る』有斐閣）

Dyer, Jeffrey H. (1996)"How Chrysler Created an American Keriretsu," *Harvard Buness Review*, 74(4):42-56.

藤本隆宏・清晌一郎・武石彰（1994）「日本自動車産業のサプライヤー・システムの全体像とその多面性」機械振興協会経済研究所『機械経済研究』第24号：11-36.

藤本隆宏（1998）「サプライヤー・システムの構造・機能・発生」藤本隆宏・西口敏宏・伊藤秀史編著『リーディングス サプライヤー・システム 新しい企業間関係を創る』有斐閣：41-70.

藤本隆宏・西口敏宏・伊藤秀史（1998）「今後の研究の方向性」藤本隆宏・西口敏宏・伊藤秀史編著『リーディングス サプライヤー・システム 新しい企業間関係を創る』有斐閣：283-288.

藤川昇悟（2001）「地域的集積におけるリンケージと分工場—九州・山口の自動車産業集積を事例として」『経済地理学年報』第47巻第2号：1-18.

具承桓（2008）『製品アーキテクチャーのダイナミズム—モジュール化・知識統合・企業間連携』ミネルヴァ書房。

Helper, Susan (1991) "How Much Has Really Changed between U.S. Automaker and Their Suppliers," *Sloan Management Review*, 32(4):15-27.

Helper, Susan and Sako, Mari (1995) "Supplier Relations in Japan and the United States: Are They Converging," *Sloan Management Review*, 36(4):77-84.

池田正孝・中川洋一郎編著（2005）『環境激変に立ち向かう日本自動車産業』中央大学出版部。

菊池航（2019a）「トヨタ＝マツダ，日産＝三菱自における部品調達構造の比較研究」機械振興協会経済研究所編『人口減少社会における自動車産業』H30-3：35-50.

菊池航（2019b）「国内部品調達—系列の選抜と系列外への依存」佐伯靖雄編著『中国地方の自動車産業—人口減少化におけるグローバル企業と地域経済の共生を図る』晃洋書房：80-97.

小林英夫（2007）「東北地区自動車・部品産業の集積と地域振興の課題」『地域振興における自動車・同部品産業の役割』社会評論社：33-53.

近能善範（2001）「バブル崩壊後における日本の自動車部品取引構造の変化」横浜国立大学経営学会『横浜経営研究』第22巻第1号：37-58.

近能善範（2004）「日産リバイバルプラン以降のサプライヤーシステムの構造的変化」法政大学経営学会『経営志林』第41巻第3号：19-44.

目代武史・尾城克治（2013）「九州における自動車産業の現状と課題」折橋伸哉・目代武史・村山貴俊『東北地方と自動車産業—トヨタ国内第3の拠点をめぐって』創成社：168-186.

Nishiguchi, Toshihiro (1994) *Strategic Industrial Sourcing: The Japanese Advantage,* New York: Oxford University Press.（西口敏宏訳（2000）『戦略的アウトソーシングの進化』東京大学出版会）

延岡健太郎（1996）「顧客範囲の経済：自動車サプライヤの顧客ネットワーク戦略と企業成果」神戸大学経済経営学会『国民経済雑誌』第176巻第6号：83-100.

延岡健太郎（1998）「部品サプライヤーの顧客ネットワーク戦略」藤本隆宏・西口敏宏・伊藤秀史編著『リーディングス サプライヤー・システム 新しい企業間関係を創る』有斐閣：181-199.

延岡健太郎（1999）「日本自動車産業における部品調達構造の変化」神戸大学経済経営学会『国民経済雑誌』第180巻第3号：57-69.

Oliver, N., Delbridge, R., and Lowe, J. (1996) "Lean Production Practices: International Comparisons in the Auto Component Industry," *British Journal of Management,* 7:S29-S44.

太田進一（1987）『中小企業の比較研究』中央経済社。

朴泰勲（2003）「日本自動車産業の階層的分業構造と組織間関係」『日本経営学会誌』第10巻：27-39.

李在鎬（2000）「2次サプライヤーにおけるProcess重視論の再検討」『日本経営学会誌』第5巻：14-24.

佐伯靖雄（2012）『自動車の電動化・電子化とサプライヤー・システム—製品開発視点からの企業間関係分析』晃洋書房。

清晌一郎（1990）「曖昧な発注，無限の要求による品質・技術水準の向上」『自動車産業の国際化と生産システム』中央大学出版部：193-240.

清晌一郎（2014）「日本自動車部品産業のグローバル化の新段階と産業基盤空洞化の実態—自動車部品1次サプライヤー・アンケート調査の結果について」『早稲田大学自動車部品産業研究所紀要』第13号：3-36.

清晌一郎（2016）「自動車部品1次サプライヤーの経営動向と諸課題」清晌一郎編著『日本自動車産業グローバル化の新段階と自動車部品・関連中小企業』社会評論社：68-105.

清晌一郎（2017）「海外現地生産における「深層現調化」の課題と巨大「日系系列」の形成」清晌一郎編著『日本自動車産業の海外生産・深層現調化とグローバル

調達体制の変化　リーマンショック後の新興諸国でのサプライヤーシステム調査結果分析』社会評論社：21-52.

武石彰（2000）「自動車産業のサプライヤー・システムに関する研究：成果と課題」東京大学社会学科研究所『社會科學研究』第52巻第1号：25-50.

武石彰（2003）『分業と競争　競争優位のアウトソーシング・マネジメント』有斐閣。

武石彰・野呂義久（2017）「日本の自動車産業における系列取引関係の分化：新たな研究課題」関東学院大学経済学会『経済系』第270集：13-28.

遠山恭司・清晌一郎・菊池航・自動車サプライヤーシステム研究会（2015）「トヨタ・日産・ホンダ系サプライヤーシステムにおける中小自動車部品メーカーの特徴―全国約900社アンケート調査から」立教大学経済学研究会『立教経済研究』第69巻第1号：155-179.

遠山恭司・清晌一郎・菊池航（2016）「中小部品サプライヤーの階層別特徴」清晌一郎編著『日本自動車産業グローバル化の新段階と自動車部品・関連中小企業』社会評論社：106-127.

植田浩史（1987）「自動車産業における下請管理―A社の1870年代の品質・納期・価格管理を中心に」商工総合研究所『商工金融』昭和62年度第9号：3-23.

植田浩史（1999）「中小企業とサプライヤ・システム」中小企業家同友会全国協議会企業環境研究センター『企業環境研究年報』第4号：1-11.

植田浩史（2000）「サプライヤ論に関する一考察―浅沼萬里氏の研究を中心に」大阪市立大学経済研究会『季刊経済研究』第23巻第2号：1-22.

渡辺幸男（1985）「下請・系列中小企業」中小企業事業団・中小企業研究所編『日本の中小企業研究（第1巻）成果と課題』有斐閣：337-359.

Womak, James P., Jones, Daniel T. and Roos, Daniel (1990) *The Machine That Change the World*, New York: Simon and Schuster.（沢田博訳（1990）『リーン生産方式が，世界の自動車産業をこう変える』経済界）

藤川　健

第5章
中小企業におけるストーリーテリングの実践

1. はじめに

　近年，経営学分野においてストーリーテリングについて扱う研究が増えている。しかし，中小企業のストーリーテリングにかんする研究は極めて少ない。中小企業においてもストーリーテリングは経営上，重要な要素であり，とりわけ，大企業に比べてイメージや認知度で劣位にあるといわれている中小企業において，自社をどのように語っていくのか，そして，いかにして自社に興味や関心をもってもらうのかということは切実な課題であるといえよう。本章では，こうした問題意識から，中小企業のストーリーテリングの実践的課題について事例分析を基に検討していきたい[1]。

2. 中小企業とストーリーテリング研究

　中小企業に対するイメージは決してよいとはいえない。先行研究にもそのことが示されている。たとえば，寺岡（2005）では，中小企業のイメージについての大学生約200名へのアンケート調査結果から，「回答割合からすれば，中小企業のもつ『マイナスイメージ』は払拭し難いほどに多いといってよい」と指摘している。また，「中小企業ということばには『マイナスイメージ』の手垢が染み込んでいる。‥‥何世代にもわたって定着したイメージは，漂白剤をたっぷり入れて洗濯すれば落ちるようなものではない」と述べている。また，後藤（2014）においても『中小企業白書』での過去のアンケート調査や

---

(1) 本章は本多（2021）の一部を加筆・修正のうえまとめたものである。より詳細な内容については本多（2021）を参照されたい。

みずからの大学生へのアンケート調査をもとに，中小企業にいかにネガティブなイメージが強いかを統計的に示している[2]。こうしたマイナスイメージが中小企業にとりわけ深刻となっている人材獲得難[3]，後継者難[4] をもたらしている面がある。さらに，中小企業のブランド力や信用力にも悪影響をおよぼしているとも考えられる。

　この問題は，一般的に中小企業が大企業に比べて労働生産性や給与水準が低い[5] という実態を反映したものではある[6]。しかし，中小企業には組織の小ささから人間的・仲間的な雰囲気が強く，それが魅力の1つとなっている面もある。また，経営に社員の意思や考えが反映されやすく，働きがいややりがいを感じられやすいという側面もある（植田ほか，2004; 渡辺ほか，2013）。経営者と社員の距離が近いため，企業の経営理念，姿勢，取組に共鳴しやすいという特徴もあるであろう。こうしたことを含めて，中小企業について知ってもらうこと，興味・関心をもってもらうことが重要である。財務データなどの数字だけでは，このような実態は伝わらない。したがって，中小企業経営では，どのようにして自社を語っていくか，すなわち，「自社についてのストーリーテリ

----

(2)　なお，関智宏は2013年度から定期的に中小企業のイメージにかんする調査を大学生を対象に実施している。関の分析では中小企業にはプラスとマイナスと両方のイメージが混在していることが示されているものの，とくにどちらのイメージが強いかという評価はおこなわれていない（関の調査については関（2020）などを参照のこと）。

(3)　中小企業庁編（2018）第2部第1章「深刻化する人手不足の現状」に詳しい。

(4)　中小企業庁編（2013）第2部第3章「次世代への引継ぎ（事業承継）」，日本経済新聞2020年1月10日付朝刊「企業倒産一転増加へ　中小の後継者難深刻に」などを参照。

(5)　中小企業庁編（2019）第1部第4章「人手不足の状況」に詳しい。

(6)　中小企業に対するマイナスイメージが日本において広く行きわたっている背景には，日本においてかつてクローズアップされた二重構造論の影響も大きいと考えられる。一国内に大企業という近代的部門と中小企業という非近代的部門の二階層的構造があることが日本の経済構造の特殊性として捉えられてきた（植田，2004; 佐竹，2008）。この議論により，中小企業に対する非近代的なイメージが強く印象づけられることになった。二重構造が現在の日本の実態にどこまで当てはまるのかは別として，二重構造論的イメージは現在でも世間に深く根付いていると考えられる。

ング」が重要な課題になる。自社に興味・関心をもってもらい，信用，ブランド，関係性等を構築していくことが中小企業経営の安定化と発展のために必要といえる。

　しかし，これまでのストーリーテリング研究においてはこの問題を十分に扱ってこなかった。経営学分野におけるストーリーテリング研究は1990年代頃から盛んになりつつあり，Denning（2007）によるリーダーシップの議論のように，ストーリーテリングを一種のスキルとして捉えて，そのスキルをどう活かすか（たとえば，ナレッジマネジメント，インプレッションマネジメント，異文化コミュニケーションなどにどう活かすのか）を論じる研究も増えてきている（Barker and Gower, 2010; Spear and Roper, 2016; Whyte and Classen, 2012など）。しかし，そのほとんどは大企業を対象とした研究である。ただし，Lounsbury and Glynn（2001）やGarud et al.（2014）など，アントレプレナーシップの観点からストーリーテリングについて扱っている研究は存在している。しかし，これらは創業したばかりのいわゆる「ベンチャー企業」を対象とした研究であり，投資家などのステークホルダーに事業の将来性を伝えるためのストーリーテリングについて考察するものである。筆者が問題としている中小企業は，過去に一定の事業蓄積があり，紆余曲折を経て現在の姿となっている「既存中小企業」であり，こうした中小企業のストーリーテリングの実践にかんする研究は管見の限り存在しない。

　以上のような問題意識から，本章では，事例を基に，中小企業のストーリーテリングの実践的課題について検討したい。

3. ストーリーテリングの定義と効果

　事例分析に入る前に，ストーリーテリングの理論的枠組について簡単に整理しておきたい。

　第1に，ストーリーテリングとは何かという点である。橋本（2014）では，従来のナラトロジー（物語論）の研究を踏まえて，物語とは「時間的展開があ

る出来事を言葉で語ったもの」と定義している。野口編（2009）では「語り」や「物語」について，「その最小限の要件は，『複数の出来事が時間軸上に並べられている』という点である」と述べている。また，語りの研究ではナラティブという言葉も頻繁に使用されるが，このナラティブとストーリーの違いについても野口編（2009）では検討しており，次のように整理している。「『ナラティヴ』は複数の出来事を時間軸上に並べたもの，『ストーリー』はナラティヴにプロットが加わったものであり，『プロット』とはいわゆる『筋立て』のことで複数の出来事の関係を示すものである」としている。すなわち，時間軸があること，展開があること（筋立てがあること）がストーリー（物語）であるといえる。したがって，ストーリーテリングとは，「時間軸上で展開のある話を語るという行為」をさすと考えられる。

　第2に，ストーリーテリングの効果についてである。ストーリーテリングが何に対して有効に機能するのかについては，たとえば，Sole and Wilson（2002）では，①規範や価値を共有する，②信頼やコミットメントを向上させる，③暗黙知を共有する，④既成の見方を変える，⑤感情的なつながりを生み出すという点を指摘している。そして，これらの効果を説明するさいに，ストーリーテリングに「感情」に訴えかける作用があることを述べている。Denning（2007）では，リーダーの優れたストーリーテリングによって，人々の関心を高め，それを自発性に変え，さらにその自発性を強固にすることができるとしている。そのさいにストーリーテリングによる「感情」面への刺激の重要性について触れている。

　このようにストーリーテリングにはさまざまな効果があること，そしてそれが感情面への刺激をつうじて生じていることが指摘されている。論者に共通しているのは，聞き手に対する「理性面・行動面」の効果として，気づきや学び，理解，信頼，イメージ転換や価値観の変化，主体性の向上やコミュニケーションの促進などの行動変容があると考えられていることであろう。そして，これらは，ストーリーテリングによって，興味・関心，共感，同情，感銘・感動，納得といった聞き手への「感情面」の効果があることによって誘発される

図表5-1 ストーリーテリングの効果についての構造

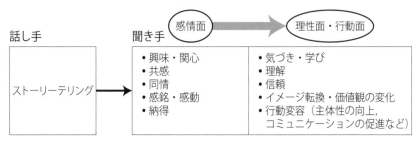

出所：筆者作成

と理解されている。この構造を筆者なりの理解で示したものが図表5-1である。すなわち，ストーリーを語ることによって，何かしらの感情面への刺激をもたらし，それが聞き手の主体性や能動性を高め，深い理解や気づきにつながり，聞き手側のポジティブな行動を誘発することができるという流れが発生しうると考えられている。

　ただし，先行研究では「ストーリーテリング」と「聞き手の感情面への変化」が直結するという前提で議論されていることに課題がある。すなわち，図表5-1で示している，ストーリーテリングから聞き手への「矢印」の部分が十分に分析されていない。というのも，どんなストーリーテリングであっても必ず効果が生まれるというわけではないだろうし，ストーリーテリングがどのようにおこなわれるかによって効果に大小があると考えられる。どのようなストーリーテリングであれば効果が大きいのかを分析する必要がある。本章ではこの点について，ある中小企業経営者の語りをもとに，分析していきたい。

4. 事例分析

4-1. A社の概要

　本章で取り上げる事例は，中小企業A社の経営者A氏のストーリーテリングである。というのも，A氏には，筆者が所属する大学の講義のゲストスピー

カーとして自社について語ってもらっており，A氏の語りに対する学生の反応が非常によいからである。この語りについて分析することが効果的なストーリーテリングを考えるうえで有意義であると思われる。

　この講義は2013年から2019年において毎年，夏の集中講義として4日間で全14回の授業がおこなわれてきた。受講者数は年によってバラつきはあるが，毎年，100〜200名の大学生が受講している。14回の授業のうち12回は中小企業経営者がゲストスピーカーとして登壇し，自社の経営について語ってもらうという授業であり，筆者がコーディネーターとなり大阪府中小企業家同友会に所属する中小企業経営者に毎年依頼している（第1回講義は筆者が，第2回講義は大阪府中小企業家同友会事務局が担当し，第3回以降が中小企業経営者による講義となる）。中小企業経営者の話は50分間に設定し，残りの時間は質疑応答の時間と感想文を書く時間にあてている。この授業の最後の回（第14回）が終わった後には，学生達はまとめのレポートを提出する。そのレポートにもっとも印象に残った企業として，毎年，A社（あるいはA氏）の名前が多く書かれてきた。

　レポート課題の設問文は年によって異なっており，「各講師に共通していたことと異なっていたこと」を書かせる年もあれば，「講義内容で印象に残ったことや感想」を書かせる年もある。「講義内容で印象に残ったことや感想」という設問を作った年に，特定の企業名（あるいは経営者名）が書かれることが多かった。この設問項目は2014〜2018年の5年間にわたって出題した。個別名（企業名もしくは経営者名）を書いた学生のうちA社もしくはA氏を書いた割合を年ごとに調べてみたところ，2014年70.8％，2015年63.6％，2016年82.8％，2017年59.4％，2018年69.2％であった。つねにA社もしくはA氏の名前がもっとも多くあがっていた。

　A社は大阪府内に立地する従業員数17名（2018年時点）で，製缶，板金，産業機械関連部品製造，省力化機器設計等をおこなう企業である。1959年創業で，講師を担当したA氏は2代目社長（2019年より会長）である。A社は毎年，この講義においてゲストスピーカーを担当してきた。A社以外にも毎年

ゲストスピーカーを担当してきた中小企業は4社ほど存在している。毎年，何社か入れ替わりつつ12社が自社経営について語ってきた。毎年，ゲストスピーカーの中小企業の半数ほどは製造業であり，そのなかにはA社と同様に板金加工をおこなう企業や産業機械関連部品の製造をおこなう企業も複数社あった。したがって，他の11社と比較してA社は業種や事業内容という点で突出した独自性を有する企業とはいえない。また，企業規模，創業年，A氏の年齢という点からみても，他のスピーカーと大きな差はない。講義をおこなう順番はつねに2番であり，初回や最終回でないことから，A社が印象に残りやすい順番であったというわけでもない。にもかかわらず，A社に対する学生の印象がここまで強かったのは，A氏によるストーリーテリングの影響が大きいと考えられる。事実，A氏の講義についての学生たちの感想には，熱意のこもったお話に心を動かされた，聞きごたえのある話だった，群を抜いておもしろい話をされていた，という言葉が並んでいた。

4-2. 語りの内容と方法

　では，A氏はどのようなストーリーテリングをおこなったのだろうか。語りの内容と方法は以下のとおりである。

　A氏の語りは「こんにちは！」という大きな第一声で始まる。簡単な自己紹介をした後，パワーポイントを使って，A社が製造した産業機械や製品の写真，工場内での加工作業の写真などをみせ，A社がどのような仕事をしているのかを学生達に手短に解説する。次に，会社の創業年，売上高，資本金，従業員数，所在地，表彰・資格などの基本情報をスライドで説明する。

　そして，工場内の写真をみせて，3S（整理，整頓，清掃）を徹底していることを話す。また，3Sの行き届いた工場ということで新聞，テレビ，雑誌等にこれまで何度も取り上げられていることや，毎年200社以上約900名が海外も含めて見学に訪れていることを紹介する。学生に配布したレジュメに載せている「よい現場は最高のセールスマン」という言葉に触れ，3Sの徹底が生産性の向上だけでなく，顧客からの信頼を得る重要な手段になっていると説明す

る。

　そして，「全員で守ることを決めて，全員で決めたことを守る」という言葉
が書かれたスライドをみせ，これをA社がモットーとしていることが語られ
る。次に，「白線は，踏まない！」という言葉が書かれたスライドをみせる。こ
れが現在，A社のルールになっていると説明する。

　なぜこの「白線は，踏まない！」というルールがA社で作られたのか。この
経緯を，A氏は当時を振り返りながら，時には登場人物を演じながら，しゃべ
り始める。ここからはパワーポイントもレジュメも使わないA氏の語りが始
まる。

　このエピソードは次のとおりである。1999年頃，A社の業績が大きく落ち
込んだ。A社にはこれまで強みや特徴と呼べるものはとくになく，営業先でそ
れらを尋ねられても答えることができなかった。したがって，A氏はこれをた
んなる短期的な業績悪化と考えることはできず，このままではいけないと思っ
ていた。その矢先，A氏とA社社員であった弟の2人で公的機関が開催したあ
るセミナーに参加し，3S活動の重要性を学ぶ機会があった。セミナーからの
帰り道，車のなかで「これはうちもやらなアカン！ 絶対やろうや！」と2人で
叫び合ったという。ここから闘いの日々が始まる。A氏と弟で工場内の整理，
整頓，清掃を進めようとするが一筋縄ではいかなかったのだ。長い間使用して
いない材料や機械などを捨てようとするが，当時社長であった父親が猛反発
し，喧嘩の毎日が続いた。父親が創業時に購入した中古機械を捨てようとした
ときには大激怒し，「お前の性根が気に入らんのじゃ，目の前から消え失せ！
地球上からおらんようになってくれ！」とA氏は罵倒されたという。反発は父
親だけではなかった。床に道具をおかないというルールを作ったときには，今
度は，古参の社員たちが怒りだした。A氏が毎日，「道具はちゃんと上に上げ
よう，下におくんやめよう」と言いながら道具を拾って回っていたところ，
「そこまでせんでええやないかい！」「何でお前にそこまで言われなあかんねん！」
と怒鳴ってきた。こうした社長，社員たちの激しい反発を日々受けつつ，辛抱
強く，A氏と弟で工場内の整理，整頓，清掃を進めていった。何日も何日も粘

り強く活動を続け，呼びかけていくうちに，皆が根負けし，少しずつ理解が広がっていった。ついには，父親も社員達も徐々に協力してくれるようになり，全社あげて3S活動を推進するようになった。

　床や機械を社員達と掃除するうちに，皆が天井のサビをなんとかしたいと思うようになった。そこで，A社の仕事を2週間止めて天井の塗装を全員でおこなうことにした。しかし結局2週間では終了せず，仕事の合間や日曜を使って塗装をおこなうことになった。これを契機として，工場のあらゆるところを清掃し塗装する「40日間工場丸洗いプロジェクト」が実施されたのである。この取組によって，かつては痰やタバコの吸い殻が落ち，座ることさえできないほど汚かったA社工場の床はピカピカになった。床をペンキで緑に塗り直し，オレンジ色で安全通路を塗装し，その縁に白いペンキで線を引いた。しかし，やっとその塗装作業が終わった時のことである。社員の1人がうっかりと白線を踏んでしまったのだ。その瞬間，その場にいた全員が一目散に駆け寄り，必死に白線の汚れを取り始めたのだった。

　A氏はこの瞬間，「A社は生まれ変わった」と実感したという。ここから「白線は踏まない！」というルールがA社に生まれたのだった。すなわち，これはA社にとって象徴的な出来事であったのだ。A社には，3S活動の徹底という大きな「売り」ができ，顧客の信頼を勝ち取ることができる体質が作り上げられた。なにより，それを社員全員で目指していくという一体感と向上心が組織内に醸成されたのである。

　以上のエピソードが語られた後，話題はA社の「社員共育力」の話となる。さきほどはA氏が社長になる前の過去の話であったが，次はA氏が社長になって以後の比較的最近の話となる。A氏は社員が自然と助け合い，互いに成長できる社風づくりを目指しているという。そのことに関連する，あるエピソードがあると，A氏は語り出す。

　それはA社で起きた朝礼での出来事である。A社では朝礼のときに社員が日替わりで3分間スピーチをおこなうことになっている。そして，A社に訪れる見学者には，朝から来てもらい，この朝礼にも参加してもらっている。あると

き，ベテラン経営者など約20人もの見学者がA社にくるという日があった。ふと，3分間スピーチの担当者リストをみたところ，新人のS君の番だった。A氏は顔が真っ青になった。というのも，S君にはこれまで何回か3分間スピーチの順番が回ってきたが，一度としてまともにしゃべることができなかったからである。スピーチの順番を変えたいところだが，「A社は例外を作らない会社」と公言しているので，当然，順番を変えるわけにはいかない。不安に思いつつも，そのままS君に3分間スピーチをやってもらうことになった。しかし，案の定，S君は体をくねくねくねらせるだけで，一言もしゃべらない。その様子に，見学者達は険しい顔をしている。心のなかで何度もS君がんばれ！何かしゃべれ！と叫び続けた。が，思いは届かず，3分の終了を告げるキッチンタイマーの音が鳴ってしまった。「えらいことになった」と思いつつも，そのまま見学者達を工場に案内した。工場見学後に，見学者の1人であった70代のベテラン経営者がA氏のもとにやって来た。朝礼での3分間スピーチについて一言いいたいとのことであった。A氏は何をいわれるのだろうかとビクビクした。そのベテラン経営者はこういったという。「あの3分間スピーチの様子をみて感動した」。その理由は，S君が黙ったまま体をくねくねさせているときに，周囲の社員達がS君をじっと見つめて「がんばれ！がんばれ！」と応援している表情をしていたからだという。この様子を目の当たりにして，A社は人を育てる会社だということがわかった，と誉めてくれたのだ。A氏は意外な言葉に驚くとともに，A社の社風を感じ取ってくれたことがとても嬉しかったという。

　この2つ目のエピソードの語りで，授業の持ち時間が残り数分程度となり，締めの挨拶等でA氏の語りは終了となる。

5.　考察

5-1.　A氏のストーリーテリングの特徴
　以上のA氏のストーリーテリングの特徴を整理すると，大きく，語りの内

容（＝ストーリー）での特徴と，語り方（＝テリング）での特徴に分けること
ができる。

　まず，語りの内容（＝ストーリー）という面では，次の特徴が指摘できる。

　第1に，具体的なエピソードを語っており，これがA社長のストーリーテリ
ングの中心部分となっていることである。A氏が語るエピソードは2つである。
1つは3S活動がA社に根づくまでのエピソード，もう1つは，3分間スピーチ
のエピソードである。学生の感想をみても，この2つのエピソードについて書
いているものが多かった。他の企業では自社の事業や取組についての説明や自
社を取り巻く業界や経営環境の解説であり，こうした個別的なエピソードはメ
インではなく，あってもほんの少しだけ語られる程度であった。

　第2に，エピソードがA社で実際に生じた話であり，しかも，A氏が体験し
た話であることである。社内で起こったことであっても従業員から聞いたこ
と，すなわち自分が体験していないことを語ることもできる。しかし，A社で
起こり，自分が体験したエピソードを語ることで，A氏は実感を込めて語るこ
とができ，そのことが迫真性を生み出していた。

　第3に，エピソードがたんなる短い実例紹介ではなく，展開のあるまとまっ
た1つの物語として語られていることである。物語の定義は，前述のとおり，
時系列で出来事が並べられてそこに展開（筋書き）があることであるが，A氏
のエピソードはその性格を強く有している。聞き手は次の展開がどうなるの
か，何が起こってどんな結末にいたるのかが気になるのである。

　第4に，聞き手にとって意外な展開がエピソードのなかで起きていることで
ある。1つ目のエピソードでは，当初3S活動に強く反発していた社員達が，
最終的には白線に付いた汚れを必死に拭くまでに一変する。2つ目のエピソー
ドについても，S君が3分間スピーチで何もしゃべることができずモジモジし
ているという一見ネガティブな出来事が，じつは来客者にポジティブな印象を
与えるきっかけとなり，A社の社風を理解してもらうまでに至ったという意外
な展開があった。

　第5に，エピソードがA社の特徴や理念を象徴する物語となっていることで

ある。学生にここまでの強い印象と関心を植え付けたのは，2つのエピソードがA社の特徴や理念を象徴するエピソードであったからだと考えられる。エピソード自体のおもしろさや意外性もさることながら，A社という企業をこのエピソードをとおしてよくわかるという体験自体が，学生にある種の感銘を与えているのかもしれない。

　次に，語り方（＝テリング）の面では，次のような特徴がみられる。

　第1に，A氏の感情豊かな話し方である。A氏は講義が始まってからパワーポイントのスライドをめくりながらA社の概要や事業内容について説明するが，その間，ずっと大きな声でニコニコしながら話をしている。しかし，エピソードの語りに入ってからは，当時の出来事を語りながら，苦悶の表情を浮かべたり，怒りをあらわにしたり，悲しい表情をしたり，満面の笑みに変わったりと，喜怒哀楽を多様に表現していた。これは他のスピーカーにはない特徴であった。

　第2に，これもA氏独特の語り方であったが，エピソードに登場する人物を演じながら語っていた。3S活動についてのセミナーを受け，会社に戻る車のなかで弟と一緒に叫び続けたという話があったが，そのさい，実際に自分が発した言葉や弟が発した言葉を感情込めてセリフとしてしゃべっている。また，父親が激怒したときのセリフや，社員達が文句を言うときのセリフもそうであった。2つ目のエピソードでのA社長の心の声「うわ，今日，Sの番や。どないしよ〜」や，社員達がS君に対して心のなかで掛けていた言葉「がんばれ！ がんばれ！」というセリフも，A氏によって演じられていた。

　第3に，動きや声に変化があることである。最初は他の講師と同様にパワーポイントのスライドを使った説明をするが，エピソードの語りに入ると語り，手ぶり・身振り，表情だけで話が進んでいく。この点も，他のスピーカーとは大きく異なっている。そのさいに，感情を込めて，時には登場人物を演じながら語るため，声の大きさやトーンも大きく変化する。

5-2. A氏のストーリーテリングの構造

　では，こうした特徴が，どのようにして学生達の興味・関心などにつながるのだろうか。そこには次のようなプロセスがあると考えられる。

　第1に，具体的かつまとまりのある一連のエピソードが語られることによって，聞き手は物語の先を知りたくなる。これによってA氏の話への注意が持続させられると考えられる。また，エピソードには意外な展開が含まれているため，聞き手に感銘や感動を与えることが可能となる。

　第2に，学生達はエピソードを聞き，A社の出来事を疑似体験することで，登場人物達，すなわち，A氏や社員達への感情移入がおこなわれる。また，A社の人々と共通の体験をしたという感覚を得ることから，A社への心理的な距離が縮まる。こうした疑似体験，共通体験が，興味・関心，共感，同情を促すと考えられる。

　第3に，A社で起こっていたことを学生達は追体験することで，A社が置かれていた状況，改革の難しさ，改革の意義，A社のもつ社風や理念の重要性を感覚的に把握することできる。これが聞き手の納得感へとつながっている。

　第4に，A社で起こったエピソードは，時間軸に沿って，実際のセリフが再現されつつ，しかもそれをA氏が感情豊かに，動きや声の変化を加えながら進められていくため，非常に臨場感がある。聞き手はその場に居合わせたかのような感覚をもち，感情が大きく動かされる。

　以上のような構造をまとめたものが，図表5-2である。本章での事例研究をつうじて，A社と学生という限定されたケースではあるが，先行研究では必ずしも示されてこなかった，ストーリーテリングがどのようにして聞き手の感情面に作用しているのかという構造を表している。もちろん，A社の単一事例から導き出した構造であるため，一般化には限界はあるものの，どのようなストーリーテリングが有効であるのかの一端を示すものであるといえよう。したがって，ここに示されている要素を取り入れることで，有効なストーリーテリングにつながる可能性がある。

　なお，A氏のストーリーテリングにおいてはエピソードが重要な要素となっ

図表5-2　中小企業A社のストーリーテリングの効果にかんする構造

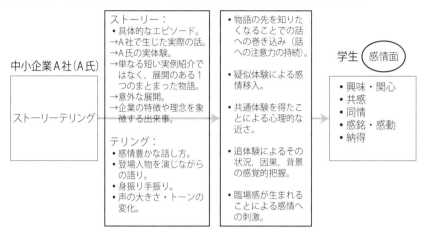

出所：筆者作成

　ているが，A社にたまたまおもしろいエピソードがあっただけで，他の企業で
はこのようなエピソードはないのかもしれない。その場合，このA氏のストー
リーテリングは特殊な例となる。しかし，エピソードが発掘されていないだけ
で，じつは多くの中小企業にそれは存在しているのではないかと筆者は考えて
いる。というのも，学生の感想文のなかに，この点に関わる次のような示唆的
な指摘があったからである。「とくに1日目のA社さんの話などは経営者とし
てだけではなく上に立つ者としてのあり方というものを見てとれて非常に勉強
になりました。一方，残念な点としては後半になるほど，やはり，目新しいお
話があまりなく，たんなる会社案内や業界案内，説明が多くなってしまい，そ
の会社個別のエピソードをお聞きすることができなかったというのを感じまし
た。」(2015年における学生の感想のなかの一部)。

　ここで示唆されているように，A社以外の多くの企業は，学生の前で話をす
るときに，企業における現場の，生々しい，主観的なエピソードを語るのでは
く，事業の特徴や企業の歴史や課題について，冷静に，俯瞰的，客観的に語っ
ている。おそらく，それがこの場にふさわしいと考え，そのように心掛けて

109

語っているように思われる。話のなかにおもしろそうなエピソードが出てきても，それについての突っ込んだ話は少ない。こうした状況は，一般的に多くの中小企業が自社を語るさいに共通しているのではないだろうか。このことを踏まえると，おそらくＡ社のストーリーテリングに活用されているようなエピソードがじつは多くの企業に存在しているが，その重要性に気づいていない，すなわち，たんに「発掘されていない」あるいは「深堀りされていない」だけではないかと思われる。したがって，Ａ社しかこのストーリーテリングができないということはないと考えられる。

5-3. 中小企業におけるストーリーテリングの強み

　以上のような考察を踏まえて，最後に，中小企業ならではのストーリーテリングの実践の意義とは何かという点について考えてみたい。

　Ａ氏のストーリーテリングの分析の結果，ストーリーテリングにおいて「体験」が1つの大きなポイントになっていたことが指摘できる。ストーリーテリングをとおして聞き手が疑似体験，共通体験，追体験をすることで感情への大きな刺激がもたらされている。そのさい，Ａ氏の「個人的体験」が重要な鍵となっていたことに注意が必要である。個人的体験を語るからこそ，Ａ氏は感情と実感を込めて語ることができ，臨場感や迫真性を高め，聞き手の胸を打っていた。そして，このＡ氏の個人的体験がＡ社のエピソードとして語られていること，すなわち，Ａ氏の体験とＡ社の体験が重なっていることが極めて重要である。

　はたして大企業のストーリーテリングにおいても，このかたちをとることができるのであろうか。組織規模が小規模な中小企業の場合は，一人一人の成員の存在感が大きく，個人と企業が重なりやすい。とりわけ，経営者の場合は，「経営者＝企業」とみなされることが多い。したがって，中小企業のストーリーテリングは「個人としての体験＝企業としての体験」となりやすい。しかし，大企業の場合は，そうはなりにくい。大組織のトップ層の1人である社長が個人的体験を語ったとしても，それは重要な出来事かもしれないが，組織のなか

110

の一部分で起こったことであり，企業全体のエピソードとはなりにくい。

　A氏＝A社となる関係は，一般的に中小企業に強くみられる特性である。こうした特性から「個人体験が企業体験に転化されやすい」という特徴が中小企業にはあるといえる。そして，この特徴があるからこそ，A氏のストーリーテリングが有効に機能していると考えられる。したがって，中小企業，とりわけ中小企業経営者が個人的体験をもとにストーリーテリングをおこなっていくことは，大企業以上に効果が大きいといえる。その意味で，中小企業にとって個々人のストーリーテリング，とりわけ経営者のストーリーテリングは極めて重要であり，うまく活用できれば，大企業にはない，強力な武器になりえる可能性がある。

6.　おわりに

　本章では，中小企業のストーリーテリングの実践について事例を基に論じた。A社という単一の事例を基に分析していることから一般化には限界があるものの，その研究蓄積の少なさや実践上の重要性を踏まえると，本章の分析には一定の意義があるのではないかと考える。

　本章では大学の授業での中小企業のストーリーテリングを取り上げたが，経営者や従業員が自社を語るという機会は，会社説明会，就職セミナー，各種会合，イベント，展示会，勉強会，報告会，座談会など，意外と多く存在している。最近ではウェブサイトにみずから撮影した動画をアップし，多くの人々に見てもらうことも容易にできる。本研究で示されたことのいくつかの要素がこれらの機会に応用できる点もあるように思われる。今後，中小企業における有効なストーリーテリング実践の一般化に向けて，さらに事例分析と考察を重ねていくことが今後の課題である。

〔付記〕

本章は JSPS 科研費 20K01825 による研究成果である。

【参考文献（アルファベット順）】

Barker, R.T. and Gower, K. (2010) "Strategic application of storytelling in organizations: toward effective communication in a diverse world," *Journal of Business Communication*, 47(3): 295-312.

中小企業庁編（2013）『中小企業白書 2013年版』日経印刷。

中小企業庁編（2018）『中小企業白書 2018年版』日経印刷。

中小企業庁編（2019）『中小企業白書 2019年版』日経印刷。

Denning, S. (2007) "The Secret Language of Leaderership:How Leaders Inspire Action Through Narrative", John Wiley & Sons.（高橋正泰・高井俊次監訳（2012）『ストーリーテリングのリーダーシップ―組織の中の自発性をどう引き出すか』白桃書房）

Garud, R., Shildt, H.A. and Lant, T.K. (2014) "Entrepreneurial storytelling, future expectations, and the paradox of legitimacy," *Organization Science*, 25(5): 1479-1492.

後藤康雄（2014）『中小企業のマクロ・パフォーマンス―日本経済への寄与度を解明する』日本経済新聞出版社。

橋本陽介（2014）『ナラトロジー入門―プロップからジュネットまでの物語論』水声社。

本多哲夫（2021）「中小企業におけるストーリーテリング」大阪市立大学経営学会『経営研究』第72巻第2号：11-35.

Lounsbury, M. and Glynn, M.A. (2001) "Cultural entrepreneurship: stories, legitimacy, and the acquisition of resources," *Strategic Management Journal*, 22(6-7): 545-564.

野口裕二編（2009）『ナラティブ・アプローチ』勁草書房。

佐竹隆幸（2008）『中小企業存立論―経営の課題と政策の行方』ミネルヴァ書房。

関智宏（2020）「中小企業をイメージする（2017年）―2017年度における大学生を対象とした調査から」同志社大学商学会『同志社商学』第72巻第2号：71-152.

Sole, D. and Wilson, D.G. (2002) "Storytelling in Organizations: the power and traps of using stories to share knowledge in organizations," LILA Harvard University, Graduate School of Education: 1-12. (LILA Harvard University Web Site: http://www.providersedge.com/docs/km_articles/Storytelling_in_Organizations.pdf)

Spear, S. and Roper, S. (2016) "Storytelling in organisations: Supporting or subverting corporate strategy?," *Corporate Communications: An International Journal*, 21(4): 516-532.

寺岡寛（2005）『中小企業の政策学—豊かな中小企業像を求めて』信山社出版。

植田浩史（2004）「現代日本の中小企業」岩波書店。

植田浩史・桑原武志・本多哲夫・義永忠一・関智宏・田中幹大・林幸治（2014）『中小企業・ベンチャー企業論［新版］—グローバルと地域のはざまで』有斐閣。

渡辺幸男・小川正博・黒瀬直宏・向山雅夫（2013）『21世紀中小企業論［第3版］—多様性と可能性を探る』有斐閣。

Whyte, G. and Classen, S. (2012) "Using storytelling to elicit tacit knowledge from SMEs," *Journal of Knowledge Management*, 16(6): 950-962.

本多哲夫

第6章
企業成長のダイナミクスと社会関係資本
——タビオのネットワークの分析を手掛かりに

1. はじめに

　佐竹隆幸氏は数多くの優れた著書を上梓しているが，本章では彼の代表作の1つである『中小企業存立論』（ミネルヴァ書房，2008年4月）をレビューしながら，企業成長のダイナミクスについて論考してみたい。また，彼の勧めで同年に上梓した太田『ベンチャー・中小企業の市場創造戦略』（ミネルヴァ書房，2008年3月）での知見も取り上げる。その理由は，経済学と経営学という異なった視点から中小企業を論考したものを比較しながら，新たな知見を得ることができるという淡い期待があるからである。今回の執筆機会を与えていただいたお陰で，重い筆をあげることができた。

　研究テーマとしては，地域活性化の鍵になりうると佐竹氏が評価する「ベンチャー型中小企業」を取り上げ，その企業の創業前から上場までの成長プロセスを丹念に追跡することにより，企業が存立する条件とは何か，成長していくための動因は何かについて論考を深めていく。おもに企業家精神の発露や地域の社会関係資本との関係に焦点を当て検討していく。

　分析方法であるが，企業家研究に新たな視点を持ち込んだ佐藤（2017）が採用した研究方法を試みる[1]。それは，企業家の生い立ちからのライフ・ストーリー全体を視野に入れて長期的に分析するという方法である。分析する企業と人物であるが，2000年10月に大阪第二部株式市場に上場したタビオ株式会社（旧名：株式会社ダン）の創業者の越智直正会長である。同社は，ハー

---

(1) 企業家研究に新たな視点を持ち込んだ優れた研究書だと評価できる点については太田（2017）を参照のこと。なお，佐藤（2017）では心理学や経営学の理論を援用しながら優れた論考を展開しているが，産業集積や社会的資本との関係については明示的に議論していない。

バード大学ビジネススクールも注目した在庫と欠品を低減するユニークでレジリエンスの高いシステムを構築し，また「靴下屋」（商標登録）という靴下の専門店の業態を確立させながら，国内生産にこだわり売上高と利益を着実に伸ばしてきた企業である。

2. 先行研究と分析視角

　ここでは，本章の問題意識に照らし，佐竹（2008）と関連する議論を中心に検討する。

2-1. 佐竹（2008）のレビュー

　佐竹（2008）の研究成果から，とりわけ独創性や主張が色濃く現れていると思われる「第6章　中小企業存立論とイエ社会」，「第7章　地域中小企業の存立と産業集積」，「第8章　ベンチャーの存立と経営行動」を取り上げ，引用し紹介しておく。

　第6章では，「長期継続取引を前提としない不安定な取引の中でだれが積極的に外注先である企業のためによい部品を作るのか，（略），こうした戦略はアメリカで通用しても日本では通用しない視点であり，日本的経営・イエ社会視点で経営を思考していくことは，短期的な利益を求めるのではなく長期的な利益を求めるということにつながると考えられる」（p.163）とし，グローバルスタンダード（世界標準）の採用とともに日本的経営から脱却すべきとの見解に疑義を提起する。そして，「『イエ社会』視点を基盤として共同体構成員である『人が価値を作り出す』という従来型の経営モデルを再生した新しいモデルの創造が求められる」（p.163）と主張する。

　さらに，「経済合理性からの分析のみならず中小企業問題性論とともにイエ社会視点を取り入れた中小企業存立根拠を検討すべき」との上田（1994）の見解を踏まえ，「イエ社会・イエ制度に対する考え方は日本社会の本質的根源である。すなわち，日本の古い文化・伝統のようなもの，いわば日本人の根底

に潜む深層心理に根差した観念として，現代企業社会にも相通じることができる理論的根拠を提供している」とし，「イエ社会・イエ制度という概念は前近代的なものとして認識できるものの，日本人の社会的・文化的生活の根幹を支配しており，日本の社会的・文化的構造となっていることもまた事実である」（pp.172-173）と主張する。

第7章では，「一般的に産業集積には集積の利益が達成され，近接地に立地することによって移送費用が軽減されるという利点だけでなく，緊密なコミュニケーションによって情報・技術の共有化をおこなうことで調整費用が軽減されるといったメリットを享受することができる」（p.186）とする。大企業体制は限界にきているので，既存中小企業もベンチャー・イノベーションを進め存立基盤を図ることの戦略性の大切さと，企業間連携・産業集積の重要性を指摘する。それは，中小企業単独では対応できないことでも，経営資源の補てんや経営品質の向上を図ることが可能であり存立基盤を強化するからである。そのような集積が形成される条件を要約すると，以下のようになる（pp.214-217）。

①経済的に合理的な産業連関性（技術的有機的連関関係）が成立していることである。各主体となる企業は保有している経営資源をできるだけ合理的に活用できる関係にあり，企業が一体となった価値連鎖の連関性が重要である。事業化を志向するビジネスモデルの決定が必要となる。

②経済主体間にソーシャル・キャピタルが形成されていることである（信頼関係が成立している）。さらに同一のベクトルに向くことで相乗効果が期待できる。企業間連携に参加する経営者は，一連の活動に積極的に取り組むことによって信頼が培われ，連携の円滑な事業運営や収益の創造に貢献することになる。

③地域貢献としての地域活性化につながる地域内再投資が成立していることである。それは，地域内再投資は地域における企業間活動の深化をつうじて地域内産業連関を構築するからである。

第8章では，事業創造型中小企業の存立について検討している。まず，佐竹（2003; 2004）も参照しながら中小企業とベンチャーの類型化を概観しておこ

116

図表6-1　中小企業形態の類型化

規模別(量的)	非規模別 (質的)				
	企業形態の諸類型			ベンチャーの諸類型	
零細型	地場企業	地域企業	ベ	ベンチャー ビジネス	ベンチャー型 中小企業
中小型	下請企業		ン チ		
中　型	中堅企業		ャ		
大　型	大　企　業		ー	社内ベンチャー	

出所：佐竹（2004）p.3

う。佐竹（2004）では，「基本的に『中小企業』とは，大企業に比べて相対的に規模の小さな企業の総称を意味する。しかし，『中小企業』という概念が総称であるがゆえ，『中小企業』として説明される企業群の内実は極めて多種多様である。このような多種多様な企業群で構成される中小企業の存立形態のことを中小企業の異質多元性と呼ぶ」（p.2）とする。日本で中小企業を区分するさいに中小企業基本法で定められた量的基準（quantitative standards）を用いることが多い（ただし，法人税率のように異なる基準もある）が，それだけでは十分ではないことを意味している。そこで，佐竹（2004）は，規模別だけなく，質的基準（qualitative standards）である非規模別の次元を付け加えた2次元で類型化を試みている。さらに非規模層を「企業形態の諸類型」と「ベンチャーの諸類型」で区分している（図表6-1）。ベンチャーの諸類型として「ベンチャービジネス」と「ベンチャー型中小企業」，「社内ベンチャー」の3タイプを抽出している。ここで「ベンチャー」とはベンチャー的戦略行動をとる企業のことであり，具体的には「みずからその市場を開拓し，新規の顧客ないし販売先を確保し，イノベーションを創出させていくような革新的な企業行動」（p.22）のことである。「ベンチャー型中小企業」とは，経営革新により第二創業を達成するような企業家精神の旺盛な中小企業を典型例として想定しており，このタイプの企業の育成支援が地域政策上もっとも重要であることを強調する（p.45）。

　さらに，佐竹（2003）では，「経済的合理性」（競争環境の整備）と「公共

の利益」（新産業・新事業の創出）という2つの観点を踏まえて2次元のマトリクスを提示し、ベンチャー的戦略行動をとる企業の位置づけを示している（図表6-2）。それは、①アメリカ経済においてその傾向がみられる起業型の「独立型ベンチャー」（形態Ⅰ）、②既存中小企業の経営革新による第二創業型の「ベンチャー型中小企業」（形態Ⅱ）、③既存大企業などの社内組織における企業革新型の社内ベンチャーである「大企業による社内ベンチャー」（形態Ⅲ）の3つのタイプである（「独立型ベンチャー」は、図表6-1の「ベンチャービジネス」と同義であると思われる）。

　佐竹（2008）においても、「経済的合理性」と「公共の利益」を併せもつ可能性が高いのが「ベンチャー型中小企業」であり、かつ経営資源・経営形態・経営戦略の視点から検討すると多くの可能性を保有しているとする（p.257）。具体的には、「戦略行動をとり、かつ地域活性化の柱となりうるベンチャーとは独立型ベンチャーではなく、地域の経営資源に立脚して存立しているベンチャー型中小企業である」と政策的にも支援が必要であることを強調している。その支援の方向性として、「コアコンピタンス形成のための経営資源の確保と経営資源獲得のための企業間連携・産業クラスターの形成によるコラボレーションの推進だろう」（p.249）と提起する。

2-2.　企業成長要因と社会関係資本

　社会関係資本[2]とは、宮川・大守（2005）では「広く、人々がつくる社会的ネットワーク、そしてそのようなネットワークで生まれる共有された規範、価値、理解と信頼を含むものであり、そのネットワークに属する人々の間の協力を推進し、共通の目的と相互の利益を実現するために貢献するもの」と定義している（p.Ⅲ）。また、人間の作るハードな資本に対して、信頼、規範、ネットワークといったようなソフトな関係資産をさしており、とくに、信頼がベー

---

(2) Social Capital は「社会資本」もしくは「社会関係資本」と訳される場合があるが、本章では後者の訳を用いる。

図表6-2　現代中小企業の存立概念

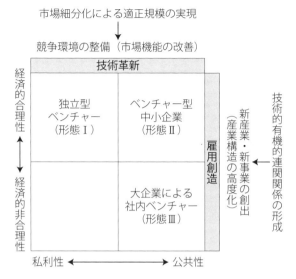

出所：佐竹（2003）p.153

スとなる，と指摘する。人（もしくは組織）がつながっているネットワークによって創出されるものが関係資本である[3]。

　また，山田（2005）では，開業者のパートナーシップについて分析しており，ネットワークの重要性を指摘している。いくつかのネットワークの議論を踏まえ，「開業するさいに内外により広くて深いパートナーシップを取り結ぶチームが人の結びつきが紡ぎだす価値，社会関係資本（Social Capital）をベンチャーにもたらし，成功率が高まるという可能性を推察することができる」（p.49）と指摘する。

　次に，企業成長にかんする海外の古典的研究をみておこう。Storey（1994）では独立系中小企業（small independent firm）の成長率に重要な影響をおよ

（3）人（もしくは組織）の「つながり」を総称してソーシャルネットワーク（社会的ネットワーク）と呼ぶ。

ぼすカギとなる要因は3つ存在し，それは企業家たちの経歴と資源のアクセス，企業自体，そして営業が開始された後の戦略的意思決定であると指摘する（p.113）。また，新規開業時期の意思決定において，各人は，勤務経験，動機，パーソナリティ，家庭環境，社会的「規範」，そしてステータス（地位）など，さまざまな要因によって影響を受ける（p.60），とも指摘する。さらに，「若く，小さな企業にとって，開業後に企業によって採用される戦略は初期のパフォーマンスにわずかな影響しか及ぼさないようであり，代わりに開業前と開業時の要因が大きな影響を持つようである」（Storey, 1994, 邦訳書（2004）p.22, 日本語版への序文）と指摘する。

　他方，日本の研究として，太田（2008）では，創業が1911年（会社設立は1935年）の山本光学を対象にケース分析をしている。同社は，大阪市中央区でレンズ加工業者から出発し，「SWANS」ブランドで世界有数のブランドメーカーに躍進し，国内ではスポーツ用ゴーグル市場の半数以上のシェアを占める企業である。同ケースでは創業時から売上高が62億円にいたるまでの80年間ほどの成長プロセスを分析し，いくつかの含意を導出している。そのおもなものとしては，伊丹（1984），加護野・伊丹（1989），野中（1990）の研究では大企業の組織変革には「オーバー・エクステンション」や「ゆらぎ」が必要であることを指摘したが，中小企業の成長においても「不均衡」な状態を創造することが重要になることを明らかにした。また，時代を見据えたドメインの再構築（第二創業）とマーケティング志向の体制づくりの必要性など，企業家精神と企業マネジメントの役割と効果について究明している。さらに重要な点として，これらの実践には，東大阪という産業集積の存在が大きな影響を与えていることを明らかにしている。「当時，米国には射出成形機という技術とこのサングラスを作る技術はありました。しかし，日本にはありませんでした。でも私は何とかこの眼鏡を作りたかったのです。地域の周辺企業（東大阪周辺）には，必ずや作ってくれるところがあると信じていました」（当時：山本健治会長）と同社の会長が述懐するように，地域に厚く集積した専門業者の存在と彼らに対する信頼が，新しい技術の創造と生産技術の開発につながったものと

いえる。Storey（1994）は「資源のアクセス」や「社会的規範」が成長（少なくとも中規模まで）にとって重要な要因であると指摘したが，山本光学のケースも，成長にとっての社会関係資本の重要性を示唆するものである。

2-3.　社会関係資本とネットワーク理論

　上記では，社会関係資本に焦点を当てその存在と重要性について検討してきた。そこでは，産業集積という多くの企業が歴史的に立地する地域にも，企業が意図的に構築した企業間連携にも，社会関係資本が創出される可能性のあることが示唆された。

　それは，人（もしくは組織）の「つながり」である「ソーシャルネットワーク（social network）」では，その関係性のなかで，一般的な経営資源とは異なる社会関係資本が創出されるからである。その資本の創出は，経済学的な市場取引の世界では想定されていないものであるが，現実の社会ではその恩恵を享受していることが多い。たとえば，産業集積内で発展した「仲間型取引」がその典型例である。お互いが信用し信頼関係が醸成できているからこそ，契約書を交わさなくても，いろいろな仕事を長期継続的に融通しあえる。その信頼が礎となり，さらに増幅した資本が創出され，ネットワーク参加者に濃密な情報や果実が共有されるようになる。

　しかし，社会関係資本を創出するといっても，ネットワークの大きさや質によって生み出されるものが異なる。ここで，ネットワークのタイプと特性について確認しておこう。

　Granovetter（1985; 2017）は，人脈による「紐帯（つながり）」に着目し，経済学が想定する市場での取引（以下，経済学的市場取引）と，親企業・下請企業関係という制度的関係で取引される組織的取引（以下，組織的取引）の間に，人脈の「つながり」による取引関係が存在すると主張する。それが，「埋め込まれた紐帯」と呼ばれるもので，相互依存と信頼によって成立している取引関係である。この「埋め込み理論（エンベッドネス理論）」によると，このような紐帯が存在すると，お互いが過去の経験から理解しあっているので，合

121

理性よりもヒューリスティックな意思決定（経験やその場での瞬間的な判断）のメカニズムが働きやすくなり，直感的に意思決定が容易になると指摘される（入山, 2020:443-444）。また，「弱い紐帯」と「強い紐帯」のネットワークを比較した場合，「弱い紐帯」の方が，多様な情報が遠くまで伝播されるので，強さがあり，イノベーションに結びつくような情報を獲得しやすいといわれる。他方，Nahapiet and Ghoshal（1998）やTsai and Ghoshal（1998）でも，ネットワークには「ブリッジング（bridging：接合型）」と「ボンディング（bonding：結合型）」の2タイプがあることを指摘する。「ブリッジング」は「弱い紐帯」なので，多様な情報が遠くから入手しやすい反面，私的情報や暗黙知が移転されにくいとされる。反対に「ボンディング」は「強い紐帯」なので，閉じたネットワークになり易い。そのため，信頼や行動規範が醸成されやすい反面，相互監視や制裁のメカニズムが働きやすい。宮川（2005）では，前者は非排除的・浸透的で異質集団の間の結びつきの橋渡しをするのに対し，後者は同質的なメンバーの集まりで外部を排除するような性格のものである，と指摘する（p.43）。

　以上から，ソーシャルネットワークは，「埋め込まれた紐帯」の関係を形成し，社会関係資本を創出することになる。これは，経済学的市場取引にも組織的取引にも存しない唯一の特徴である。また「ボンディング」は強い紐帯であるがゆえに，閉じた関係のなかで豊富な社会関係資本を創出することになる。しかし，「ブリッジング」のように開かれた関係ではないので，異質な出会いによるイノベーションの創出は期待し難いことになる。この特性を踏まえて次の議論に移ろう。

2-4.　産業集積と人為的ネットワーク

　ここでは，ネットワーク理論を参照しながら，産業集積と人為的ネットワークから創出される社会関係資本の特徴や性質について分析し，人為的ネットワークに必要とされる設計思想について検討しておく。

　産業集積とは，「ある特定の地域内で『仲間取引』を基盤とした社会的分業

を形成することで，ある特定の産業にかんする情報やノウハウを蓄積し，それらが複数の企業間で共有しうる一定の地域に集中している現象を指している」（佐竹，2007:183）とされる。そこには，経済的メリットなど集積のメリットが働く。さらに，ネットワークとしての関係性が成立していれば，社会関係資本が創出されることになる。

　その集積には，仲間取引を始め多様な取引が無数に「つながり」あいながら，歴史的な変遷を得て，集積に制度や慣習が形成され社会関係資本が蓄積されているものと考えられる。

　しかし，昨今のグローバル取引や過度の価格競争などが産業集積内の関係性を変質させている。そうなると，従来の仲間取引などが縮減し，集積のメリットだけでなく，集積内の関係性の変容から社会関係資本も毀損している可能性も十分に考えられる。

　したがって，産業集積のタイプ（産地型集積，都市型集積，企業城下町型集積など）にもよるが，自然発生的な集積ほど，その影響は大きいものと思われる。

　他方，人為的に計画的に組成されたソーシャルネットワークも存在する。池田（2020）では，中小企業ネットワークを「自発的（狭義の）中小企業ネットワーク」，「異業種交流組織」，「農商工連携」，「事業協同組合」，「下請組織」，「フランチャイズ」の6タイプに分類し，それぞれのネットワークの特徴（紐帯の強さなど）について整理している（p.42）。そして，新たな中小企業ネットワークとして注目する「自発的中小企業ネットワーク」は，「契約は交わされておらず，その意味では『ゆるい連結』である」としながらも，「相互の信頼関係で築かれたメンバーから成り立っており，親兄弟にも語れない内容をも相談しあえる強い紐帯で結ばれている」（pp.48-49）と分析する。

　社会関係資本を創出するネットワークは，「埋め込まれた紐帯」と呼ばれる相互依存と信頼で，人々（組織）が「つながり」あっていることが前提条件（経済学的市場取引や組織的取引ではない関係）なので，前述のとおり，紐帯の強さは，ネットワークのタイプにより異なるが「自発的中小企業ネット

123

ワーク」がその関係にもっとも近いネットワークということになる。

しかし，池田（2020）は，「自発的中小企業ネットワーク」の特徴は，「ゆるい連結」だが，紐帯は強いと分析している。ネットワーク理論によると，強い紐帯（bonding）と弱い紐帯（bridging）とは異なったネットワークの性質をもち，とくに強い紐帯は親兄弟にも似た強い関係性を保持することもある。しかし，閉じた関係になり易く，イノベーションにとって大切な異種・多様な知を取り込みにくい。

池田（2020）では明示していないが，このネットワークが優位性を維持し発展してきた背景には，「強い紐帯」の長所を活かしつつ，ネットワーク外の知を察知し取り込むことのできる「bridging」を可能とする仕組が組込まれているものと推測される。

2-5. まとめ

以上，ソーシャルネットワーク理論から産業集積と人為的ネットワークを分析してきたが，産業集積で創出されている社会関係資本は，自然発生的にかつ歴史的に形成されたがゆえに，その集積地での制度や慣習と一体化され，かつ，経路依存性があることから，簡単にコントロールすることができない。

他方，人為的ネットワークについては，人為的であるがゆえに「強い紐帯」になり易く，計画的であるがゆえに組織的取引になり易い。このことは，「埋め込まれた紐帯」としてのネットワークの特徴を活かしきれないというジレンマに陥ることにもなる。

社会関係資本を創出するネットワークを設計するには，このようなジレンマを相克しなければならない。

佐竹（2008）では，ベンチャー型中小企業育成のための政策支援の方向性として「コアコンピタンス形成のための経営資源の確保と経営資源獲得のための企業間連携・産業クラスターの形成によるコラボレーションの推進」(p.249)を提起した。その実現のためには，上記のジレンマを解決する必要がある。次にタビオのケース分析から，これらの問題について論考を深めていこう。

3．タビオのケース分析

　ケースとして取り上げる人物は，タビオ株式会社（旧名：株式会社ダン）の
越智直正会長である[4]。「靴下屋」（商標登録）という靴下の専門店の業態を確
立させ，2000年10月に大阪第二部株式市場に上場させた企業家である。創業
期から上場にいたるまでのプロセスについてケース分析する（2006年9月1日
に「株式会社ダン」から「タビオ株式会社」に社名変更される。本章では支障
のない限り「タビオ」を用いる）。

　以下では，おもに企業家精神の発露や社会関係資本との関係などに焦点を当
て，企業成長のダイナミクスについて分析を進める。佐藤（2017）の研究の
ように直正氏のライフ・ストーリー全体を視野に入れながら長期的かつ客観的
に時間軸に沿った方法で分析を試みる[5]。

3-1．タビオの企業概要

　国内繊維産業は輸入製品の急増で大きなダメージを受けている。靴下業界も
同様で，靴下の消費量が減少するなかで中国を中心とする海外からの輸入量が
急増している。現在も靴下業界を取り巻く日本企業の環境は一段と厳しさを増
しているが，タビオがビジネスシステム[6]を構築した当時の1989年当時を振
り返ってみると，約1,200社あった生産業者は600社程度に半減し，国内の靴

---

(4) 本章の執筆にさいし，越智（2016），太田（2008），中小企業基盤整備機構（2007），
　　有価証券報告書，タビオHPなどを参照している。なお，越智勝寛社長には，この10
　　年間ほど大阪経済大学大学院の特別授業にご出講いただいているが，今回，企業研修
　　用のケース作成（中小企業基盤整備機構に登録）のために，あらためてインタビュー
　　を6回ほど実施した。本章はケース内容も参考にしながら新たに論考したものである。
(5) 佐藤（2017）が指摘するその方法の優位性（コンテクストとの関わりで解釈する
　　ことが可能になることなど）だけでなく，とくに経営のイノベーションを評価するに
　　は，長期的視点で観察することが大切であると考えるからである。
(6) ビジネスモデルとよく似た用語にビジネスシステムがあるが，学術的には相違が
　　ある。ビジネスシステムの定義については加護野（1993），ビジネスモデルについて
　　は国領（1998）を参照のこと。したがって本章ではあえて，タビオの仕組を「タビ
　　オ・モデル」ではなく「タビオ・システム」と呼ぶことにする。

下生産量も10年間で約40％減少し，輸入品が約7割を占めている状況であった。

　この業界の環境下で，国内生産にこだわりユニークでレジリエンスの高い仕組（以下，タビオ・システム）を構築し，売上高と利益を着実に伸ばしてきた企業がタビオである（図表6-3参照）。当時，ハーバード大学ビジネススクールも在庫と欠品をなくすこのユニークなタビオ・システムに高い関心を示し，「日本の新しい競争力」として事例研究が進められていた（日本経済新聞2002.4.13）。

　現在の売上高は，157億2,283万円，資本金は4億1,479万円，正社員の数は290名。それ以外の準社員や契約社員を含むと従業員総数は935名である（連結ベース。2020年2月現在）。国内店舗数は北海道から沖縄まで268店を展開し，直営店舗は176店，フランチャイズ店舗は92店ある。国内シェアは3.6％（タビオ推計）である。海外には5店舗を展開している（2020年2月現在）。

3-2．ダンソックスの創業

　創業者の直正氏は，1968年3月に靴下専門卸問屋「ダンソックス」を創業資金13万円で，同僚2人と大阪で創業した。

　直正氏は中学卒業後，1955年に大阪・鶴橋にある靴下卸K社に入社し奉公生活を始めることになる。そこでは，靴下の知識だけでなく大阪商人としての基礎である「始末，才覚，算用」を徹底的に学ぶことになる[7]。しかし，小さな誤解から部下2人を連れて会社を辞めざるをえなくなった。そこでダンソックスを起業することになるが，「自分1人ならほかの仕事も考えましたが，部下2人を路頭に迷わせるわけにいかなかった。当時の手持ち資金は13万円であった。始められる仕事は，土地勘のある靴下の卸だけでした」と述懐す

---

(7) 『日本経済新聞（大阪夕刊）』（2019年8月28日）

図表6-3　タビオの業績推移

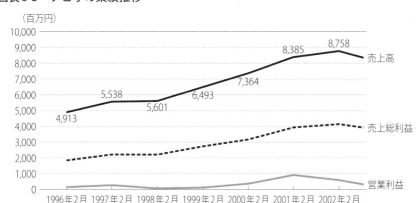

出所：各年の有価証券取引書などを参照して筆者作成

る[8]。旧知の取引先の工場を廻り取引をお願いするのだが，信用もなく元の勤務先との関係もあり商品を卸してくれる工場は1つもなかった。そこで，120日サイトの支払手形が一般的であった当時，取引先を確保するために「20日締めの月末現金払い」という破格の支払条件を提示し，なんとか取引してくれる工場を見つけることになる。しかし，工場で買い集めた靴下は，経費を精一杯切りつめても，ほとんど利益は出ていなかった。

　そこで，部下らと日夜にわたり話し合いを続けた結果，自分たちで企画した商品を販売することになり，企画した商品を製造してもらうことにした。製造するにさいし糸代を前払いしなければならない。また，アパレルのビジネスでは，発注から納品，そして販売，店頭からの売上金回収という長いサイクルにおいては，在庫ロス，機会損失，在庫積み増しによる運転資金増大といった大きな資金需要が発生する。取引の拡大につれ資金繰りが苦しくなり，5年後には年商に相当する7,000万円までに借金が膨んだ。その時には死を覚悟するほ

(8)『日経ベンチャー』（2008年7月）

ど悩んだという[9]。しかし，相談に行った知り合いの経営者が発した「お前は
やり手やな」の一言が直正氏を目覚めさせる。1977年に靴下の企画卸売会社
「ダン」を設立することになる。

3-3. 成長のための大きな障壁

　成長段階に踏み出すには2つの大きな壁を超えなければならなかった。1つ
目は企画と営業のできる人材の確保である。2つ目は委託生産した靴下を販売
してくれる小売店の開拓である。人材確保については直正氏がこれはという人
をゆっくりと口説き落とすことにした。問題は販路である。企画した商品が，
2点3点と増えていくが，当時の靴下1点の最小生産ロットは3,000足なので，
その量を売り切ることが必要であった。当時の得意先の小型量販店や雑貨店だ
けでは到底こなせる数量ではなかった。また，ブランド力を高めるには有名な
大手小売店と取引していることが有利であることも経験的に知っていた。しか
し，ダンのような零細で後発組の企業などを大手小売店が相手にしてくれない
ことも重々わかっていた。

　そこで，1店だけでも少量だけでも取引口座を獲得するために一点突破の戦
略を思いつき，業界トップの大手婦人服専門チェーン2社に焦点を絞り粘り強
い営業を続けた。少量であるが業界トップの1つである「玉屋」との取引に成
功する。売れ行きがよく，「三愛」や「鈴屋」といった有名婦人専門店との取
引が次々と拡大していくことになる。婦人物の靴下に特化した理由は，かつて
共同企画で協力関係にあった紳士物を扱う経営者仲間と競争したくなかったこ
と，そして大手が婦人物市場に参入していなかったからである。

3-4. 靴下専門店「靴下屋」の誕生

　大手婦人服専門チェーンの業容拡大の波に乗り，取引店舗数も1980年代初
めには1,374社に拡大する。しかし，そのことが直正氏を悩ますことになる。

---

(9) 『日経トップリーダー』（2020年3月）

取引先である大手小売店の成長スピードが速すぎて人材確保が追いつかず，靴下売場には正社員ではなく商品知識の乏しいパートかアルバイトに取って替わられていく。当時，靴下専門店はどこにも存在せず，靴下は売場の片隅にその他の関連商品として陳列されているにすぎなかった。そのため専門の担当者はほとんどおらず，顧客に合った商品提案を望むことすら難しい状況にあった。

　そんな折，三愛がディベロッパーに方向転換するのにともない，三宮店（神戸市）の1坪の売場をダンの直営でやってほしいと頼まれる。「最高の靴下を販売するには，高い販売能力と商品知識を持った最高の専門店でなければ」と痛感していた直正氏にとっては靴下専門店を三宮に出店することは渡りに船であった。しかし，社内に販売経験のある社員はおらず，アルバイト社員を教育することになる。開店までの毎日，販売員を連れて工場を走り回り徹底的に靴下の勉強をさせた。1982年に神戸・三宮に直営1号店が開店する。当時，商標で使用していた「ダン・エコー」という店名にする。従業員教育を徹底したことも効を奏し三宮店は繁盛し，取引店舗数は拡大していく。「もしかしたら本当に靴下の専門店でやっていけるかもしれない」（直正氏）との思いを強くしたという。

　直営店の順調な展開が「今までは付属品だった靴下に，市民権を与えるのだ」と社内を勢いづかせていた。ちょうどその頃，1984年11月に「靴下屋」という店名でFC1号店を久留米にオープンさせることになる。世界で初めて靴下の専門店業態が成立した瞬間である。順調に店舗は拡大していくが，一般名称である「靴下」を用いた「靴下屋」という商標登録が認められたのは，100店舗ぐらい展開した時期である（1988年2月に登録出願し1990年7月設定登録）。

3-5.「売れるものを売れるだけ作る」ための管理方法の模索

　資金繰りで四苦八苦していたころ，直正氏は財務担当の今井正孝氏に「私は今まで借金のやり手やったが，これからは返済のやり手になろうと思う。なんぞいい方法はないだろうか」と相談を持ち掛けた。すると即座に「売れる物を

売れるだけ作れ。売れない物を作るな。そして儲けた中で経費を使え。残ったのが利益だ」との返事があった。当時の靴下業界の常識からすると無茶なことも百も承知だったが，なぜか目から鱗が落ちた。

その頃，店頭管理に悩んでいたが，本屋に行ったときに閃いたのが「カードシステム」である。本に挟まれたカード（スリップ）と同様に，靴下1足1足に管理カード（品番とカラー番号が記載されたもの）を付けて，それを販売時にレジで外しそのカードを週に1回送ってもらうという方式である。「小物雑貨究極の管理法」として業界でも有名になり，新規顧客が拡大した。しかし，この方法も行き詰まった。北海道から沖縄まで全国の取引先約1,400店舗から収集されるカードを集計し分析するのに多大な人手がかかっていた。ちょうどその頃，日本の企業にコンピュータ導入の機運が高まっていた。

3-6. イノベーションへの挑戦—理想のSCMの追求

「カードシステム」のような管理方法は，当時，画期的な管理システムであった。当時の靴下業界での発注方式は，春に秋・冬物を，秋に翌年の春・夏物をというように数か月先の需要を見込んで注文するのが一般的であった。大企業で普及しつつあったコンピュータシステムの導入を決断したが，直正氏がシステムにつねに求めていたこと，それは「売場に何枚在庫があるか。それぞれの品番の色ごとに，どれだけあるか」「それがどう売れているのか」，さらに「それに対してどうフォローするのか」である。その実現には，大量のデータを短期間で処理する必要があり，販売管理システムだけでなく生産管理システムを構築し，しかもシステム同士の同期化が必要となる。まさに「お店の隣に工場がある」ような仕組を求めていた。

このシステムをコンピュータ化するためには，当時，2つの選択肢があった。1つ目はそれまでアナログでおこなっていた複雑なシステムを織り込んだ仕組を作る方法，2つ目は，新たな考え方によるシステムを構築する方法である。社内で議論を重ねた結果，2つ目を選択し新たな仕組を作ることにした。

そこでまず，生産管理システムの整備に先んじて川下にPOSをいれるべき

であると考えた。売れたものがわからないでなぜ何を作るのかがわかるのか，小売店中心，すなわち顧客中心であることが直正氏の考え方であった。また，小売店をフランチャイズ化して小売店の店舗にPOS端末を入れた。導入に反対する小売店も多かったが，運が味方をしたのか，消費税が3％課税されることになりレジの切替えとともにPOSの導入が進んだ。1988年には全店にNEC製のPOSが導入される。フランチャイズの新店舗の出店にはPOSを導入することが契約の条件となった。本社には汎用機を入れた。このため，素材，色，品番，顧客層がわかるようになった。それまで，販売カードを集めてどれだけ売れたかを電話で伝えていた時とは比べ物にならないほどの，シンプルさと，使い勝手の良さであった。

　また，従来のように企画を始めてから商品が小売店に着くまで，1〜2ヶ月ほどの期間を必要としたが，納期が短縮され，企画と素材の手配の期間を除けば小売店には原則1〜2日で納品されるようになった（最初から生産した場合の最短のリードタイムで1.5日程度）。しかし，1990年当時，ニッター（靴下の生産者）にオフコンを入れてもらうのには苦労した。価格が高いこともあり，二の足を踏んでいた。後述する共栄会（協同組合靴下屋共栄会）のニッター7社にはオフコンをいれることを組合員資格の条件にした。

3-7.　競争力強化への取組み―タビオ・システムの構築

　同社と小売店，ニッターがネットワークでつながり，靴下屋も急成長を遂げていく。また，「不況産業といわれる靴下業界に，我々の手で桃源郷をつくろう。そして業界の灯火になろう」と，産地に流通・検査・試作センターという生産の司令塔を構築するために，ニッターとともに1992年4月に協同組合靴下屋共栄会（協同組合はニッター7社とダンで構成）を設立した。翌年の1993年11月にCSM（コスモ）棟が完成し，業界屈指の検査機器を備えた研究開発室の開設により靴下の品質管理体制が飛躍的に向上する。

　ニッターの工場からほぼ15分の距離にある物流センターでは，1足単位で発注される靴下が全国に配送されることになる（当時の靴下業界ではデカ単位

（10足）で発注）。このようにして競争力のあるタビオ・システムの原型が出来上がっていく。

　当時を振りかえり，「それぞれニッターの得意分野に特化した製品づくりを極めていくことが共栄会全体の競争力につながると，越智直正社長はよく話をされていました。年商が1億円にも満たない時代にオフコンなどを含めて3,000万から4,000万円の投資をしました。尻ごみをしたニッターさんもおられました。越智会長を信じて投資したことが今の成長につながっています」（メイン・ニッターS社の社長）と共栄会の主力メンバーは述懐する。

3-8.　信頼をベースとした企業間の協働—ビジネスシステムの原点

　「お店の隣に工場がある」ようなシステムを構築するには，ファッション商品特有の目まぐるしく変化するトレンドに追随した生産・流通の仕組が必要である。それも，在庫のムダをなくすためには，全国100店舗以上に向けて必要な時に必要な商品を少量で生産・納品する態勢が必要である。

　当時，タビオが生産を依頼していたニッターは，共栄会の組合員7社と協力会社である賛助会員30数社であった。組合員の企業規模は，大きいところで従業員38人程度，小さいところでは8人程度である。組合員は，タビオの仕事に専念している[10]。

　共栄会のニッター7社は，タビオからの発注ではなく，全店のPOSから配信される販売データをもとに自主的に生産数を決めて物流センターに納品している。ニッターや小売店ともに在庫のムダが削減されることになるが，ニッターは，とくに秋から冬にかけては20時間から24時間稼動とフル操業することも時にはある。

---

[10]　2007年に「協同組合靴下屋共栄会」は解散され，新たに「タビオ奈良株式会社」（タビオ100%出資の子会社）が設立される。共栄会が実施していた物流センター業務や検査業務を引き継いでいる。また，組合員であった7社のニッターとの関係は従前と同じで，タビオの中核ニッターとしての役割を果たしている（「メイン・ニッター」と呼ぶ）。組合組織から株式会社に変更することにより，大きな設備投資が柔軟におこないやすくなったとのことである。

　直正氏はニッターの集まる奈良へと住居を移し，時間のある限り組合員と意見交換をしながら靴下産業の将来についてよく語り合った。土曜日に会長宅に集まり夜通し勉強会が続くこともしばしばあった。経営者だけでなくその息子も一緒に参加する企業もあった。技術だけでなく経営や後継者の相談にも話が及ぶことが多く，家族のようなコミュニケーションを大切にしている。また，小売店の店長や販売員がニッターの工場を訪問して靴下づくりを学ぶなど，売り手と作り手のコミュニケーションにも気を配っていた。

　直正氏は，「このシステムを支えるのは，寝ても覚めても店頭と呼吸をひとつに合わせ，お客様のご要望にお応えできるよう努力している関係会社の『サムライ』たちです。タビオネットワークシステムが現在の形にたどり着けたのは，グループ同士の信頼関係を長年にわたって醸成してきた結果です」と語る[11]。さらに「欲に目がくらんだりする限りは『最高の靴下を最適な価格でお届けする』という理想は達成できないと繰り返し説いてきました。いくらコンピュータシステムが立派でも，道具にすぎません」と語る（越智, 2016:179）。

　前出の社長は「ニッターは問屋に売って終わりではなく，小売店で売れて初めて売れたということになる，問屋に出荷して売れたと勘違いしていたらあかん，ということを勉強会で学びました。また，越智会長から『日本一の商品を作れ。品質，価格，量ともに日本一を目指そう』と言われました」（メイン・ニッターS社の社長）と当時を振り返る。

　また，2000年過ぎからタビオと取引を始めた大手のサブ・ニッターは「今までも有名アパレル企業と取引をしていたが，タビオさんと取引をしてみて靴下づくりの思想の違いにカルチャーショックを受けた」と話す（サブ・ニッターSM社の社長）。「タビオさんからは糸を最大限活用する編み方が求められる。糸と製品のマッチングが重視されている。1点ものを作る感じである」とタビオのものづくりのこだわりの一端を説明してくれた。

　また，越智会長の勉強会に最年少で参加していたS社の子息は，「越智会長

---

(11)　タビオHP。

に商品サンプルを持って説明に行く前の晩は，緊張して寝られないことが何回もあった。それぐらい靴下づくりに厳しい方ですが，仕事をつうじて私に人生観を教えてくれた人です。ご恩があるので，仮に1か月半かかる仕事を1か月でやって欲しいと言われたら，全社あげて取り組みます」（メイン・ニッターS社の後継者）と直正氏への思いを語る。

3-9. 現在のタビオ・システム

　現在のタビオ・システムについてみておこう。全国に「靴下屋」，「Tabio」，「タビオ・メン」というストア・ブランドで靴下専門店を展開しているが，それ以外にもギンザシックスなど高級店でも高級靴下を販売している。およそ268店に靴下を供給している。その商品を供給するニッターは50社程度あり，九州，四国，北陸，関東と点在している。すべてタビオ向けの靴下を生産するメイン・ニッターは10社ほどで，奈良に立地する売上高が8,000万円から6億円ぐらいの中小規模の生産者が多い。ほとんどのニッターは創業期からタビオと取引しており，2代目・3代目の後継者にバトンタッチしているところが大半である。職人の確保については，タビオ・ブランドの知名度向上やものづくりしたい若者の増加のおかげでニッターはそれほど苦労していない。メイン・ニッターは，パソコンをとおして，全小売店での販売データを，ほとんどリアルタイムにSKUでみることができる。また，物流センターの在庫量もみることができる。店頭での機会損失をなくすために，小売店の店頭在庫，売上状況，物流センター在庫，そして自社工場在庫を見比べ過去の経験も加味しながら，事前に生産量を決めて生産し自主的に物流センターに納品する。ここに，ニッターの市場を読む洞察力やデータ分析力が問われることになり，日々の取引のなかでその能力が研鑽されていくことになる。また，物流センターの納品時に他社のリアルな製品在庫を現場で確認し大まかなトレンドを知ることにもつながる。タビオはメイン・ニッターには原則的に事前の発注はしないが，物流センターに自主納品した商品は，原則的にタビオが買いとる。また，納品価格は原則的にニッターが決定する。それは「商売で大事なのは自分より相手の

利益を優先することです。僕は創業以来，仕入れを値切ったことは一度もない。経営が大変な時期もあったけれど，値切ることは絶対にしなかったし，支払期日も守り通しました。」[12] という直正氏の想いがタビオ・システムに反映されているからである。サブ・ニッターについてはタビオ以外の企業とも取引関係があり規模も大企業から中小企業と多様である。発注に関しては事前の発注をせずに自主的に物流センターに納入することになっている（初期投入商品については一定の示唆がある）。

　タビオは幾多の苦労を乗り越え，世界一になるというビジョンを達成するために2000年10月に大阪第二部株式市場に上場する。「靴下専業で上場している会社はなく，ダンが上場することによって靴下に市民権を与えることができるのではないか。『靴下屋』という業界の名前を冠に頂く店名をつけた以上，業界に対する何らかの責任を果たさなければならない。ダンを上場させれば，お得意様にも工場にも安心して頂ける」との直正氏の強い想いをもち上場を果たすことになる。

4. 本研究の意義と課題

　本章では同年に上梓した佐竹（2008）と太田（2008）を端緒として，経済学と経営学の視点から企業成長のダイナミクスについて論考を進めてきた。佐竹氏が評価する「ベンチャー型中小企業」を取り上げ，おもに企業家精神や社会関係資本，ネットワークに焦点を当て分析を試みてきた。本章を締め括るにさいしいくつかの小さな発見物について，本研究の課題とともに提起しておこう。

4-1. 創業プロセスと社会関係資本

　創業からの成長プロセスを分析すると，ソーシャルネットワークには正の機

---

(12)『日経トップリーダー』（2015年11月）

能と負の機能があることから，産業集積はいつも社会関係資本の正の効果を増幅し続けているとは限らないことである。社会関係資本がもつ正の効果については，太田（2008）での山本光学の研究からも見い出され，また山田（2005）でも「社会関係資本をベンチャーにもたらし，成功率が高まるという可能性を推察することができる」(p.49) と指摘される。佐竹（2008）でも「戦略行動をとり，かつ地域活性化の柱となりうるベンチャーとは独立型ベンチャーではなく，地域の経営資源に立脚して存立しているベンチャー型中小企業である」とし，「コアコンピタンス形成のための経営資源の確保と経営資源獲得のための企業間連携・産業クラスターの形成によるコラボレーションの推進だろう」と社会関係資本の重要性を指摘する（佐竹, 2008:249）。

Granovetter（1985; 2017）が指摘するように「埋め込まれた紐帯」の関係はネットワークメンバーに相互依存と信頼を醸成するので，ヒューリスティックな意思決定を可能にして取引コストを低減する。とくに「強い紐帯」は密な関係性を生み出すので，社会関係資本を増幅しやすい。その反面，条件によっては相互監視や制裁のメカニズムが働き，負の効果の影響をおよぼすことになる[13]。

この点について，タビオのケースから確認してみよう。

小さな誤解から会社を辞めざるをえなくなった直正氏は，部下2人を連れて当時の手持ち資金13万でビジネスを始めるのだが，「始められる仕事は，土地勘のある靴下の卸だけ」なので，旧知の取引先の工場を廻り取引のお願いする。しかし，元の勤務先との関係もあり商品を卸してくれる工場は1つもなかった。

ここで当時の奈良の靴下産地の状況をみておくと，靴下編機が米国から導入され農家を中心に靴下づくりが拡がり，良質な原料の産地でもあるので，各工

---

(13) 大守（2005）では，ソーシャル・キャピタルは歴史的な経緯に依存するという意味で「経路依存性」があり，また複数均衡解的な性格をもっているので，たとえば，悪い均衡解と良い均衡解とがあって，一度悪い均衡解に陥ってしまうと必ずしも良い均衡解に戻っていかないという性質があると指摘する (p.118)。

程の専門業者（原料，染色，縫製，刺繍など）が集積を形成した。その結果，互いに切磋琢磨するという競争環境が品質を高めたが，親会社から取引をいかに確保するかに経営の主眼が置かれ，閉鎖的な考えが根づいていたといわれる[14]。おそらく，親企業・下請企業関係という組織的取引を軸として，閉じた「強い紐帯」のネットワークが形成されていたものと推察される。そのことが，円満に退社していない直正氏に対し，旧知の取引先の工場でさえ元の勤務先との関係に配慮し取引を断わったものと推察される。破格の支払条件が取引に要求されるぐらいの強い紐帯が集積に存在していたことになり，ネットワークの負の機能である相互監視や制裁のメカニズムが働いたものと理解できる。

4-2.　産業集積の弱体化と新たな人為的ネットワーク

　産業集積はいつも社会関係資本の正の効果を増幅し続けるとは限らないことから，関係資本の正の効果を増幅するような人為的ネットワークを設計することが大切になる。

　1990年初頭のバブル崩壊を契機に，靴下業界も国内の購買額が減少する状

---

(14) 奈良の靴下産業の歴史について概観すると，以下のように整理できる。吉井泰治郎氏が「靴下製造」に着目し，アメリカから靴下編機を購入し，1910年（明治13年）に馬見村周辺の近隣農家の娘に靴下製造を教え始めたことが契機となり靴下づくりが広がった。その後，いくつかの靴下産地を凌駕し，1960年代に一番の地位を確立する。一番の産地になった理由として，原料の産地であったこと，そのことにより良い原料が入手でき，良い加工業者が集まった。その結果，原料・染色・編立・縫製・刺繍・仕上・装飾加工の各工程に多くの業者が携わり，互いに切磋琢磨するという競争環境が品質を高めた（「西垣靴下株式会社」：https://www.nishikutu.co.jp/narasan/や，マイ大阪ガス：https://services.osakagas.co.jp/portalc/contents-2/pc/tantei/1270838_38851.html。）
　また，寺前・堀川（2015）では，靴下産地の中心であった奈良・広陵町では戦後のモノ不足の時代に農業から靴下づくりが主要産業になったという。個人経営や家族経営などさまざまな形態で靴下づくりに携わる企業や人が出てきたが，親会社から取引をいかに確保するかに経営の主眼が置かれていたために，閉鎖的（一匹狼的）な考えが根付き，地元の企業同士（靴下づくりに携わる担い手同士）が協力して事業を拡大するという動きはほとんどみられなかった。靴下づくりに携わる人の多くは，川下企業から委託を受けて靴下づくりを営む形態の事業がこの地域では一般化していた，と指摘されている（p.79）。

況下で中国を始めとするアジアからの輸入量が急増し，靴下生産量も半分以下にまで落ち込み，国内製造業者数は大きく減少している。それにともない，廃業する靴下関連企業が多く，産地としての存立基盤が弱体化している[15]。その頃に，構築されたのがタビオ・システムである。フランチャイズ化した小売店にPOS端末を導入することから始まり，次いでニッターにもオフコンの導入が図られた。もちろん両者から大きな反対があったが，最終的には「年商が1億円にも満たない時代にオフコンなどを含めて3,000万から4,000万円の投資をしました。（略）越智会長を信じて投資したことが今の成長につながっています」（メイン・ニッターS社の社長）と述懐するように，直正氏を信じて冒険ともいえる大きな投資が実行されている。直正氏は，「このシステムを支えるのは，寝ても覚めても店頭と呼吸をひとつに合わせ，お客様のご要望にお応えできるよう努力している関係会社の『サムライ』たちです。タビオネットワークシステムが現在の形にたどり着けたのは，グループ同士の信頼関係を長年にわたって醸成してきた結果です」と語る。

　実際，直正氏はニッターの集まる奈良へと住居を移し，時間のある限り意見交換をしながら靴下産業についてよく語り合った。経営者だけでなくその息子が一緒に参加する企業もあり，ほとんどのメイン・ニッターは創業当時からタビオと取引をしており後継者に引き継がれているところが大半である。

　ここにタビオ・システムの優れている点を見い出すことができる。なぜ，このようなシステムを構築することが可能になったのか，2点に要約して指摘しておこう。

　①タビオ・システムの構築の前に，靴下の産地（集積）で長年ビジネスをするニッターとともに，産地崩壊の危機感を共有しながら，新たな人為的ネットワークづくりが進められている。産地としての関係資本が毀損されつつあるなかで，そのネットワークづくりは「埋め込まれた紐帯」の関係づくりから始められ，相互依存と信頼という関係資本が十分に形成されていたことがあげられ

---

(15) 靴下業界，とくに奈良の産地の分析については，寺前・堀川（2015）が詳しい。

る。

　②集積には，ネットワークの負の機能である相互監視や制裁のメカニズムが
働くことは前述した。タビオ・システム構築の時には，そのメカニズムが働い
たのであろうか。

　当時は，発注元の親企業は中国などアジアからの仕入れにシフトしているの
で，組織的取引関係は崩れ，廃業者の増加から産地としての存立基盤が弱体化
していた。しかし集積に埋め込まれた関係資本は経路依存的なので，相互監視
や制裁のメカニズムが遺構的に少なからず残っていたものと思われる。それを
克服できたのは，直正氏の社会的な使命感と強い信念（「靴下に市民権を与え
る」や「業界の灯になろう」など）から生じる企業家精神と，メイン・ニッ
ターとの間に醸成されている関係資本が大きく貢献したものと考えられる。

4-3.　タビオ・システムの設計思想

　人為的ネットワークを設計するさい，社会関係資本の正の効果を増幅するよ
うな仕組を工夫しなければならない。しかし人為的システムは，人為的である
がゆえに「強い紐帯」になり易く，計画的であるがゆえに組織的取引になり易
いことは前述した。このようなジレンマを相克するシステムをどのように構築
すればよいのか，この点が中小企業にとっても大きな戦略的課題である。

　直正氏は「最初に経営者の理想があって，次に理想を到達できる組織を作っ
てね，最後にシステムですよ。システムが先ではない。（中略）要するに，シ
ステムの"人間"という部分をみんなが忘れてしまっている」と語る。タビオ・
システムは，コンピュータネットワークからの経済的利益を享受することだけ
を目的にしているのではなく，ソーシャルネットワークを形成し社会関係資本
の正の効果を増幅するような仕組を志向している。

　その設計思想とシステムの工夫について，2つの視点から分析しておこう。

　1つは，計画的であるがゆえに組織的取引になり易い点を回避するための工
夫である。メイン・ニッターとタビオは，パソコンをとおして小売店の売上状
況や店頭在庫，物流センター在庫などをほとんどリアルタイムにSKUでみる

ことができる。タビオだけにとって経済合理性のあるビジネスモデルを設計するのであれば，多くの企業が採用しているSPA型の仕組（タビオがニッターと小売店を計画的にコントロールする）を構築し，タビオが生産量をニッターに発注するモデルにするのが一般的である。しかしそのやり方には，発注元と受注元という一種のヒエラルキー（親企業・下請企業の関係）が成立してしまう可能性がある。

タビオ・システムでは，タビオの発注を待つのではなく，小売店のPOS情報をリアルタイムに確認しながら，メイン・ニッターはみずからの判断で販売数を予測して，糸の手配と生産量を決定し，商品をタビオの物流倉庫に納品することになっている。また，原則，売値はニッターが決めることにしている。つまり経済学的市場取引でもなく組織的取引でもない「埋め込まれた紐帯」としての取引関係が維持されることになる。さらにメイン・ニッターは，各自の製品品番の品質を向上させることが推奨されており，メイン・ニッター同士が直接的に同品番で競合することはほとんどない。

2つ目は，タビオとメイン・ニッターとの取引関係は，「強い紐帯」のソーシャルネットワークとして捉えられる（メイン・ニッターは全量をタビオへ納品）。したがって「強い紐帯」の長所を活かしつつ，ネットワーク外の情報を察知し取り込むことのできる仕組の工夫が必要となる。タビオ・システムでは閉じたネットワークにしないように，小売店の売上状況をほとんどリアルタイムにSKUでみることができること，小売店販売員との交流があること，タビオ（デザイナーや営業）との会議が定期的に開催されていること，サブ・ニッターとの会合があること，などいくつかの工夫がなされている。

さらに，タビオは，メイン・ニッター以外のサブ・ニッターとも取引をしている。サブ・ニッターはタビオ以外の企業とも取引関係があり，規模も大企業から中小企業までと多様である。そのために，メイン・ニッターにはない技術やノウハウをもっているところもある。ビジネスとしての取引条件はメイン・ニッターと同様であるが，タビオに対する取引依存度や共有している経験知（タビオ・システムを共に作り上げてきた仲間意識など）はメイン・ニッター

とは少なからず異なる。サブ・ニッターはメイン・ニッターほどの強い紐帯での取引関係ではないことは容易に推測できる。

　また，メイン・ニッターとサブ・ニッターは商品面で潜在的な競合関係になる可能性もあり，その緊張感がメイン・ニッターに開発意欲を促進させている面もある。このようにタビオは，メイン・ニッターとサブ・ニッターという異なった性質のネットワークを築いていることになる。このように異なった2つのネットワークを維持していることは，「紐帯」の特性を活かすレジリエンスの高いネットワークづくりのための工夫の1つである。

4-4. 成長と社会関係資本

　以上，成長のダイナミクスの要因を研究すると，企業家精神だけでなく社会関係資本が成長に少なからず影響をおよぼしていることがわかる。

　しかも，レジリエンス（しなやかな適応力）の高い仕組と評されるタビオ・システムを分析すると，社会関係資本を創出するネットワークを構築しながらも，人為的ネットワークのジレンマに陥らないためのいくつかの工夫が試みられていることが明らかにされた。

　さらに，産業集積で創出されている社会関係資本には正の効果と負の効果があるが，前者の享受が難しくなってきていること，後者については経路依存性からそれが遺構的に働いている可能性があるので，新たな人為的ネットワークの構築と活用がとくに中小企業の戦略的課題となってきていることを強調しておきたい。

4-5. 中小企業論での位置づけ

　佐竹（2008）などの研究と関連づけながら，伝統的な中小企業論における本章の位置づけについて確認しておこう。

　佐竹（2008）は，中村（1964; 1990）が提唱した「中堅企業」について，「経済社会における弱者としての『中小企業問題』を孕んだ前近代的企業群である中小企業ではない」（p.267）とし，「『中堅企業』は経済的に合理的な要因

によって，『二重の隔絶』の下で成長しえなかった中小企業が成長要因を享受することによって，中小企業といえども成長した事例である」（p.268）とする。その観点からすると，本章で対象とした中小企業は中堅企業であり，黒瀬氏の議論で言うと「問題型中小企業論」ではなく「積極型中小企業論」を述べてきたのかもしれない[16]。

　しかし，「積極型中小企業論」の代表である「ベンチャー型中小企業」における成長の条件として，佐竹氏は，地域や産業集積に蓄積された社会関係資本の正の効果をコアコンピタンスに活かすべきだと主張している。この主張の背後に，イエ社会・イエ制度という前近代的なものが日本の社会的・文化的構造として産業集積にも反映され，社会関係資本の負の効果も生じさせうるので，それを人為的システムで相克しなければならないことも含意しているのであれば，まさに慧眼である[17]。この点は，政策的観点から，中小企業成長促進法（2020年施行）に定めている地域経済牽引事業計画にも反映させるべきであろう。

　上述したように，中堅企業やベンチャー型中小企業においても，成長プロセスにおいては中小企業としての問題性をはらんでいることがわかる。その解決方法を含めて企業（組織）ベースで議論するのが経営学アプローチであり[18]，

---

(16) 黒瀬（2021）では，中小企業を大企業への従属や低収益などの問題性から捉える戦前来の問題型中小企業論と，高度成長期以降有力になった，中小企業を経営の発展性や国民経済への積極的役割から捉える積極型中小企業論は，共に中小企業の本質にかんする理論部分なので，発展性と問題性の統一物になるという，複眼的中小企業論が，中小企業の本質を正しく捉えると主張する（p.57）。

(17) 加護野・山田（2016）では，新しいビジネスシステムが自動的に生み出されるのではなく，企業あるいは企業家による革新の結果として創造されるが（p.12），「だが，日本のビジネスシステムは，産業や地域に埋め込まれた歴史的・文化的な要因と深く結びついてきたという事実が重要である」（同，p.307）と指摘する。この視点からの分析は別稿で議論する予定である。

(18) 経営学のアプローチであれば，加護野が提唱した「ビジネスシステム」，Teeceら（Teece et al.,1997; Teece, 2007）が提唱した「ダイナミックケイパビリティ」，Sarasvathy（2008）が提唱した「エフェクチュエーション」，さらには学際的に用いられる「レジリエンス」などを援用した議論が主流となるだろう。これらの視点から分析は別稿で議論する予定である。

群としての中小企業の構造や制度を議論するのが経済学的アプローチ[19] とするならば，両方のアプローチから多元的に中小企業を議論していくことが必要であると思われる。複数のケースや定量的に分析していくことを今後の筆者の課題としたい。

〔謝辞〕

　本書は，佐竹隆幸先生の追悼論文集である。彼とじっくりと議論した最初の研究会は，1997年ごろの関西中小企業研究会（略称「関中研」）である[20]。若かりし時代の彼は経済学の視点から中小企業論の理論を丹念に研究していたが，筆者は経営学の視点から中小企業経営に関心をもち実態調査をベースに研究を進めていた。したがって，我々は，同じ中小企業を対象にしていたが，アプローチは異なっていた。そのことが長い付き合いにつながっていたのかもしれない。また，お誘いいただき執筆した共著の著作物も，拙著『ベンチャー・中小企業の市場創造戦略』も彼との出会いがなければ誕生していなかっただろう。あらためて，先生に公私にわたるご恩に対してお礼を申し上げるとともに，ご冥福をお祈りする。また，本書の編集の労をとっていただいた関智宏先生，長谷川英伸先生，山下紗矢佳先生にお礼を申し上げる。日本中小企業学会会長として尽力されていた佐竹隆幸先生のご遺志を継いで，学会運営に精力的に取り組んでおられることにも感謝を申し上げる。

---

(19)　安田武彦氏も，「方法論的に見ると経済学を基盤とする研究の少なからぬものは，群としての中小企業，いわばマーシャルの『森のアナロジー』における『森』を対象としたものであり，そこに生息する企業，いわば『木』を対象としたものではなかった。日本で言うと山中篤太郎の『中小企業問題』論や，有沢博巳の二重構造論等，いずれも『群としての中小企業』を日本経済の中でどのように位置づけるかがおもな研究テーマであり，政府が毎年発行する中小企業白書も『群としての中小企業』の動向を追跡するというものが主であった」と指摘する（安田，2006）。

(20)　関中研は1963年に大阪経済大学中小企業経営研究所（現，中小企業・経営研究所）を設立された故・藤田敬三博士が，学内に留まらず広く中小企業の研究に携わる研究者の拠点にとの想いで1966年に組織化された研究会である（と聞いている）。筆者が1997年ごろに入会した時に初めて研究会でお会いした。佐竹先生と私がもっとも若いグループであったことを記憶している。なお，中小企業・経営研究所や関中研の回顧録については「中小企業・経営研究所開所50周年記念座談会」『経営経済』（第49号）参照のこと。

〔追記〕

　本章を最終校正していた2022年1月6日の夕方に，越智会長夫妻がご逝去された
旨の情報が飛び込んできた。信じられないので社長秘書に問い合わせたら事実であっ
た。ここに謹んでご冥福をお祈りする。

【参考文献（アルファベット順）】

中小企業基盤整備機構（2007）『ケース「タビオ株式会社（旧名・株式会社ダン）」：
　　日本型SCM「旅たつ」世界の靴下へ』。

Ghoshal, S. (2005) "Bad management theories are destroying good management prac-
　　tices," *Academy of Management Learning & Education*, 4(1):75-91.

Granovetter, M. (1985) "Economic Action and Social Structure: The Problem of Em-
　　beddedness," *American Journal of Sociology*, 91(3):481-510.

Granovetter, M. (2017) *Society and Economy: Framework and Principles*, Belknap
　　press of Harvard University Press.（渡辺深訳（2019）『社会と経済—枠組みと原
　　則』ミネルヴァ書房）

池田潔（2020）「中小企業研究の分析視点に関する新たな考察—中小企業ネットワー
　　クを疑似企業体として捉える」大阪商業大学比較地域研究所『地域と社会』第
　　23号：31-58.

入山章栄（2020）『世界標準の経営理論』ダイヤモンド社。

加護野忠男（1993）「新しいビジネス・システムの設計思想」『現代経営学研究学会
　　誌ビジネスインサイト』第1巻第3号：44-56.

加護野忠男（1999）『競争優位のシステム—事業戦略の静かな革命』PHP研究所。

金井一頼・角田隆太郎編（2003）『ベンチャー企業経営論』有斐閣。

黒瀬直宏（2021）「中小企業の発展性と問題性」中小企業学会編『中小企業研究の継
　　承と発展—日本中小企業学会40年間の軌跡』同友館：57-70.

宮川公男（2005）「ソーシャル・キャピタル論—歴史的背景，理論および政策合意」
　　宮川公男・大守隆編『ソーシャル・キャピタル—現代経済社会のガバナンスの
　　基礎』東洋経済新報社：3-54.

宮川公男・大守隆編（2005）『ソーシャル・キャピタル—現代経済社会のガバナンス
　　の基礎』東洋経済新報社。

中村秀一郎（1964）『中堅企業論』東洋経済新報社。

中村秀一郎（1990）『新中堅企業論』東洋経済新報社。

Nahapiet, J. and Ghoshal, S. (1998) "Social capital,intellectual capital and the organizational advantage," *Academy of management review*, 23(2):242-266.

越智直正（2016）『靴下バカ一代：奇天烈経営者の人生訓』日経BP社。

大守隆（2005）「ソーシャル・キャピタルの経済的影響」宮川公男・大守隆編『ソーシャル・キャピタル—現代経済社会のガバナンスの基礎』東洋経済新報社：77-122.

太田一樹（2008）『ベンチャー・中小企業の市場創造戦略—マーケティング・マネジメントからのアプローチ』ミネルヴァ書房。

太田一樹（2011）「中小企業の経営革新」高田亮爾・上野紘・村社隆・前田啓一編著『現代中小企業論（増補版）』同友館：51-66.

太田一樹（2017）「書評：佐藤善信著『企業家精神のダイナミクス：その生成，発展および発現形態のケース分析』」『大阪経大論集』第68巻第4号：107-114.

Sarasvathy, S.D. (2008) *Effectuation: elements of entrepreneurial expertise*, Edward Elgar.（加護野忠男（監訳）高瀬進・吉田満梨訳（2015）『エフェクチュエーション：市場創造の実効理論』碩学舎）

佐竹隆幸編著（2002）『中小企業のベンチャー・イノベーション』ミネルヴァ書房。

佐竹隆幸（2003）「ベンチャー企業の存立と経営行動—事業創造と事業支援の視点からの再検討」太田進一編著『企業と政策—理論と実践のパラダイム転換』ミネルヴァ書房：136-160.

佐竹隆幸（2004）「中小企業の問題と政策」日本経営診断学界関西部会編『中小企業経営の諸問題』八千代出版：1-46.

佐竹隆幸（2008）『中小企業存立論—経営の課題と政策の行方』ミネルヴァ書房。

佐藤善信（2017）『企業家精神のダイナミクス：その生成，発展および発現形態のケース分析』関西学院大学出版会。

Storey, D.J. (1994) *Understanding the Small Business Sector*, Thomson Lerning.（安田武彦・忽郡憲治・高橋徳行訳（2004）『アントレプレナーシップ入門』有斐閣）

Storey, D.J. (2003) "Entrepreneurship, Small and Medium Sized Entreprises and Public Policies," in Act, Z.J. and Audretsch, D.B. (eds.) *Handbook of Entrepreneurship Research*; 473-511, Kluwer Academic Publishers.

Teece, D.J. (2007) "Explicating Dynamic Capabilities: The Nature and Microfoundations of (Sustainable) Enterprise Performance," *Strategic Management Journal*, 28(13):1319-1350.

Teece, D.J. (2009) *Dynamic Capabilities and Strategic Management*, Oxford University

Press.（谷口和弘・蜂巣旭・川西章弘・ステラ・S・チェン共訳（2013）『ダイナミック・ケイパビリティ戦略：イノベーションを創発し，成長を加速させる力』ダイヤモンド社）

Teece, D.J., Pisano, G., and Shuen, A. (1997) "Dynamic Capabilities and Strategic Management," *Strategic Management Journal*, 18(7):509-553.

寺前俊孝・堀川新吾（2015）「靴下産業の現状と課題：奈良県北葛城郡広陵町の靴下産業を中心に流通」日本流通学会誌『流通』第37号：71-80.

Timmons, J.A. and Spinelli S. Jr. (2003) *New Venture Creation* (6th ed.), Irwin.

Tsai, W. and Ghoshal, S. (1998) "Social Capital and Value Creation: The Role of Intrafirm Networks," *Academy of Management Journal*, 41(4):454-476.

上田達三（1994）『現代中小企業論』関西大学出版部。

山田仁一郎（2005）「開業者のパートナーシップ」忽那憲治・安田武彦編『日本の新規開業企業』白桃書房：27-53.

安田武彦（2006）「企業の一生の経済学」RIETI『Research & Review』2006年12月号。https://www.rieti.go.jp/jp/papers/journal/0612/rr01.html

太田一樹

第7章

事業承継企業の経営革新と自律化
——第二創業によるビジネスモデルの変革に向けて

1. はじめに

　1990年代のバブル経済崩壊以降，日本企業は大きな変革に迫られてきた。「失われた20年」という言葉が使用されるなど，その変革は遅々として進まなかった。また，この変革の動きに水を差すように，2009年にリーマンショック，2011年には東日本大震災といった出来事が相次いで発生し，企業経営に大きな打撃を与えた。2020年の初めにはパンデミックを引き起こす新型コロナウイルス感染症が日本でも確認された。このため政府により，緊急事態宣言が発出され，テレワークの推奨や外出の自粛が叫ばれ，企業活動や国民の生活が制限される事態に陥った。これにより廃業を余儀なくされる企業が増える[1]とともに，飲食店では事業継続のため営業形態にテイクアウトを取り入れる必要性に迫られるなど，企業活動は大きなダメージを受け，さらなる変革を迫られているといえる。

　中小企業に目を転じれば，上述の厳しい経済環境や背景に加え，事業承継の課題を抱えている企業が少なくない。経営者の息子・娘といった親族への事業承継が叶わず，第三者に事業を託すケースが増加している[2]。さらには，事業承継の目途が立たないため，あるいは経営状況が芳しくないために事業廃止の決断をする企業もみられる（中小企業庁編，2019:17）。中小企業は，企業数において日本経済の中核的存在であり，事業承継が円滑におこなわれることが重要であることは言うには及ばない。しかし，その重要性にもかかわらず，実際には承継者の有無以外にも資産および経営の引き継ぎ面で数多くの課題が存在

（1）詳しくは，2021年4月9日付日本経済新聞（朝刊）p.5を参照されたい。
（2）中小企業庁（2019）によると，親族以外の役員・従業員への承継は19.1％，社外の第三者への承継は16.5％になっている。詳細は同書p.80を参照されたい。

し，事業承継を困難なものとしているのである（中小企業庁編，2017:230-324）。

　経営者の交代件数は，2010年には35,601件であったが，2015年には38,389件に達し，その後も2019年まで毎年3万件以上の交代が確認されている（中小企業庁編，2021:313）。事業承継を必要とする企業全体からみればその割合は決して大きくはないが，徐々に新陳代謝が進み，経営革新を遂げる企業がみられ始めている。これら承継企業では，先代経営者の教えや経営管理手法を活用して事業を進めるケースがある一方で，まったく新しい事業に着手するケースなど，その経営方法は多岐にわたっている。経営成果についてみると，事業承継の前よりも改善していることが報告されている（中小企業庁編，2017:341-347）。事業承継により，業績が改善される理由としては，承継前の他企業での勤務経験，豊富な人脈の活用などが有効と考えられるが，実際にどのようにして業績改善につなげているのかについての研究報告は限定的である（たとえば安田，2005）。とりわけ，飛躍的な発展を遂げている企業が存在するにも関わらず，なぜそれが実現したのかについての検討はほとんどみられない。

　そこで本章では，事業承継を受けた企業のなかで承継前の事業や顧客にとらわれることなく，急激に消費者・顧客や外部組織の評価を高め成長を遂げている企業に着目し，その成長要因について検討する。具体的には，中小ものづくり企業におけるビジネスモデルの転換，すなわち下請からの脱皮を図るオリジナル製品の開発プロセスにおいて，なぜそれが実現されたのかを，両利きの経営の視点から事例研究をとおして解明を試みたい。

2. 先行研究

2-1. 事業承継と経営革新

　企業は組織を維持・発展させるには絶えまざる経営革新が求められ，長期にわたり存続するには経営者の世代交代，すなわち事業承継が必要になる。戦

148

後，日本では数多くの企業が設立されたが，時代の経過とともに経営者の高齢化が進み，1990年代以降，事業承継が問題として指摘される。そして直近においても，いまだに中小企業における大きな課題となっている[3]。

　そうしたなか，事業承継を対象とする研究には，事業承継の実態や課題を明らかにするもの（中小企業庁編，2001; 2005; 2012; 2016; 2017; 2019; 2020; 2021; 堀越，2017）や，後継者が事業承継を受けるために身に付けなければならない資質・能力やその形成に注目するもの（久保田，2011b），承継後の従業員との信頼性形成（安田，2005）といった承継を受ける側にフォーカスするものがある。また，先代経営者の役割に着目する研究もある。村上・古泉（2010）は，後継経営者が意欲と能力に満ちているときに経営を託し，早期に経営に取り組むことが重要であるとする。日本政策金融公庫（2010:98-101）では，後継経営者育成のため事業運営の経験を後継者と共有することを含め6つの役割が指摘されている。その一方で，先代経営者が経営に過度に口出しをするなどの行為が，後継者の行動を制限することにつながるなど，先代経営者の存在が経営の革新やイノベーションを阻害する側面を有していると指摘する研究も存在する（久保田，2011a; 鈴木，2015）。

　また，中小企業は外部環境の変化に対応しているものの，既存事業を大きく見直すことは容易ではないことから，事業承継が経営革新に取り組む大きな契機と捉える研究もある。三井（2002）は，事業承継は経営資源の維持・再生を図り企業価値を存続させるもので，第二の創業として捉えることができるとする。そのうえで，次世代経営者が外部での学習や能力養成機会を積極的に活用していることを指摘している。第二創業は，事業承継時に限らず，中小企業が成長・発展を遂げるために必要なもので，経営革新とほぼ同意義に位置づける研究も存在する。たとえば，佐竹（2002）は，「中小企業であっても専門能力を有することが存立基盤安定の第一条件であり，新機軸（イノベーション）

---

(3) このことは，『中小企業白書』において幾度も取り上げられ，『中小企業白書 小規模企業白書 2020年版』においても指摘されていることから確認できる。

を展開し，『第二創業』を志向し，ベンチャー型中小企業へ転換すること」が中小企業の発展には必要であるとする（佐竹，2002:169）。また，川上（2011）は中小企業が新しい分野へ進出する場合に，新規に企業を設立する新規創業と，既存企業が新しく創業（新規事業部門へ進出）する第二創業が存在することを示している。さらに鉢嶺（2005）は，既存企業が新市場開拓や新製品開発の過程をつうじて経営革新をおこなうことを第二創業と捉えている。これら研究のほかに，栗井（2021）では，第二創業の研究をレビューし後継者の視点で体系化がおこなわれ，神谷（2018）では中小企業の経営革新について，中小企業研究だけでなくファミリービジネスや長寿企業研究を含め体系的なレビューがなされている。

2-2. 事業承継による経営革新とその成果

　事業承継が先代経営者からの経営権の譲渡に留まらず，経営革新の機会として捉えられたならば，その後の経営活動が変革し，結果として企業のパフォーマンスにプラスの影響をおよぼすことが期待される。これに係る実証研究は限られてはいるが，以下では，経営革新とパフォーマンスの関係性を扱う先行研究をみておく。

　『中小企業白書 小規模企業白書 2021年版』によると，事業承継実施企業の承継後5年間の売上高成長率（同業種平均値との差分），当期純利益成長率，従業員数成長率は，いずれも事業承継の1年後から5年目までも一貫して同業種平均値を上回っており，事業承継実施企業が同業種平均値よりも高い成長率で推移していることが明らかにされている（中小企業庁編，2021:340-347）。また，事業承継時の現経営者年齢と事業承継後の業績との関係についてみると，40歳未満では59.5％が「良くなった」とする一方で，「悪くなった」は17.2％である。年齢が高まり60歳以上になると「良くなった」は38.9％に低下し，「悪くなった」は23.3％に増加していることから，若い時期での事業承継が望ましいと考えられる（中小企業庁編，2013:130）。

　高橋（2002）は，事業承継をイノベーションの機会と捉えた場合，後継者

および企業組織内の経営資源活用能力の向上が，イノベーションにつながることを指摘している。文能（2013）では，全国中小企業5,000社に対するアンケート調査結果から，事業承継企業を新製品・サービスを開発した企業群と開発していない企業群とに分類し，両者の差異分析がおこなわれている。その結果，①経営者のリーダーシップ，②企業の強み，③プロジェクトの実施体制の3点について，新製品・サービスを開発した事業承継企業がいずれにおいても有意に勝っていることが明らかにされている。

　安田（2006）では，親族承継と非親族承継および学歴とパフォーマンスの推計がおこなわれている。同時期に承継が発生した他の企業と常時従業員年平均成長率を用いた推計の結果，親族承継と非親族承継ではパフォーマンスに差がなく，高学歴は非親族承継のみ正の効果をもつことが確認されている。

　佐藤（2019）は，後継者のキャリア形成と承継後の企業のパフォーマンスとの関係に着目している。ここでは，後継者のキャリアとして，職業キャリア，非血縁，後継者教育の3つが戦略・施策を介してパフォーマンスを高めているという。職業キャリアは他社経験としてのみ用いられ重視されてこなかったが，分析の結果，承継後にパフォーマンスを低下させないためにも後継者の人材育成が重要となり，意識的に異業種で経験を積ませるような戦略的なキャリア開発が求められているという。

2-3. イノベーション創出と両利き経営の理論

　企業は創業時のビジネスモデルをもって事業に乗り出すが，事業活動を継続するにつれて当初のビジネスモデルの変革を余儀なくされる。こうしたことは，新規創業に限らず，第二創業においても同様である。ここで重要なことは，スタートした事業をいかにして継続・発展させイノベーションを創出するかにあり，昨今，O'Reilly and Tushman（2016）が指摘する両利きの経営が注目されている。両利きの経営とは，不確実性の高い「知の探索」と，コストダウンや生産性向上・改善などによって収益を確保する「知の深化」の2つの活動で構成され，高い次元でこれらのバランスが取られることで，規模によら

ず継続的なイノベーションが可能になるというものである。Duncan（1976）
は，時間の経過とともに組織のモードを深化から探索へ，そして探索から深化
へと連続的に切り替えていくことが有用であるとした。組織がまったく異なる
機能を順次切り替えていくのは組織が大きくなると時間を要するなど容易では
ない。Tushman and O'Reilly（1996）は，組織構造を深化と探索の2つに分
け，それぞれの部署が協力関係を築くことが重要であるとした。しかしなが
ら，規模の小さな企業では資源の制約から組織を設置することが困難に思われ
る。Gibson and Birkinsha（2004）では，個人が探索と深化の間で時間を分け
られるように組織の機能を設計することで，両利きを達成する提案がなされて
いる。これにより一人ひとりが探索と深化のバランスを取り行動ができるよう
になるという。

3. 分析視角と企業の選定

3-1. 分析視角

　中小企業の多くは，大手企業などからの受注により部品や製品を製造し納め
るという，下請業務を担っている。この受注量は，景気の変動，最終製品の販
売動向の影響，さらには海外製品との競争により減少することが多く，中小企
業の経営の安定性や成長可能性を揺るがしている。そのため中小企業のなかに
は経営革新計画を策定するなど，大手企業などからの受注の影響を受けること
なく安定的な経営を指向した取組を始めるところがみられる。しかしながら，
経営革新という従来事業の枠を越える新たな挑戦は，想定以上の困難さをとも
なうもので，計画どおりに成果を上げるのは容易ではない。とくに，池田
（2012）も指摘するように，親企業との対等な取引関係を構築することで自社
の経営方針に従って行動する自律化は，下請性格の強い中小企業にとって未知
への挑戦となることから，実現は極めて難しいと考えられる。なぜなら，これ
までの顧客や取引先との関係を含め，その事業の仕組を抜本的に見直し，今後
の成長に向けて経営資源を再配分する必要が生じるからである。この難しい取

組にチャレンジし成果を収めるには，どのような要因が有効となるのかを検討するのが第一の視点である。

　第二の視点として，企業の経営革新と従業員の経営参画度の関係性について検討を加えたい。経営資源の1つとして従業員は重要であるとの認識をもつ経営者は大半であろうが，従業員の働きを企業経営に十分活用できているかといえば，必ずしもその数は多くはない。逆説的に従業員の立場からみれば，仕事をとおして満足感を得ているか，あるいは企業の将来のさらなる発展に向けて有意義な活動に従事できているかといえば，肯定的な意見は必ずしも高くはないと考えられるからである。経営規模の脆弱な中小企業にとっては，従業員一人ひとりが貴重な財産であり，戦力であるにもかかわらず結果的に残念な状況にある。企業間の競争がグローバルに展開されているなかにあって，新たなものを生み出そうとするとき，経営者のみが新たなチャレンジを検討するのではなく，従業員のユニークなアイデア・発想や行動の重要性が増している。中小企業が成長を遂げるには，そこで働く従業員が仕事をつうじて成長を遂げることの重要性を理解し，活躍することのできる場を提供することが不可欠な時代となっているように思われる。そのため，こうした従業員の経営参画度合いを高めるようなビジネスモデルへと転換することの有用性についても検討する。

　上述の問題意識を踏まえ，本章では，中小企業において事業を大きく変革する機会となりえる事業承継に注目する。そのうえで，経営体質の強化をはじめとする経営革新に着手する中小企業のなかで，自律化に向けて従来からの事業を大きく変革しイノベーション創出に向け経営資源の再配分をおこなうことを第二創業として捉え，これにより成長を遂げている企業に焦点を当てる。そしてそれら企業ではどのようにビジネスモデルが変更され，事業が変革されたのかを両利きの経営（探索と深化）の視点から検討する。

3-2.　事例企業の選定

　大阪府八尾市は，東京の大田区，東大阪市と同様に，数多くの中小製造業が集積する地域で，市内産業に占める製造業の事業所数の割合は25.8％，売上

高は56.9％に及んでいる（八尾市産業政策課, 2020）。それら企業の多くは，人材育成，営業力・ブランド力・製品開発力・企画力に課題を有している（八尾市, 2014:23）。こうした中から，第二創業により大きく成長を遂げる企業を対象とする。具体的には，図表7-1に示す企業である。その理由は，八尾市内において事業承継を受けた後継者による新たな事業展開がここ数年，数多くみられる[4]なかで，新たな顧客からの高い支持を受け第二創業を軌道に乗せていることが確認できるからである[5]。

図表7-1　事例研究の対象企業

	木村石鹸工業株式会社	株式会社友安製作所
設立年	1924年創業，1976年設立	1948年創業，1963年設立
資本金	2,900万円	300万円
従業員数	40名（2021年3月時点）	94名（2021年3月時点）
おもな業種	石鹸洗剤ならび洗浄剤の製造販売業	インテリア・エクステリアDIY商材の製造・販売業
現経営者が入社した年	2013年	2004年
事業承継した年（年齢）	2016年（44歳）	2016年（38歳）
現経営者の世代	4代目	3代目
現経営者の前職	IT企業の経営	車パーツの輸入販売業
おもな取組内容	オリジナルブランドの確立・発展	オリジナルブランドの発展

---

(4) このことは，Forbes Japanが創業10年以上で売上高100億円未満ながら，ユニークなプロダクトやサービスを生み出す企業としてSMALL BUSINESS AWARDの対象に選出する企業が2019年以降，連続してみられることや，製品のデザイン面が評価され，世界的に著名な賞に輝く企業が存在していることからも明らかである。
(5) 新たな事業に従事する従業員数が増加していることや，新規顧客の獲得に成功し売上高が増加している。

4.　事例研究

4-1.　木村石鹸工業株式会社[6]

① 企業概要

　木村石鹸工業は，昔ながらの釜焚き製法による石鹸洗剤・洗浄剤の製造を特徴としている。現在の代表である木村祥一郎氏は，学生時代に仲間とともに立ち上げた企業にてマーケティングや商品開発の業務に従事していたが，2013年に取締役を退任し，家業である同社に入る。そして2016年9月，44歳の時に4代目の社長に就任している。

　木村社長が企業に入ってから，さまざまな改革が進められ，オリジナルブランド「SOMALI」や「12/JU-NI」などが相次いで開発され，2019年にはForbes JAPANのSMALL GIANTSローカルヒーロー賞に選出されるなど，注目を集めている。

② ビジネスモデル変革前の状況

　木村石鹸工業の事業は，家庭用と業務用の製品を生産するBtoBを主体とするものであった。木村社長が会社に入った時に，その割合は概ね60：40で，多くは大手企業などからのOEM生産によるものであった。

　会社としてオリジナル製品の開発を始め，2006年にはノズル洗浄で爆発的ヒットを収めることができた。しかし，翌年には他の企業から類似の製品が相次いで投入されたため，利益の低下，在庫の増大という状況に陥った。これ以降も次のヒットを目指し製品開発に取り組まれたが，大きな反響を得るものは誕生しなかった。

　大ヒットを遂げた後に，最初の経営者の交代がおこなわれた。先代社長から，現在の木村社長に事業が承継されるまでに，2度の承継が実施されている。

---

(6)　事例の内容は，木村社長へのヒアリングのほか，筆者が所属する大学での講義内容，木村社長が情報発信されているブログなど，各種資料に基づいている。

2代目が親族承継，3代目が第三者承継になる。この第三者承継で社長に就任した方は，木村氏がよく知る人物で，業界においても実績をあげていた経験を有することから，先代社長も承認したという。

この3代目社長のときに，新製品開発についての姿勢が変化する。従業員に意見を求めて開発が進められたが，開発製品の販売実績が芳しくない時は，提案した従業員の責任が問われることになった。これを機に従業員は新しいことへの挑戦を躊躇するようになり，社内の雰囲気が停滞する。そのため，木村社長が会社に戻り新しいことに取り組もうとしても，賛同してくれる社員はほとんどみられなかった。

③ 事業変革に向けた取組

こうした状況から脱皮するには，みずから成果をあげ従業員にみせることが必要と木村社長は考え，「SOMALI」ブランドの構築に向けたプロジェクトを開始する。これに携わったのは，社長のほか従業員2名であった。

「SOMALI」ブランドの開発のきっかけは，木村社長の元奥様の意見に基づく。近年，住環境が改善され，デザイン性の高い，綺麗な室内で暮らす人が増えており，そうした空間においても違和感のない，洗浄剤が存在していない，というのである。つまり，ドラッグストアなどの量販店で販売されている洗浄剤の多くは，買い物客の視線を集める目的で，奇抜な色使いや，大きなロゴでパッケージデザインされているものが多く，デザイン性の高い空間におくと，その空間と調和しないのである。

そこで，違和感を抱かれることのないデザイン，パッケージをもった製品の開発が始まった。デザインに関しては，外部企業との連携で対応した。重要なことは，たんに製品のデザインやスタイルを変化したことだけでなく，取り扱われる製品の市場を変更したことにある。具体的には，量販店向けではなくインテリア関連の展示会で新製品を発表することにしたのである。これが功を奏し，多くのバイヤーに支持されることになった。製品価格が従来の市場での価格より約3倍高くても，製品の優れた点が評価され購入してもらえる。展示会

に参加していた同社の営業担当者は，こうしたまったく味わったことのない体験をしたという。自分たちの手で高く評価される製品を作り上げられることを認識する大きな転換点になったのである。これを機に，オリジナル製品を生み出すことに従業員の関心が高まり，それを下支えするような仕組が導入される。その1つが，新製品のアイデアを誰でも自由な発想で提案できる環境にしたこと。つまり，仮にその製品開発が失敗に終わったとしても，その責任は個人ではなく会社が負うことが決定されたのである。これにより，心理的安全性が高まり従業員は安心してアイデアを提案できるようになった。従業員は一番自慢できる商品を模索し行動することで，入社1年目の従業員が新たな取引先とのコラボで新製品開発商品「LOMA」を完成させるケースや，入社1年目，2年目，3年目の3名の女性従業員がボディスクラブセット「goomoo」の開発に成功するなど，次々と新しい製品が生み出されるようになっている。

　また，こうした取組を進めていくなかで，従業員が自身の給与を自分で決めて働くことができる「自己申告型給与制度」を導入している。より多くの給与を手に入れたければどのような仕事をしなければならないかを従業員は理解したうえで，自分の給与を決めるという。仕事に応じた賃金が支払われていることが理解されると，納得感をもって仕事ができる。これにより，従業員のなかには与えられた仕事に対する成果を収めることができなければ，自身の給与の減額を申し出るものが現れるようになっている。こうした活動をとおして，従業員は自分一人では仕事ができず，他のメンバーとともにチームとして働くことの重要性を自覚するなど，従業員はみずからが目指すものを意識し考え行動できる体制が整えられている。

4-2.　株式会社友安製作所[7]

①　企業概要

　友安製作所は，1963年に木ねじ・線材加工業とした設立された企業である。

---

(7)　事例の内容は，友安社長へのヒアリングのほか，筆者が所属する大学での講義内

現友安啓則社長は，3代目の経営者である。高校1年の時に米国に留学し，海外生活を過ごしていた。大学生のときに商社のインターンシップに参加した。その後，仲間と共に企業を設立し，車パーツの輸入販売を業務としていたが，父（当時の社長）が病になったことを機に，一緒に仕事がしたくなり帰国する。その当時，最盛期には30名程度いた従業員が6名にまで減少し，業績は低下傾向にあって廃業も検討されていた。父からは入社するために2つの条件が提示された[8]。1つは，会社が営んでいる事業ではない，新たな事業をおこなうこと。今1つは，自身の給与を賄うための売上を半年間で稼ぐというものであったが，これらを達成し26歳の時に入社が認められた。

　父が継承してきた事業の成長が望めないことから，米国での商社販売経験を生かし，2004年に新事業となるカーテンレールのオリジナル商材「Colors」の輸入販売を1名で始める。そして残りの条件である自身の給与を賄う収入の確保も予定よりも早く達成し，友安社長は父とともに会社で働くことができるようになり，これを機に同社の事業成長が始まる。現在は，EC，カフェ，工務店，メディア，レンタルスペースの5つの事業を展開し，従業員数は106名にまで拡大している。また，同社は経済産業省「ダイバーシティ経営」「はばたく中小企業300社」を受賞している。

② ビジネスモデル変革前の状況

　「No Middleman（中間業者の中抜き）」の考えに基づいた，従来のインテリア商材の販売方法に変革をもたらす，お洒落で手頃な価格の「Colors」は発売当初から消費者からの支持を得ることに成功した。このことから，今ある商材をインテリアの一部として格好よく消費者に提供するとDIYに関心の高い顧客の獲得につながった。事業が順調に拡大を見せ，友安社長だけでは対応できない事態となり，ECでの販売をスタートする。これもまた評価され，従業

容，タナベ経営（2020）など，各種資料に基づいている。
(8) この入社条件を満たすことは，後継者として認められることを意味する。

員の増員，さらに取り扱い商材の拡大と好循環につながっていく。このような状況がしばらく続いたが，リーマンショックの影響も相まって，徐々に販売が低迷を見せる状態になり，ECに依存した体質から脱却するため多面的な事業展開が必要な時期が到来する。

③　事業変革に向けた取組

　ECを活用し商品を販売するだけでは消費者の継続的な購入には至らないことから，この局面を打開するにはファンづくりが必要と判断され，友安社長が中心となってブランディング活動が開始される。友安製作所のブランディングの特徴は，ブランディングのために特別なコストをかけた活動をしていない点にある。つまり，「格好良い，他にない，使い勝手の良い」尖った商品を販売することがブランディングになると考えられているのである。

　EC事業を企業の新たな収益の柱へと実質的に先導してきた友安社長は，父からの事業承継を目前に控えた2015年に，東京の浅草橋にカフェショップをオープンした。一見すると，これまでの事業とはまったく関連性がないように思われるが，「世界中の人々のくらしに彩りを」という企業理念に基づき，消費者との接点をもつことが目的とされている。店内は，同社が扱う商材を利用したお洒落な空間が提供されており，消費者は食事を楽しみながら，さまざまな商材に触れることができる。自分の部屋を模様替えしたい方は，ほかにはないデザイン性の高い商材を見つけることができるのである。また，店内で提供されるメニューには軽食が含まれており，ここにも工夫が凝らされている。お客様に提供する料理は，友安社長が認めるプロの調理技術を有するスタッフが調理していることや，食材にもこだわり，原価率は50％と極めて高い。こうしたことから，店舗を訪れるお客様には最高の料理が提供でき，高い満足度を獲得している。近年，インスタグラムやツイッターなどのSNSを利用して情報発信する方が増えており，そうした方々が思わず投稿したくなるような映える空間，食器，料理を提供できることもブランディング上の強みになっている。つまり，投稿されたお洒落な空間で，美味しい料理を楽しめることがわか

ると，訪れてみたいと思う方が現れて集客になるのである。さらに，その数が増えると集積に発展し，ワークショップの開催など新たな展開が可能となり，ファンづくりにつながるのである。調理スタッフは料理を作るだけでなく，インテリアの知識についての研修を受けており，店舗を訪ねるとDIYに関連した内容について助言を得ることも可能になっている。このように相乗効果が得られる仕組ができあがっているのである。

　38歳で社長に就任した後，友安社長は創業からの事業である金属加工技術の可能性を再認識し，取扱商品を社内で製造できる体制の構築を図ることで，これまで育ててきたブランド価値の向上に努めている。座面を開けると木琴，閉じると子ども用の椅子になるユニークな「XYLOPHONE CHAIR」はその一例であるが，テレビ番組で注目を集める商品として取り上げられるほか，クラウドファンディングにおいても大きな反響を呼んでいる。

　このように積極的な事業展開を進めることができている要因として，友安社長ならではの考え，すなわち従業員の活動の自由度を担保していることがあげられる。従業員は，企業ミッションと，それに基づく3つの行動指針に従ったものであれば自由に考え行動できるようになっているのである。またこの行動が従業員の評価につながる仕組が取り入れられている。経営者が指示を出すと，その範囲のなかでしか事業や従業員は成長できないが，従業員の裁量に任せると，時には驚くほどの成果を上げるという考えに基づいたものである。ここで重要な点は，従業員に任せきりにしているのではなく，従業員とは1対1の社長面談でコミュニケーションをとり，活動目標と成果について意見を交換していることで，これが成長の推進力を高めている。さらには，社内の従業員間の距離感が短くなるように，それぞれがニックネームをもち，互いの努力を評価する「TOMOYASU AWARD」制度が導入され，頑張っている仲間を称えている。このほかにも業務日報に「Workspace」，社内報に「Slack」という情報ツールを利用し，誰が，何を考え，どのように行動しているのかが見える化されており，課題を抱えている者がいれば援助の手を差し伸べることが可能になっている。これらにより，従業員は多くのお客様に楽しく利用していただ

くにはどうすればよいのかを考え，自分の想いをもって楽しく仕事をすることができるような仕組が構築されているのである。

5. 企業事例が示唆するもの

5-1. 事例研究の要約

　前節で2社の企業事例についてみたが，それを要約したものが図表7-2である。事業承継にいたるプロセスや新たな事業に着手した時期は一致しないが，いくつかの共通点を指摘することができる。

　第1は，企業の強みを生かしていることである。木村石鹸は，昔ながらの釜炊き製法にこだわり，それを生かした製品の開発が進められている。安全・安心を求める消費者の声が高まりを見せるなか，顧客に届ける製品を原料から自社で生産することは，非常に大きな訴求ポイントとなっている。一方の友安製作所は，「Colors」ブランドとして，DIYに関心の高い顧客のニーズを先取りしたお洒落な製品を開発し，リーズナブルな価格で提供している。また，近年は，自社が保有する製造ノウハウを生かした製品の開発にも取り組んでおり，多くの顧客に支持されている。

　第2は，新たな顧客へのアプローチにより需要を創造している点である。木村石鹸では，量販店向けの商品を製造していた時は，商品名が目立つように大きく貼られたラベルや消費者の視線を捉えようとする奇抜な色が容器に使用されていた。そのため，インテリアにこだわる消費者にとって，これらの商品を室内におくことは許容できないものであった。しかし，販売ターゲットの変更にともない，製品パッケージが室内のインテリアに溶け込み，違和感をもたられることのないものに仕上ることにした。これにより，室内を清潔に保ち，心豊かに暮らしたいと考える新たな顧客を取り込むことに成功した。

　また友安製作所は，カフェの営業を始めることにより，お洒落に関心の高い女性が数多く来店するようになり，美味しい食事や雰囲気を楽しむとともに，自社の壁紙や室内装飾に触れる機会を提供した。この取組が来店した方の多く

が店内で撮影した写真を各々SNSで投稿する誘因となり，自社のWebサイトからはリーチできなかった新たな顧客の獲得につなげている。

図表7-2　事例の要約

	木村石鹸工業株式会社	株式会社友安製作所
事業変革に向けた推進力	経営者および従業員	経営者および従業員
トリガー製品・ブランド	SOMALI	Colors(カラーズ)
製品の普及要因	パッケージデザインの変革，販売先・販売方法の変更	製品の低価格化とデザイン性の強化，Web販売
探索	社員が一番自慢できる商品	くらしに関わるすべてに取り組む「友安経済圏」構想
深化	従業員のアイデア，洗浄剤製造技術	従業員のアイデア，金属加工技術の再評価
特徴	自己申告制賃金	従業員との1対1社長面談 SNS・ネットワーク活用

　第3は，従業員が自立し行動できる点である。木村石鹸では，顧客に対して「社員が一番自慢できる商品」の開発が志向されており，従業員は自身のアイデアに従い実際に製品開発に従事している。従業員には失敗しても責任を取る必要がないという心理的安全性が行動を確固たるものとしている。この行動をとおして，従業員は製品の開発を遣り遂げるには営業・開発・製造など，各部署の担当者からさまざまな意見やアドバイスを得る必要があることに気づく。つまり，自分のアイデアに基づいた製品を開発し，最終消費者に届けるための一連のプロセスが自分事として理解されるとともに，その実現には従業員がチームを組んで取り組む必要があることを身体で学ぶのである。

　友安製作所では，「世界中の人々のくらしに彩りを」というミッションと3つのコアバリューが提示されている。従業員は，新しい製品を開発しようとすれば，これらに沿ったものであるか否かが問われる。換言すれば，ミッションやバリューを満たすものであれば，従業員は自由に開発に取り組めるようになっており，顧客が求めるものを創造し作り上げるプロセスを体現できるのである。

　以上，みてきたように，両社では顧客が喜ぶ製品とは何か，Gibson and

図表7-3　ビジネスモデルの変革

①木村石鹸工業株式会社

おもなビジネスモデル項目	事業変革前	事業変革後
1. Who（顧客は誰か）	量販店（ドラッグストア，ホームセンター）	個人，ファッション雑貨店，地方のアンテナショップ
2. What（顧客に何を提供するのか）	陳列された時の存在感，顧客の眼を引く 汚れを落とす本来の機能は二の次	人に優しいハウスケアアイテム インテリアとしての利用提案
3. How（どのように価値を提供するのか）	委託販売（返品あり）	Web販売，SNSやブログで情報発信
4. How（どのように優位性を確保・持続させるのか）	ブランド構築	ファンづくり

②株式会社友安製作所

おもなビジネスモデル項目	事業変革前	事業変革後
1. Who（顧客は誰か）	DIY愛好家	消費者一般（おしゃれ好きな方）
2. What（顧客に何を提供するのか）	DIY関連商品	DIYの可能性・取り組みやすさ インテリア空間・デザインを提案
3. How（どのように価値を提供するのか）	Web販売	Web販売，カフェ利用者に対する訴求
4. How（どのように優位性を確保・持続させるのか）	ブランド構築	ファンづくり，顧客の生活全般をカバー

Bircumshaw（2004）が指摘するように従業員は個々に探索し，かたちにする行動ができるようになっているのである。このような取組を実施することにより，経営者が驚くような成長を遂げる従業員が誕生し始めている。

5-2．事業変革によるビジネスモデルの変革

　2社の事業変革の取組をみてきたが，ここでは変革の前後で何が変わったのかをビジネスモデルの視点からみておこう。ビジネスモデルは，企業価値を高める，あるいは事業収益を上げるために必要とされる事業の仕組を意味する。企業の保有する経営資源が異なるなかで，いかにして顧客により高い価値を生

み届けるか，企業ごとに異なるものである。図表7-3は，事業変革による2社のビジネスモデルの変革を示したものであるが，これをみると大きく内容が進展していることが確認される。

　両社が共通している点は，対象とする顧客に直接的なアプローチをとっていることである。自信をもって作り上げた製品の販売を第三者に委ねるのではなく，直接販売する。このことにより，顧客とのコミュニケーションが生まれ，自社のファンづくりにつなげている。インターネットの普及により消費者に直接的な訴求ができるようになった今，中小企業が今後も生き残っていくにはこうした取組が有効になると考えられる[9]。

6. 結びに代えて

　これまでの事例研究をとおして得られた知見から，今後，事業変革を進めようとする企業にとって重要となる点を記して，本章の結びとしたい。

① 自社資源の棚卸と戦略的活用

　日本の中小製造業が保有する技術には素晴らしいものが存在する。しかし，これまでは大手企業との取引により，その素晴らしさを見い出せていない企業が多いように思われる[10]。近年，中小企業のなかにOEM・下請から脱皮し自社製品をもとうとする動きがみられるが，これは未知への挑戦となる。これを成功させるには，まず自社が保有する資源の棚卸を実施し，他者に負けることのない自社の強みを語れることが必要である。それが可能になると，対外的に自社の強みを発信することになり，これまで取引のなかった新たな企業とのコ

---

(9) 本章では，BtoC型を取り上げることになったが，BtoB型においても自律化の方策は存在すると考えられ，この点については別の機会に検討したい。
(10) 事例で採りあげた企業と同じ大阪府八尾市のゴム製品を製造する企業は，従業員数が280名を超える規模であるが，保有する技術力の高さに気づかずにいた。しかし，自社製品の開発を始め，ガラスよりも透過度の高い，落しても割れない「シリコンロックグラス」を2020年に誕生させ，多くの人々を驚かせた。

ラボレーションが実現する可能性が高まる。自社が保有する技術の優位性を認識し，それが戦略的に活用できるような経営を指向すること，換言するならば自社の将来を見据え，その実現に向けて探索と深化を続けることが重要となる。

② 外部の力を活用し，経営や製品を再デザインする（ビジネスモデルの変革）

　中小企業の多くは，ものを作る技術があっても，何を作ればよいのかわからない。あるいは，売れるものを作る必要があるにもかかわらず，売れないものを作ることも少なくない。つまり，販売する相手が誰かがわからない。また，その者が何を求めているのか，綿密な調査をせずに作るために，良い結果につながらないのである。

　世の中にものが溢れている今，消費者に向けた製品は，かなりの尖ったものが求められる。残念ながら，こうしたことを実現するには，中小企業1社のみでは困難が大きい。最近，こうした中小企業の保有する技術力を引き伸ばし，消費者が欲するような商品を誕生させる役割を担うクリエイターやデザイナーがみられるようになっている[11]。彼らは，市場情報に精通しており，かつ消費者に訴求するポイントを明確に指摘することができる。このように，自社が保有していない技術・ノウハウを外部に求め，そこから新しいものを誕生させるという発想や活動が必要になる。既存に存在する製品について目先のデザインを変えるというのではなく，抜本的な見直しにより新たな価値を有する製品を生み出すプロセスが必要になる。このような取組をつうじて，自社の経営についても見直し，新しくデザインすることが可能となる。このことにより，事業のビジネスモデルが大きく変換され，成長を確実なものにすることができる。

---

(11) 八尾市のなかでも，㈱ロフトワーク社や㈱TENT社の協力を得て，尖る製品を誕生させている企業がみられる。

③ 従業員がみずから考え働くことのできる環境の整備

　企業が新しいイノベーションの創出活動に取り込もうとした時，それを阻む要因として「自社内に能力のある人材の不足」を指摘する企業が多くみられる（文部科学省科学技術・学術政策研究所, 2019:50）。実際そのとおりであろうが，未知のものに取り組むわけであるから，そうした能力のある人材が存在する方が稀であろう。重要なことは，能力のある人材の有無というより，未知のものに対して積極的に取り組み，成果を上げようとする従業員が存在するか否かである。こうした従業員が誕生するよう，その養成に注力し，従業員が生き生きと働くことのできる職場環境を用意する必要がある。事業承継後の経営を円滑に進めるには，開かれた経営が必要と考える後継者は一定数存在するが（久保田, 2011a:62），果たしてそれが真の意味で開かれているのか，確認が必要である。なぜなら，経営者の立場ではなく従業員の立場で開かれていることが実感されなければならないからである。それには，経営実績をガラス張りにして従業員にもみえるようにし，業務に励み成果をあげれることができれば，その一定割合が従業員にもリターンされるなど，インセンティブにつながる仕組が不可欠であろう。

　また企業には，創業者の定めた社是・社訓が存在し，それを始業時に唱えているところもあろう。果たしてそれが，従業員の行動の指針となっているのか，再検討も必要であろう。事例で取り上げた木村石鹸においても社是・社訓は存在しているが，あえて会社から従業員にそれを強要することはされていない。大切なことは，その意味が従業員に伝わり，皆が1つの方向に向かってベクトルを合わせ行動できることにある。

【参考文献（アルファベット順）】

文能照之（2013）「事業承継企業のイノベーション創出活動」近畿大学商経学会『商経学叢』通巻169号：289-302.

中小企業庁編（2001）『中小企業白書 2001年版』ぎょうせい。

中小企業庁編（2005）『中小企業白書 2005年版』ぎょうせい。

中小企業庁編（2012）『中小企業白書 2012年版』日経印刷。

中小企業庁編（2013）『中小企業白書 2013年版』佐伯印刷。

中小企業庁編（2016）『中小企業白書 2016年版』日経印刷。

中小企業庁編（2017）『中小企業白書 2017年版』日経印刷。

中小企業庁編（2019）『中小企業白書 2019年版』日経印刷。

中小企業庁編（2020）『中小企業白書 小規模企業白書 2020年版（上）』日経印刷。

中小企業庁編（2020）『中小企業白書 小規模企業白書 2020年版（下）』日経印刷。

中小企業庁編（2021）『中小企業白書 小規模企業白書 2021年版（上）』日経印刷。

中小企業庁編（2021）『中小企業白書 小規模企業白書 2021年版（下）』日経印刷。

中小企業金融公庫総合研究所（2008）「事業承継を契機とした経営革新」『中小公庫レポート』No.2008-1.

Duncan, R.B. (1976) "The ambidextrous organization: Designing dual structures for innovation." In R.H. Kilmer, L.R. Pond & D. Slevin (Eds.), *The management of organization design: Strategies and implementation*: 167-188, New York: North Holland.

Gibson, C.B. and Bircumshaw, J. (2004) "The antecedents, consequences, and mediating role of organizational ambidexterity," *Academy of Management Journal*, 47: 209-226.

堀越昌和（2017）「わが国における中小企業の事業承継研究の現状と課題」事業承継学会『事業承継』第6巻，文眞堂：44-57.

鉢嶺実（2005）「脚光を浴びる『第二創業』」信金中金地域・中小企業研究所『信金中金月報』2005年3月号：13-25.

池田潔（2012）『現代中小企業の自律化と競争戦略』ミネルヴァ書房。

栗井英大（2021）「「第二創業」に関する研究展望」長岡大学『研究論叢』第19号：23-39.

奥田聡・更田誠・大江建（2021）「中小ものづくり企業の生き残り戦略：株式会社浜野製作所の産学連携応用と両利きの経営の実現事例」『Venture review 日本ベンチャー学会誌』第37号：41-55.

神谷宜泰（2018）「中小企業後継経営者の承継と革新に関する理論的研究」名古屋市立大学経済学会『オイコノミカ』第55巻第1号：15-37.

川上義明（2011）「日本の中小企業政策の過程（Ⅱ）―『失われた20年段階』における中小企業政策：試論」福岡大学研究所『商学論叢』第56巻第3号：221-

263.

久保田典男 (2011a)「事業承継に際しての組織改革—中企業の事業承継におけるケーススタディ」『日本政策金融公庫論集』第11号：47-64.

久保田典男 (2011b)「世代交代期の中小企業経営—次世代経営者の育成」日本中小企業学会編『世代交代期の中小企業経営』同友館：17-31.

三井逸友 (2002)「世代交代の過程と次世代経営者の能力形成・自立への道」中小企業研究センター編『中小企業の世代交代と次世代経営者の育成』調査研究報告 第109号：17-44.

村上義昭・古泉宏 (2010)「事業承継を契機とした小企業の経営革新」『日本政策金融公庫論集』第8号：1-30.

文部科学省科学技術・学術政策研究所 (2019)「全国イノベーション調査 2018年調査統計報告」2019年8月。

日本政策金融公庫 (2010)「中小企業の事業承継」『日本公庫総研レポート』No.2009-2.

O'Reilly, C.A. and Tushman, M.L. (2016) *Lead and Disrupt: How to Solve the Innovator's Dilemma,* Stanford Business Books.（入山章栄・冨山和彦・渡部典子訳 (2019)『両利きの経営』東洋経済新報社）

佐竹隆幸編著 (2002)『中小企業のベンチャー・イノベーション—理論・経営・政策からのアプローチ』ミネルヴァ書房。

佐藤憲 (2019)「後継者のキャリア形成が事業承継後の企業パフォーマンスに与える影響」『日本労務学会誌』第20巻第1号：4-18.

鈴木啓吾 (2015)「事業承継を機に後継者が経営革新を果たすためのポイントとその効果」『日本政策金融公庫論集』第29号：29-41.

髙橋美樹 (2002)「イノベーションと中小企業の事業承継」中小企業研究センター編『中小企業の世代交代と次世代経営者の育成』調査研究報告第109号：45-64.

タナベ経営 (2021)『TCG REVIEW』9月号：21-24.

Teece, D.J. (2014) "A dynamic capabilities-based entrepreneurial theory of the multinational enterprise," *Journal of International Business Studies*, 45:8-37.（菊澤研宗・橋本倫明・姜理恵訳 (2019)『ダイナミック・ケイパビリティの企業理論』中央経済社）

Tushman, M.L., & O'Reilly, C.A. (1996) "The ambidextrous organization: Managing evolutionary and revolutionary change," *California Management Review*, 38:1-23.

八尾市 (2014)「八尾市製造業実態報告書」。

八尾市産業政策課（2020）「八尾市産業振興会議 資料1」。

安田武彦（2005）「中小企業の事業承継と承継後のパフォーマンスの決定要因―中小企業経営者は事業承継にあたり何に留意すべきか」日本政策金融公庫『中小企業総合研究』創刊号：62-85.

安田武彦（2006）「小規模企業経営者の世代交代は適切に行われているか―ミクロデータを用いた一試論」中央大学企業研究所『企業研究』第10号：13-33.

山岡徹（2016）「組織における両利き経営に関する一考察」横浜経営学会『横浜経営研究』第37巻第1号：43-54.

文能照之

第8章

中小製造業における外国人活用
──技能実習生の戦略的な受入プロセスに着目して

1. はじめに

　自動車・電機・機械設備といった金属・機械産業は，日本のリーディング産業であり，それを支える存在として中小企業が欠かせないことはよく知られている。しかし厳しい労働力不足で，こうした中小企業では生産現場の維持が困難になっている。日本の労働力不足は構造的なものであり，今後も同じ傾向が続くと予想され，外国人活用が有力な対応策として導入が進んでいる。

　そこで本章では，外国人，なかでも技能実習生に着目し，中小企業の生産現場で技術力維持を実現するための手法を分析する。厚生労働省（2020）によれば，製造業では雇用する外国人の在留資格のうち，技能実習生等の特定活動[1] が占める比率が38.4％と，他の産業と比較して突出している。

　金属・機械産業では，中小企業の多くが加工・組付・素形材・設備製作といった業務を手がけているが，こうした工程では作業に技能を要すことが多い。そのためたんなる単純労働を補うだけでは生産現場を維持することはできず，技能実習生の活用にさいしても，そのことを考慮する必要がある。

　そこで，本章では技能実習生の受入までのプロセスに焦点をあてて検討することとした。技能実習生を戦略的に受け入れることで，技能を修得してもらう可能性が高まり，日本の国内の生産現場の技術力を維持でき，従来どおりの短納期・高品質を実現できると考えるためである。ここでいう「戦略的な受入」とは，受入企業が望む人材が採用でき，技能実習生が意欲をもって実習にのぞんで技能を修得することで，中小企業での生産現場の技術レベルが維持できる

---

[1] 厚生労働省（2020）『「外国人雇用状況」の届出状況まとめ』では，特定活動として技能実習生，ワーキング・ホリデー，外交官等に雇用される家事使用人等の合計が示されている。

ような状況を目指すことを想定している。

　現在，日本においてベトナムからもっとも多くの技能実習生を受け入れていることから，本章でもベトナム人技能実習生の受入に着目し，送出機関・監理団体へのインタビュー調査をもとに，戦略的なプロセスのあり方を探ることとする。

2.　中小製造業における労働力不足の現状

　労働力の確保と維持は，企業成長にとって欠かせない要素である。しかし日本銀行短観による雇用人員判断DI（Diffusion Index：景気動向指数の1つ）によれば，製造業では2014年以降長らく，マイナスが続いてきた。新型コロナウイルス感染拡大危機の影響を受けて2020年は一時的にプラスに転じたものの，2021年には再びマイナスになっている（図表8-1）。

　また製造業全体のDIと中小企業のDIを比較すると，労働力不足の影響を受けやすいのは，中小企業であることがわかる。政府が中小企業基本法に基づいて毎年発表する『中小企業白書』においても，こうした状況が反映され，労働力不足（あるいは人材不足）については2015年版以降，繰り返し取り上げられてきており，中小企業にとって長期的かつ深刻な状況が続いていることを示している（弘中, 2019）。

　今回着目するのは，製造業の労働力不足のなかでも，ものづくりを支える生産現場である。厚生労働省の一般職業紹介状況では職種別の有効求人倍率を発表している。そのなかで生産工程では，2014年以降，一貫して有効求人倍率が1.0を上回っている（図表8-2）。

　以上を総括すると，日本の製造業における労働力不足は恒常的であり，とくに中小企業は大きな影響を受けている。また製造業を支える要ともいえる生産工程では，慢性的に人手が不足している。労働人口が大きく減少する今後は，状況がますます厳しくなることが予想され，日本の生産現場の技術力を維持するうえで，大きな影を落としていることがわかる。

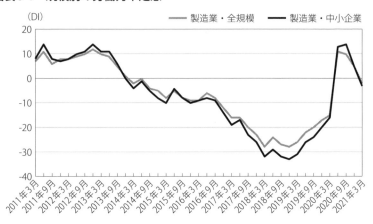

図表8-1　規模別の労働力不足感

（DI）

製造業・全規模　　製造業・中小企業

出典：日本銀行短観「雇用人員DI」を基に筆者作成

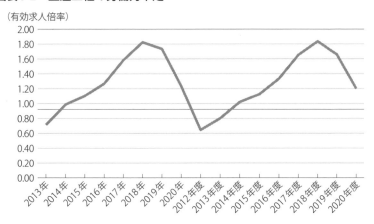

図表8-2　生産工程の労働力不足

（有効求人倍率）

出典：厚生労働省『一般職業紹介状況』e-STATを基に筆者作成

3.　技能実習制度と受入プロセス

3-1.　技能実習制度の概要

　労働力不足で苦境に陥った中小製造業が，活路として見い出したのが外国人

技能実習制度である。

　外国人技能実習制度は「我が国で培われた技能，技術又は知識（以下「技能等」という）の開発途上地域などへの移転をはかり，当該開発途上地域等の経済発展を担う「人づくり」に寄与するという国際協力の推進」を目的として導入された（国際人材協力機構，2020）。期間は3年から5年で，技能実習計画に基づいて技能の修得がおこなわれる。ベトナム人は技能実習生全体の52.7％を占めるなど多数であり（外国人技能実習機構，2019）「平成30年度業務統計」による），高校卒業程度で来日する若者が多い。

　技能実習生は，企業が単独で受け入れる場合と，営利を目的としない団体（監理団体）が受け入れる方式の2つがあるが，本研究が着目する中小企業の場合は，後者での受入がほとんどである。

　技能実習生は，概ね以下のようなプロセスで企業に受け入れられる（図表8-3）。まず現地ベトナムの送出機関（日本語学校等）に応募した技能実習生は，受入企業での選考にパスすると雇用契約を結ぶ。受入企業は，監理団体の支援のもと，実習計画の認可・ビザの発給のために関係諸機関への手続きをおこなう。実習生は来日後に監理団体で研修を受け，その後に受入企業での実習を開始する。

4.　関連する研究と本研究の位置づけ

　ここでは，関連研究をレビューしつつ，本研究の位置づけを明らかにしたい。「内なる国際化にかんする議論」，「中小企業における外国人活用にかんする議論」，「技能実習制度の課題についての議論」を取り上げる。

4-1.　内なる国際化にかんする議論

　「内なる国際化」は，海外進出などの外に向かう国際化に対応して用いられている用語である。地域や学校・企業における外国人の受入のことを指しており，1990年代には，日本企業の国際化の課題として「内なる国際化」がすで

図表8-3　技能実習制度のプロセス

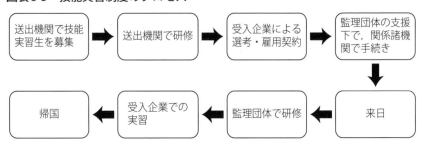

出所：筆者作成

にあがっていた（吉原, 1992）。日本企業が国際化を進展させるうえで，本社のコミュニケーション・意思決定に外国人が参加していることが必要だと示唆されている（吉原, 1996）。それから年月が経ち2000年代に入ってからも，日本企業の「内なる国際化」はあまり促進できず，日本本社でより積極的に外国人を活用する必要性が再度指摘されている（寺本ほか, 2013）。

　2010年代後半には，日本企業の競争力向上に資するとして，政策面でも「内なる国際化」が注目されるようになった（経済産業省, 2018）。経済産業省（2016）は，外国人の企業での受入パターンを類型化し，中堅・中小企業に適応できるパターンとして「海外事業の展開・拡大に乗り出した地方の中堅・中小企業」を提示している（経済産業省, 2016）。

　しかし内なる国際化は，海外事業などに積極的な企業だけが携わるものだけではないのである。中小企業の場合，国際化を進展させようという意図ではなく，労働力不足を解消するために受け入れている場合がほとんどと考えられるからである。

　海外の研究に目を転じると，移民労働にかんする研究は多いものの，移民の企業教育にかんするものはBarrett et.al（2013），Dostie and Javdani（2020）などをのぞいてわずかである。これらについても移民の教育機会が制限されていることに焦点をあてており，受入プロセスや教育内容を対象としているわけではない。また，移民と技能実習制度は政策面・制度面で大きな違いがあるこ

174

とから，以下では日本国内の研究に絞ってみていきたい。

4-2. 中小企業における外国人活用にかんする議論

　厚生労働省の2020年10月のデータによれば，外国人労働者がもっとも多い業種は製造業で39.6％を占める。また外国人を受け入れている全事業所数のうち59.6％が30人未満規模の事業所である（厚生労働省2020）。

　このように中小企業にとって外国人の雇用はより身近になってきたことから，それにかんする研究も進んでいる。井上（2015）は，中小企業が海外実務を任せられる人材として，マネジメント層に外国人留学生，現場労働者として外国人技能実習生をあげている（井上, 2015）。

　竹内（2019）は，中小企業の外国人雇用を，日本人社員の「補完」と「代替」という2側面に分け，「補完」として外国人の正社員，「代替」として技能実習生を位置づけている（竹内, 2019）。

　中小企業での技能実習生の育成に着目した稀有な研究としては，中原（2020）がある。経営資源に限定のある中小企業だからこそ，受け入れる側の企業は収益と研修費用のバランスをはかりながら育成しなければならないことを指摘したうえで，技能実習生が技能を修得するうえでは実習生側の意欲も重要であることを示唆している。

　以上のように，いくつかの既存研究において，中小企業における外国人技能実習生の活用が着目されていることがわかる。しかしながら，受入前に着目した研究はほとんどない。

4-3. 技能実習制度の課題と受入プロセスへの着目

　以上の既存研究を概観すると次のことがいえよう。日本企業の海外事業展開がますます増えるなかで，「内なる国際化」の重要性が指摘されている。一方で，日本の中小製造業では労働力不足という外的圧力が技能実習生雇用につながっており，期せずして「内なる国際化」に取り組まざるをえない状況になっている。

また，技能実習生について，生産現場で質の高い労働者としての役割が期待され，技能修得がますます重要になっていることがわかる。

　一方，国内で技能実習生が増加するつれて，課題も多く指摘されるようになった。守屋（2018）は，日本の大学・大学院卒の外国人留学生，技能実習生などさまざまな外国人労働者をとりまく環境を整理し，とくに技能実習生についてはベトナムの事例を引用しつつ，母国からの送出時と日本の受入時・受入後に問題があることを指摘している。また技能実習制度では，実質的に大半が監理団体型のロースキルの低賃金労働力として活用され，母国に帰国後，その技能が活かされていないことを問題視している。グェン（2013）においても，送出時の問題や実習内容にかんする課題が同様に指摘されている。

　また大重（2016）は，長時間労働やパワハラ，旅券や在留カード取り上げなどの人権侵害が生じているケースがあることや，さまざまな規制が整備されているにもかかわらず，高額の斡旋料や仲介料徴収といった不法行為がいまだに存在していることを指摘している。

　石塚（2018）は，ベトナム人技能実習生の失踪問題に焦点をあて，その課題解決をするうえで実習生の採用・送出プロセスに着目し，その規定遵守やモニタリング制度の概要とその課題を整理している。

　以上を整理すると，送出・受入における課題や，実習生が十分な技能を修得できていないことにかんする課題が目立つことがわかる。

　こうした仲介や斡旋の問題や実習生と受入企業のミスマッチを防ぎ，技能修得を効果的にすすめるうえで，受入までのプロセスが果たす役割は大きいと考えられる。また，中原（2020）が指摘するような意欲のある人材を見い出し，効果的に社内で実習をすすめるためにも，受入は極めて重要になる。

　金属・機械産業では，生産現場で一定のスキルを必要とする中小企業が多い。たとえば多品種少量生産や一個流しの生産体制が敷かれている場合には，生産する品種は刻々と変化する。生産現場では，段取り替えが頻繁に発生し，そのたびに異なる材料を準備し，設備をセッティングしなければならない。また加工や組付にも精度が求められる。このような中小製造業においては，技能

実習生にも一定以上の技能を修得してもらうことが，生産現場の技術力維持に必要になるのである。

5.　生産現場の技術力維持に資する技能実習生受入のありかた

　以上の問題意識に基づき，以下ではケーススタディをおこなう。取り上げるのは，技術力のある中小製造業に評判の高い監理団体「精密金属部品製造協同組合」[2]と，同組合と提携する送出機関の「MIRAI HUMAN RESOURCES Co.Ltd」[3] である。日本とベトナムで実施した両組織へのインタビュー調査をもとに，技能実習生受入までのプロセスを中心に詳細を観察することとする。

5-1.　送出機関(ベトナム側)：MIRAI HUMAN RESOURCESのケース

　同社のTHANH社長は，1998年から2001年まで研修生（現在の技能実習生）として，日本で働いた経験をもつ。そのさいに日本に好印象をもった同氏は，その後に日本の新聞社の奨学金を得て，日本語学校の留学生として2002年に再来日した。卒業後は，日本企業のベトナム現地法人に勤務したり，技能実習生の受入にかかわるなどして，2015年にMIRAI HUMAN RESOURCES Co.Ltdを起業した。そして技能実習生を育てるために日本語学校を設立し，送出機関としての業務を開始したのである。みずからも研修生を経験しているため実習生の心情が理解でき，一方で日本企業の勤務経験もあることから日本企業のニーズもわかり，また受入業務にも明るいことから，自身の経験を最大限に活かせると考えたのである。

　同社では2018年に638名，2019年に899名の日本への送出実績があり，新

(2) 2018年5月7日の精密金属部品製造協同組合を視察するとともに，2021年6月1日に再度，同組合の発起人である三共製作所代表取締役の松本輝雅氏にインタビュー調査を実施した。記して感謝したい。
(3) 2018年12月25日に，ホーチミンの本社にて代表取締役社長THANH氏，部長MINH氏，日本語主任兼日本語教員指導担当VAN氏にインタビュー調査を実施した。記して感謝したい。

型コロナウイルス感染拡大の影響を受けた2020年も222名を送り出している。日本の製造業や福祉業界への派遣に力を入れており，製造業に関しては，技能を要する企業に対して多くの送出実績がある。

　同氏は，技能実習制度において問題が発生するのは，1）実習生が送出機関・監理団体に法外な手数料を要求された場合に多額の借金を抱えること，2）受入企業の労働環境が劣悪なこと，が主たる原因だと考えている。そのため，そうした問題が発生しないような仕組づくりをおこなってきた。

① 入学までのプロセス

　まず，ベトナム各地で説明会をおこない，技能実習生として渡航する希望者を募集する。希望者は同社が運営する日本語学校に入学することになるが，同社では，本格的に勉強を開始する前に，1ヶ月ほど観察期間を設けている。健康診断や筆記テストを実施するほか，生活態度や日本への渡航動機を確認する。とくに動機の確認は重要であるという。日本に遊びに行く感覚で応募する場合や，本人の希望ではなく家族に強制されている場合は，渡航後に勤労意欲に欠けるからだという。最終的に面接を経て合格した人材だけが入学することになる。

　ベトナム政府は，送出機関が実習生から徴収できる手数料の上限を3,600ドル（日本円で約38万円）と定めているが，他社がこれを上回ることが多いなか，同社の入学金は3,600ドルである。入学後も，派遣する人材の質を保つために，問題行動を起こす生徒には注意・指導を徹底するほか，改善がみられない場合には退学させることもあるという。

② 入学後の学習

　入学後は日本語を集中的に学習する。授業時間は1日に8時間で，毎日宿題が出るので，帰宅後の学習も必要になる。

　教員は日本人が3人，ベトナム人が30人である。日本人教員については，「大卒であること」「日本語教育の資格を有していること」「日本語指導の経験

があること」を条件に採用している。ベトナム人教員は，技能実習生の経験を
もつ教員も多いという。

　同社では教員の質を高めることに注力しており，日本語指導経験の豊富な
VAN氏が主任として教員の教育を担当し，毎週土曜日に研修を実施している。
またVAN氏の方針で，授業は日本語でおこなわれ，ベトナム語は授業時間の
最後の10分程度にとどめるなどして，できるだけ生徒が日本語にふれる時間
を増やし，効果を高めているという。

　カリキュラムも工夫している。TAHNH社長をはじめ，社員・教員に技能実
習生の経験者が多くいることから，授業でたんに日本語を教えるのではなく，
日本での勤務・生活に役立つことを授業に取り入れている。たとえば，授業の
最初と最後には，必ず「起立，礼（おはようございます，お願いします，あり
がとうございます）」などの挨拶をおこなう。授業中には必ず手をあげてから
発言するよう指導しているほか，生徒が校内でお客様にあったら，必ず立ち止
まって挨拶をするように教えている。製造業では立って作業することも多いた
め，それに慣れるために授業を立って受けているクラスもある。

　入校後およそ4ヶ月で日本語能力検定N5級取得レベルになり，日本への入
国のさいにはN4級レベル（基本的な日本語を理解できるレベル）に達する。
N3級・N4級に合格したら賞金を支給するなどして，日本語学習のモチベー
ションを向上させるようにしている。

③　日本企業とのマッチング

　同社には，精密金属部品製造協同組合をはじめ，提携している日本側の監理
団体をつうじて，日本企業からの求人情報が入る。提携する監理団体は，優良
な中小企業を紹介してくれるかどうかで選択しているという。前述のように
THANG社長は，実習生の失踪などの問題には，受入企業の労働環境や待遇な
ども影響していると考えており，チープレイバーだけを求めている企業には派
遣しないという方針だという。

　また，監理団体を選ぶさいには，通訳が常駐しているかどうかも重視してい

る。通訳が常駐していない監理団体では，日本語が不自由な実習生が受入企業でトラブルにあった場合に，迅速に解決してくれないと判断しているためである。

　求人情報は精査して確認する。職種や職務内容のほか，待遇についての詳しい情報提供を，監理団体をつうじて企業側に依頼する。技能実習生が担当することになる具体的な職務内容はもちろんのこと，食事代や寮費などについても細かく確認するのである。

　そのうえで，生徒が受入企業の面接を受ける前に詳細に説明し，条件に納得したうえで面接を受けられるようにしている。早い場合には入校1ヶ月後くらいから採用面接を受ける生徒がいるという。

5-2.　日本側の監理団体：精密金属部品製造協同組合のケース

　精密金属部品製造協同組合は，技能実習生受入のために，株式会社三共製作所を中心に，東大阪近辺で金属加工を手がける中小製造業で結成された。精密加工はもちろん，多品種・短納期・高品質を実現するなど，技術力向上に力を入れている中小企業で構成されている。ベトナム以外にも，これまでミャンマーやインドネシア，タイ，ネパール，スリランカ，カンボジアなどから実習生を受け入れており，日本の中小企業が海外展開するための海外視察も支援している。

　三共製作所代表取締役の松本輝雅氏は，日本で外国人の労働が認められるようになった初期から，同社で外国人を雇用していた。また，それまで仕事で携わった経験からベトナムに好印象をもっており，「理想の監理団体をつくりたい」と同組合の設立を決意した。

　同社は社員の7割近くを外国人が占めるなど「内なる国際化」の先進企業として知られており，こうした経験も，組合の技能実習生受入合事業に相乗効果をもたらしていると考えられる。

① 送出機関との提携

　MIRAI HUMAN RESOURCESとの提携を考えたのは，松本氏がTHANH氏の経営方針に共感したからだという。THANH氏自身が技能実習生としての経験があり日本で暮らす外国人の苦労がわかると同時に，日本の良さも理解していることから，信頼関係を構築しやすいと判断したのである。これまで提携したことのある送出機関のなかには，同組合が求めるレベルの人材を派遣してくれなかったり，研修が行き届いていなかったりするケースもあり，そういう送出機関とは関係を解消していったという。MIRAI HUMAN RESOURCESの場合には，最初に受け入れた実習生が，職場でルールを遵守でき，技能修得のスピードも早かったことから，信頼が高まったという。

② 受入企業へのサポート

　組合設立当初は，三共製作所や組合メンバーとネットワークのある企業が，主たる受入企業であった。

　しかし同組合が受け入れる実習生の勤労意欲が高く，技能修得も早いことから，口コミで評判が広まり，他の中小企業はもちろん大企業も含めて利用企業が拡大した。現在，設立当初の20倍近い数の企業が利用しているという。

　組合の重要な業務の1つとして，実習生の受入を希望する企業の採用面接のサポートがある。組合のスタッフは，受入希望企業の社員に同行してベトナムに行き，技能実習生の面接をおこなう。送出機関との調整のほか，現地での移動・宿泊・通訳などをすべて手配し，受入企業の希望に沿った面接が実施できるように全力を尽くす。

　実習生の受入を希望するのは，生産現場で技能を要する企業がほとんどである。そのため，品質維持のための標準作業等の遵守や，チームワークが重視されることから，それが選抜方法にも影響をおよぼしているという。

　つまり日本語能力に加えて，ルールを遵守できることが最低条件であり，段取りがよいこと，精密な作業をするために手先が器用であること，複雑な業務に対応できること，協調性があることなど，実習生に対してさまざまな条件を

求める企業が多い。そのため，寮や日本語学校での生活態度を確認するほか，適性検査・IQテスト，体力検査を実施したりする。企業によってはパズルや，器用さを測定する箸を使ったゲームなども取り入れるという。そのうえで，受入企業の採用希望人数の3倍程度を面接し，多くの場合，補欠も含めて採用予定者を決定する。

その後は受入企業のリクエストにしたがって，監理団体から送出機関に対して，採用予定者の研修内容をカスタマイズする。日本語修得に加えて，勤務に必要な専門用語や安全知識，実技の訓練が加わることもある。

実習生がこうした研修を受けている間に，監理団体は関係省庁・機関に提出するさまざまな書類作成や手続きをサポートする。これらが無事に終了すれば，実習生が来日できることになる。面接後にだいたい6ヶ月程度で日本に来日するケースが一般的であるという。

③ 来日後の研修とサポート

来日後は，組合のスタッフが技能実習生を空港に出迎え，法定研修（1ヶ月，176時間）を実施する。

同組合では，合宿所を兼ねた専用の研修センターを設けており，シャワー室，キッチンなどが完備されている。担当講師は，製造業への知見が深く，海外経験も豊富で，大手メーカーの常務であった小野田氏がつとめている。ベトナムを愛し，コロナ禍前には，生徒の誕生会などを開いてご飯をふるまうなどベトナム人の育成に情熱をもった人物である。

来日後の研修は，より実践的できめ細かいものになる。生活面に関しては，ATMの使い方，交通ルール，ゴミ捨ての方法，エレベーターやエスカレーターの乗り方，冠婚葬祭の習慣，防災の知識など，日本の生活で困らないようにきめ細かく指導する。また「土足厳禁」「頭上注意」「救急箱」など，工場で常識となる用語も学ぶほか，技能をスムーズに修得するために「メモをとる習慣」なども訓練するという。

企業派遣後に，技能実習生がスムーズに職場になじめるような配慮もしてい

る。入社後の職場での人間関係がうまくいくように，研修期間中に日本語で自己紹介書を書いてもらい，それを派遣先の会社で掲示してもらうのである。

　また，講師が各実習生の「個人報告書」を作成して，受入企業に提出するという。本人の性格や能力に基づいて，どのような指導・育成方法が望ましいか，どのようなコミュニケーションをすれば業務指示が伝わりやすいかも付記する。また実習生仲間からの当該実習生の人物評も掲載することで，受入企業が実習生を多面的に理解しやすいような工夫も施している。

　研修期間を終えた実習生は，組合スタッフが受入企業までエスコートする。住民票などの役所での手続き，生活面の手続き（電気・ガス・電話，インターネットなど）などにも同行し，生活が順調に始められるようなセットアップをおこなうという。

6.　ケースの考察

　以上，技能実習生が受入企業に入社するまでのプロセスを，送出機関・監理団体の役割を中心にみてきた。

6-1.　戦略的な受入に資する工夫

　このケースでは，中小製造業の技能実習生の戦略的な受入が機能するように，以下の点で工夫がおこなわれていた。

①　情報の透明性の確保

　第1が，実習生が支払う手数料を最初に明示し，しかも低価格に抑えている。これにより，先行研究で指摘されていた実習生側で多額の借金が生じるような問題がクリアされる。

　第2に，勤務条件や職務にかんする情報の透明性である。監理団体では，受入希望企業から企業概要・業務内容・待遇などの情報を得て，送出機関に伝える。送出機関はその情報を細かくチェックし，実習生の立場にたって確認をお

こなったうえで，実習生本人が納得するまで説明する。実習生・送出機関・監理団体・受入企業の間で情報の透明性が確保されているのである。

② 人材のミスマッチ回避

技能実習生候補者の選抜は，慎重におこなわれている。

まず送出機関では，日本で働く意欲があるかを入校時に確認している。

そして，監理団体は，受入企業の人材に対するニーズを正確に把握している。監理団体の発起人である松本氏が，自身の会社でものづくりや，外国人雇用の経験があることも，功を奏している。

さらに受入企業は，監理団体のサポートのもとに，ベトナムに渡り，さまざまな方法を駆使して，自社の生産現場にふさわしい候補者を選抜している。繰り返しになるが，本章で対象としているような中小企業は，労働力不足下で単純労働者を求めているのではなく，生産現場で求められる技能レベルも高いため，日本本社で日本人社員を採用する場合と同様に，実習生においても選抜が重要なのである。

③ 実習開始前の多面的な研修

実習生が受入企業で勤務を開始する前段階で，次の3つのタイプの研修がおこなわれている。「日本語」「日本での生活に必要な知識」「社会人として必要なマナーや常識」である。さらに，受入企業での業務に対応するための特別な研修が加わることもある。

このように実習開始前の研修が多面的に展開されていることで，実習生は来日後の生活がスムーズになり，職場での人間関係を築きやすくなり，より技能修得に専念することができる。

労働不足に苦しみ，かつ生産現場で技能を要する企業において，重要な戦力になることが期待できるのである。

④　技能実習生と受入企業のための実習開始後のサポート

　今回インタビュー調査した送出機関と監理団体は，実習開始後も，実習生・受入企業と定期的にコミュニケーションをとっている。とくにメンタル面まで踏み込んでサポートをしているのが特徴である。コロナ禍前には，両組織ともスタッフが受入企業を定期的に訪問し，現地で実習生に面会するとともに，受入企業の相談にのっていた。コロナ禍の現在は，現地訪問には制約があるものの，実習生や受入企業との定期的なコミュニケーションは欠かしていないという。

　実習生の多くは20歳前後の若者である。いくら事前に日本での生活や職務について詳しい情報提供がなされ，十分な研修を受けていたとしても，はじめての外国生活でのストレスやホームシックはつきもので，勤労意欲が下がることもある。また慣れない日本語でのミスコミュニケーションや慣習の違いで職場での人間関係が悪化したり，外国人社員になれていない受入企業側が対応に戸惑うこともある。そのため，実習生の入社後にも十分なサポートが必要であろう。今回取り上げた送出機関や監理団体は，時には技能実習生本人だけでなく，その親・家族のメンタル面まで支援して解決にあたるという。

　こうした努力は，まさに先行研究が日本企業の課題として取り上げていた「内なる国際化」を，受入企業でスムーズに進展させるために大きく貢献しているといえよう。

　送出機関と監理団体による実習開始後のサポートが前提になっているからこそ，受入企業も安心して採用ができ，技能実習生も安心して入社できるのである。

6-2.　送出機関と監理団体の密接な連携

　このように戦略的な受入が実現できているのは，送出機関と監理団体の密接な連携があるからだと考えられる。今回インタビューした2つの組織は，「送出機関は実習生を送り出すまで，監理団体が実習生の入国後を担当する」というような分業関係ではなく，両社が連携をとって，送出機関の日本語学校入校

図表8-4　送出機関と監理団体の連携によるWin-Win関係の構築

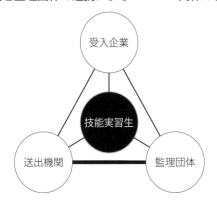

受入企業

技能実習生

送出機関　　監理団体

出所：筆者作成

時から，実習期間終了後の帰国にいたるまでのプロセスで互いに協力してい
る。

　たとえば監理団体は，頻繁にベトナムを訪問し，実習生の現状や，最近の課
題などについて送出機関に情報提供している。送出機関はそれを基に研修内容
を工夫していく。また送出機関は日本にも支社を設置し，監理団体とともに，
実習生と受入企業の間に立って，問題解決をサポートしている。

　このように，送出機関・監理団体がそれぞれサービスの質を高め，かつ両者
が密接に連携することで，技能実習生・受入企業を含めてWin-Win関係が構
築できている（図表8-4）。つまり中小製造業が戦略的な受入をしようとした
場合には，送出機関と密接な関係を構築している監理団体を活用するのが望ま
しいといえよう。

　Win-Win関係の構築は送出機関・監理団体の事業にも好影響を与える。

　技能実習生の満足度が向上すれば，その評判が伝わり，より意欲があり質の
高い実習生候補者が送出機関に集まるようになる。質の高い実習生が継続して
勤務し良好なパフォーマンスを発揮すれば，受け入れる側の日本企業も満足
し，監理団体の評判も高まるのである。

7. 結びに代えて
─技能実習生が拓く日本の中小企業の可能性

　本章では，労働力不足に苦しむ技術力の高い中小企業が生産現場を維持するための外国人活用を，技能実習生の受入プロセスに着目して考察してきた。

　最後に，中小企業での技能実習生の活用は，日本本社の「内なる国際化」向上に貢献するだけでなく，「外なる国際化」にも資する可能性があることを指摘しておきたい。筆者がこれまで調査したいくつかの中小企業では，ベトナム人の技能実習生を国内で雇用したことがきっかけになり，海外展開を意識するようになり，ベトナムでの工場設立に発展していたからである（弘中, 2020; 2021a; 2021b)。

　JETROが毎年実施している日系企業活動実態調査（ASEAN諸国編）では，ASEAN諸国に進出している製造業の経営課題として「品質管理の難しさ」が上位にあげられている（日本貿易振興機構, 2020ほか）。これは人材に起因する部分も大きいであろう。筆者が実施した，ASEAN諸国に進出した中小企業へのインタビュー調査でよく聞かれたのは，「単純労働者は確保できるが，生産現場でリーダーになる技能者が不足している」というものだったからである。

　海外に進出して，生産現場の現地人材を育成するのには苦労がともなう。日本のものづくりの考え方・方式について理解してもらい，必要な技能を身に着けてもらうためには，一定時間が必要であるが，海外では社員の定着率が低いことが多いからである。

　しかし日本で充実した研修期間を送った技能実習生であれば，日本的なものづくりについても理解があり，必要な技能もすでに修得している。そのため，筆者が訪問したいくつかの中小企業では，ベトナム進出後に，現地で元技能実習生を雇用して効果をあげていた。彼・彼女たちは，生産現場のリーダークラスとして活躍するだけでなく，日本での学びを部下たちに指導することによって，ベトナムの生産現場を支え，品質向上に貢献できるのである。

　技能実習制度の目的には，「当該開発途上地域等の経済発展を担う「人づく

り」に寄与する」ことが掲げられており，まさにそれを体現しているといえよう。

このように，技能実習生を戦略的に受け入れ，中小企業で適切な実習をおこなうことは，「内なる国際化」だけでなく，「外なる国際化」も発展させられる可能性を秘めているのである。

もちろん，こうしたケースは現状では，多数とはいえないであろう。新興国であるベトナムは経済発展がめざましく，賃金高騰のスピードがきわめて早い。ベトナム現地でのインタビュー調査では，「帰国後の就職先として製造業を選ばないばかりか，日系企業を選ばない場合も増えている」とのことであった。つまりせっかく修得した日本語も，日本での就業経験も生かされないということになる。

こうした意味で，中小企業だけでなく大企業も含めて，日本の製造業が「日本企業の魅力」「ものづくりの魅力」を国内はもちろん，海外にも伝えていくことが課題になるであろう。

〔謝辞〕
　佐竹隆幸先生には，筆者が所属する日本中小企業学会をつうじて大変お世話になりました。2017年に大阪商業大学で開催された同学会の全国大会では，統一論題報告で報告するきっかけを与えていただくとともに，なかなか報告内容が定まらない筆者を，辛抱強くかつ温かく励ましてくださいました。生前に賜りましたご指導に心から御礼申しあげるとともに，ご冥福をお祈り申し上げます。

〔付記〕
　本研究はJSPS科研費17K03873の研究成果の一部である。また，調査は滋賀大学山田和代教授と共同で実施した。

【参考文献（アルファベット順）】

Barrett, A., McGuinness, S., O'Brien, M. and O'Connell, P. (2013) "Immigrants and employer-provided training," *Journal of Labor Research,* 34(1):52-78.

中小企業庁編（2019）『中小企業白書 2019年版』日経印刷。

Dostie, B., & Javdani, M. (2020) "Immigrants and workplace training: Evidence from Canadian linked employer-employee data," *Industrial Relations: A Journal of Economy and Society,* 59(2):275-315.

外国人技能実習機構（2019）「平成30年度業務統計」
https://www.oti.go.jp/gyoumutoukei_2018/（2021年11月30日閲覧）

グェン・テイ・ホアン・サー（2013）「日本の外国人研修制度・技能実習制度とベトナム人研修生」『佛教大学大学院紀要 社会学研究科篇』第41号：19-34.

弘中史子（2019）「人手不足下での企業成長―中小製造業の海外生産を軸として」商工総合研究所『商工金融』第69巻第7号：5-20.

弘中史子（2020）「グローバル化とFA―中小企業における人材確保・育成の視点から」中部産業・労働政策研究会『産政研フォーラム』第126号：17-23.

弘中史子（2021a）「日本で育てる中小企業の新メソッド」『中部経済新聞』2021年5月13日。

弘中史子（2021b）「「内なる国際化」と海外生産」日本中小企業学会編『中小企業研究の継承と発展―日本中小企業学会40年間の軌跡』同友館：97-110.

弘中史子・寺澤朝子（2017）「中小企業の海外生産と人材・組織力」滋賀大学経済学会『彦根論叢』第412号：4-16.

石塚二葉（2018）「ベトナムの労働力輸出―技能実習生の失踪問題への対応」成蹊大学アジア太平洋研究センター『アジア太平洋研究』第43号：99-115.

井上忠（2015）「中小企業の海外事業展開による人材確保・育成についての課題」兵庫県立大学大学院経営研究科『商大ビジネスレビュー』第4巻第3号：19-30.

経済産業省（2016）『「内なる国際化」を進めるための調査研究報告書』。

経済産業省（2018）「政策特集 内なる国際化」『METI Journal 2018年2月号』経済産業省。

経済産業省中部経済産業局（2018）『ものづくり中小企業における高度外国人材（元留学生等）活用事例集』。

国際人材協力機構（2020）『外国人技能実習制度とは』
http://www.jitoco.or.jp/ja/regulation（2021年11月30日閲覧）

厚生労働省（2020）『「外国人雇用状況」の届出状況まとめ（令和2年10月末現在）』。

守屋貴司（2018）「外国人労働者の就労問題と改善策」労働政策研究・研修機構『日本労働研究雑誌』第60巻第7号：30-39.

中原寛子（2020）「中小製造業における外国人技能実習制度活用の現状と課題―精密加工中小企業の事例をもとに」商工総合研究所『商工金融』第70巻第11号：36-51.

日本政策金融公庫（2014）「海外メーカー開拓に取り組む中小企業の現状と課題：アジア新興国で欧米系・地場メーカーとの取引を実現した中小自動車部品サプライヤーのケーススタディ」日本政策金融公庫『日本公庫総研レポート』No.2014-3.

日本貿易振興機構（2020）『2020年度 アジア・オセアニア進出日系企業実態調査』アジア経済研究所。

日本貿易振興機構（2020）『ベトナム進出日系企業，事業拡大意欲はASEANで最大』アジア経済研究所。

大重史朗（2016）「外国人技能実習制度の現状と法的課題 ―人権を尊重する多文化社会構築にむけた一考察」『中央学院大学法学論叢』第29巻第2号：281-299.

竹内英二（2019）「外国人人材の活用と中小企業の成長」日本中小企業学会編『中小企業と人材―人材育成に期待される中小企業の役割』同友館：31-44.

丹下英明（2015）「中小企業の海外展開に関する研究の現状と課題―アジアに展開する日本の中小製造業を中心に」埼玉大学経済学会『経済科学論究』第12号：25-39.

寺本義也・廣田泰夫・高井透・海外投融資情報財団（2013）『東南アジアにおける日系企業の現地法人マジメント：現地の人材育成と本社のあり方』中央経済社。

山本聡・名取隆（2014）「国内中小製造業の国際化プロセスにおける国際的企業家志向性（IEO）の形成と役割」『日本政策金融公庫論集』第23号：61-81.

吉原英樹（1992）『日本企業の国際経営』同文舘出版。

吉原英樹（1996）『未熟な国際経営』白桃書房。

弘中史子

第9章
変化する社会に対応する中小企業のIT経営

1. はじめに

　2020年，世界の様相を一変させた新型コロナウイルスの感染拡大は，企業経営におけるIT（Information Technology）のあり方にも大きな影響をおよぼした。消費行動の変化，働き方の変化，ライフスタイルの変化など，コロナ禍は，社会にさまざまな変化をもたらし，多くの企業がそれに対応するためのIT使用のシーンを急速に拡大させることとなった。

　この急速な様相変化に対しては，これまで整備されてきた通信環境とIT機器の普及を背景に，ITインフラという点で特段の問題はなかったのではなかろうか。むしろ，あらゆる場面でコモディティ化してきたITの存在感とその可能性をあらためて認識させられることになったといえる。

　たとえば，「働き方」を変えるオンラインでの会議や在宅勤務，テレワークなどは，ITによって可能となる対応である。また，消費行動にかかわる点では，EC（Electronic Commerce）利用の拡大や飲食店などのデリバリー対応拡大なども，ITによって支えられている変化である。技術進歩によって普及拡大するITは，さまざまな変化をもたらす存在であるとともに，さまざまな変化に対応するツールであり，現代の企業経営において，そのツールの活用が必須であるといっても過言ではない。

　IT活用の重要性や必要性については，コロナ禍の以前から指摘されてきた。日本企業の生産性の低さが問題視され，とくに中小企業の生産性向上が求められるなかで，政策の観点からは，つねに意識されていたことである。それゆえ，中小企業のIT活用推進に向けて，ITコーディネータ資格認定制度の開始やIT経営応援隊事業から始まり，これまで多くの施策が展開されてきたし，

今日も継続してさまざまな支援策が展開されている⁽¹⁾。

　しかし，実際の企業社会を概観してみると，中小企業でのIT活用は大きく
進んでいるとはいえない状況が続いてきた。そうしたなかで，突如，深刻な問
題をもたらしたコロナ禍は，多くの企業にITを用いた対応を迫ることになっ
た。それゆえ，これまでITを敬遠しがちであるといわれてきた企業において
も，ITの使用度合いが高まってきているとみることができる。

　そのさい，注意しなければならないことは，IT使用とIT活用を同列にとら
えてはいけないということではなかろうか。つまり，IT使用の度合いは高まっ
ているのであるが，残念ながらITの可能性を企業経営にうまくつなげていな
い中小企業が多いのではないかということである。

　ITにかかわる新たな用語やITによる社会変化を表現する用語が頻繁に登場
してくるという現象は，ITの可能性の拡大や新たな領域の登場を意味してい
るといえる。それゆえ，たんにITを使用するだけの企業は，そうしたITの可
能性拡大によって変わっていく社会からとり残されていくことが危惧されるの
である。

---

(1) 中小企業のIT化推進に向けては，IT基本法の施行以降，高度情報通信ネットワー
　ク社会推進戦略本部によって出される戦略構想，2012年からは日本経済再生本部，
　2020年からは成長戦略会議のもとでの戦略構想にそって，おもに，以下の支援施策，
　資格施策，補助金施策が展開されている。

　　2001年　　　　ITコーディネータ資格認定制度を開始
　　2002年　　　　ITスキル標準策定
　　2004年　　　　IT経営応援隊事業開始
　　その一環で以下のような3つの顕彰制度も実施される。
　　2004〜2007　IT経営百選
　　2008〜2014　中小企業IT経営力大賞
　　2015〜2017　攻めのIT経営中小企業百選
　　2017〜　　　　攻めのIT経営銘柄
　　2014〜　　　　ものづくり補助金（中小企業・小規模事業者ものづくり・商業・サー
　　　　　　　　　　ビス革新事業，翌年以降，毎年名称変更），小規模事業者持続化補助
　　　　　　　　　　金
　　2016〜　　　　IT導入補助金（サービス等生産性向上IT導入支援事業）
　　2020〜　　　　中小企業デジタル化応援隊事業

　そして，この危惧が現実のものとなれば，少子高齢化をはじめ，さまざまな問題を抱える日本経済が，より深刻な状況に陥っていくことは必然である。

　この厳しい現状を乗り越えていくためには，日本の企業社会で圧倒的多数を占める中小企業が，ITをたんなる使用に留めるのではなく，「活用」によってITの可能性を引き出し，社会の変化に対応しながら，業績向上，生産性向上を実現していかなければならないのである。

　以下では，中小企業がIT使用からIT活用に移行するために解決しなければならない課題を明らかにし，IT活用によって中小企業が成長発展していくための方策について検討していくことにする。

2.　IT活用とIT投資の意識

　ITにかかわる用語が続々と登場し，ITによって変わる社会を表現する用語も少なくない頻度で登場してくる。そうしたなか，近年，よく使われているのが，デジタルトランスフォーメーション（以下DX）である。

　日本でDXをよく耳にするようになったのは，ここ数年のことであるが，もともとは2004年にスウェーデン，ウメオ大学のエリック・ストルターマン教授によって提唱されたものである。

　それは，「デジタル技術の進展が，人々のあらゆる場面で良い影響をおよぼすことになる」という内容で，IT化の進展による社会の方向性についての概念として提唱されたものである（Stolterman and Fors, 2004:689-690）。この概念は，その後，さまざまな場面で用いられるようになった。それゆえ，その定義も一様ではなく，定義する主体が目指すイメージに応じての定義がなされるようになっている。

　日本でも，経済産業省がDX推進のためのガイドラインを作成し，DXの定義をおこなっている。「企業がビジネス環境の激しい変化に対応し，データとデジタル技術を活用して，顧客や社会のニーズを基に，製品やサービス，ビジネスモデルを変革するとともに，業務そのものや，組織，プロセス，企業文

化・風土を変革し，競争上の優位性を確立すること」と定義し，DX推進に向けた施策展開の基本的な考えとして位置づけている（経済産業省，2018:2）。

　この定義からは，企業がたんにITを使用するだけにとどまっていては，DX対応とはならないことが読み取れる。たんにITを使用するだけではなく，それによってビジネスモデルの変革や，競争優位の確立など，新たな価値の創出につなげていく使い方が求められているのである。

　この考え方は，日本のIT化推進の契機となる2001年「高度情報通信ネットワーク社会形成基本法」（IT基本法）施行当時からみられるものであり，IT化推進（今日的にはDX対応）を進めるためには，「たんなるIT使用を超えて，ITの利活用が必要となる」として，IT化推進施策が実施されてきた[2]。

　そのさい，IT化推進施策の重要な対象は中小企業であり，中小企業のIT化なしには，一国としてのIT化推進が実現しないと認識されるとともに，中小企業のIT活用が遅れていたという現実もあった。

　そこで，中小企業がIT化を推進することで目指す経営のあり方を「IT経営」と名付け，以下のように定義したうえで，当時の現状を把握してIT化推進施策を展開していった。

---

(2) 2001年に施行された「高度情報通信ネットワーク社会形成基本法（IT基本法）」は，デジタル庁の設置にともない施行される「デジタル社会形成基本法」に統合される形で2021年廃止となる。また，これまでのIT化推進施策においては，ITのたんなる使用との違いを示すため「IT利活用」という用語を用いている。

　また，DXについては，2010年代にはいり，ドイツのインダストリー4.0，アメリカのインターネット革命など，各国が第4次産業革命として国あげてのIT推進がめざされるようになるなか，日本でも，遅ればせながらコネクテッドインダストリーを標榜しての新たな段階としてのIT化推進に取り組んでいくことを目指した。さらにそこから，社会全体として目指す姿としてSociety5.0を打ち出し，そうした社会の実現を可能とする基本的概念として，DXの概念を位置づけているのである。経済産業省は，目指す社会を実現するため，企業を主体とするDX推進に向けてのガイドラインを策定しており，そのガイドラインに合致する中小企業のIT化推進施策の実施をはかっている。

〈IT経営の定義〉

「IT投資本来の効果を享受するためには，目的なく，たんに現業をIT化するだけでは，不十分であり，自社のビジネスモデルを再確認したうえで，経営の視点を得ながら，業務とITとの橋渡しをおこなっていくことが重要である。このような，経営・業務・ITの融合による企業価値の最大化を目指すこと」（IT経営協議会，2008）。

IT化の現状については，企業のIT活用状況を4つのステージに区分し，図表9-1のようなイメージで実態把握をおこなった。そして，ITのたんなる「使用」と「活用」の分岐点は，第2ステージと第3ステージの間の「部門の壁」であるとして，その壁を越え，ITを全社的に最適に活用する経営のあり方を「IT経営」と呼んで，その推進を目指していくことになった。

2000年代中頃当時の日本企業のIT活用状況をみると，図表9-1で示されている4つのステージのなかで，第2ステージの割合がもっとも高く，そこにITをほとんど役立てていない第1ステージを合わせて全体の約70％の企業が「部門の壁」を超えておらず，IT経営を実践しているとはいえない状況であった。

比較対象として米国の企業についても同様の調査もおこなわれていたが，米国の企業の実態は，日本企業の状況とほぼ逆の比率で，約60％が「部門の壁」を超えてのIT活用状況であった（経済産業省，2010:2-3）[3]。

日本と米国の企業間でIT活用の違いがみられる背景には，IT投資に対する経営者の意識の違いがあるといわれてきた。2007年に実施した調査で，IT投資に対する意識を「守り」と「攻め」の意識に分類し，日本企業と北米企業の比較の結果が図表9-2である（調査対象がカナダを含む北米企業であるが，米

---

(3) 経済産業省『「IT経営力指標」を用いた企業のIT利活用に関する現状調査（第2回）』では，日本企業のステージごとの比率はステージ1が13.7％，ステージ2が51.7％，ステージ3が28.7％，ステージ4は5.8％。米国企業では，ステージ3が44.8％，ステージ4は16.9％と6割強の企業が「部門の壁」を超えたIT活用となっている。

図表9-1 IT活用ステージ

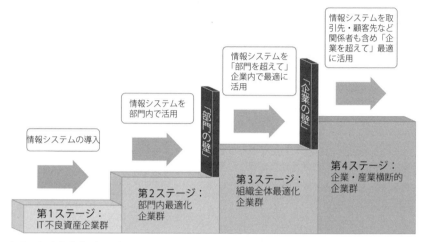

情報システムの導入

情報システムを
部門内で活用

情報システムを
「部門を超えて」
企業内で最適に
活用

情報システムを取
引先・顧客先など
関係者も含め「企
業を超えて」最適
に活用

「部門の壁」

「企業の壁」

第1ステージ：
IT不良資産企業群

第2ステージ：
部門内最適化
企業群

第3ステージ：
組織全体最適化
企業群

第4ステージ：
企業・産業横断的
企業群

出所：経済産業省（2010）

図表9-2 IT投資目的の比較

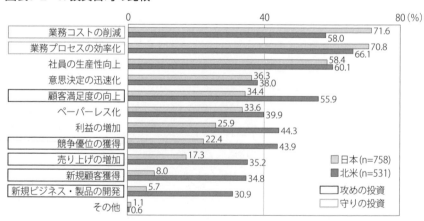

（注）調査期間は，日本2007年11月＆2008年5月，他地域2007年11～12月。
出典：ガートナー（ITデマンド・リサーチ）「IT投資動向報告書2008年―日本と世界」
　　　（2008年11月）
出所：IT経営協議会（2010）

国企業と併記せず，以降，米国企業に統一して表記する）。

　日本企業のIT投資目的は，業務コストの削減と業務プロセスの効率化に意識の集中がある一方で，米国企業の場合は，業務コストの削減，業務プロセスの効率化の意識とともに，顧客満足度の向上，競争優位の獲得など，「攻め」の意識も高く，今日のIT経営推進やDX対応に合致する意識をもったIT投資となっていた。

　今や所有していない人や企業をみつける方が難しいITであるが，その活用状況となると米国企業に大きな差をつけられているのが実態である。そして，その背景には，まさに経営者のIT投資に対する意識の差があったのである。それはすなわち，IT経営の実践状況の差ということに重ねてとらえることができる。

　日本企業の多くが一点集中的にIT投資目的としている「コスト削減」「業務効率化」は，基本的に各企業内で目的が達成されるものである。つまり，社内完結型の目標設定であり，結果としての成果と効果は社内にとどまるものである。それゆえ，「守りの投資」という表現での範疇でとらえられているのであるが，日本企業のほとんどがこの意識に集中している実態があった。

　それに対して，米国企業との意識において大きく差がついたIT投資目的である「顧客満足度の向上」「競争優位の獲得」「新規顧客獲得」「新規ビジネス・製品の開発」などは，社内で完結する内容の目的ではない。その目的を達成するためには，必然的に，社会や経済など企業外部の環境への働きかけをしていかなければならないのである。それゆえ，「攻めの投資」という表現の範疇で括られている目的なのであるが，残念ながら日本企業では，この「攻め」に関しての意識が高いとはいえない状況が続いていた。

　そして，この「攻めの投資」の目的実現においては，社内の部分的な対応では，効果的・効率的な遂行とはならないため，必然的に全体最適を前提として進めていかなければならない。それはすなわち，「部門の壁」を超えるということであり，IT経営が実践されることになるのである。

　当然ながら，米国企業が，IT投資にさいして「コスト削減」「業務効率化」

図表9-3　IT投資目的の比較（日米比較と年次比較）

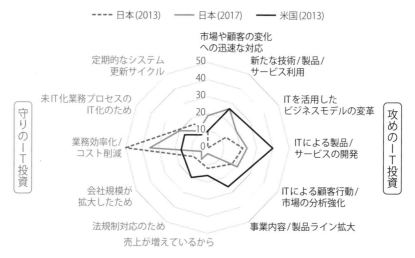

出典：一般社団法人電子情報技術産業協会「2017年国内企業の「IT経営」に関する調査」
　　　（2018年1月）から作成
出所：経済産業省（2020）

の意識が低いということではない。IT導入をするということは，その前提として「コスト削減」「業務効率化」を当然のことであるととらえているのである。

　日本企業が目的・ゴールとしている内容が，米国企業にとってはもっと先にある目的達成の前提であるという意識の差は，日本企業のIT経営推進にとって非常に重要な問題である。そして，今日まで，そうした意識の差をなかなか埋めることができずに推移してきているのが現状である。

　このことについて，日本企業のIT投資に対する意識がどのように推移しているのかをみてみる。図表9-2でみた2007年のIT投資目的意識の状況が，その後どのように推移していくかを比較できるのが図表9-3である。2013年時点では，基本的にそれまでの意識状況から大きく変わっている気配はなく，依然として「コスト削減」「業務効率化」にIT投資目的が集中している傾向が続いていた。

　そして，2017年の調査結果と比較すると，日本企業も「攻め」の投資意識が高くなってきているようにみられるが，2013年時の米国企業の意識と比べても，まだ大きく差をつけられている感は否めない。進展し続けるIT化に対応し，企業経営の向上にITを活用していくためには，「攻め」を意識したIT投資目的へと意識変革が進まなければならないのである。

3.　中小企業のIT経営推進を阻む要因

　前節では，中小企業経営の向上に向けて，ITに対する意識変革の必要性について述べたが，ここでは，IT投資意識の問題以外に，中小企業でIT経営取組が進まない要因についてみていくことにする。それについては，これまでもさまざま指摘されてきたが，大別すれば，個々の企業が抱える内的要因と企業を取り巻く環境などの外的要因ということになる。そして，内的要因と外的要因が相乗効果的に中小企業のIT経営取組を遅れさせているケースも決して少なくない。

　この2つの要因を再考し，中小企業のIT経営取組推進につながる方策について検討していく必要がある。

　まず企業の内的要因であるが，内的要因として大きく2つの指摘がなされてきた。1つは，「社内のIT人材の不足あるいは不在」といった人材面でのハードルである。そして，もう1つは，「コスト面の問題」，「費用対効果がわからない」といった資金面でのハードルである。

　たとえば，図表9-4と図表9-5は，中小企業がIT投資を実施しない理由やIT投資に際しての課題について，異なる年次での調査結果を示したものである。いずれの調査結果からも，基本的には，人材面と資金面の2つのハードルが高いことが理由となってIT投資を躊躇している，ないしIT投資を実施できないという様子をうかがうことができる。

　そして，人材面でのハードルは，中小企業にとって今後さらに大きな問題となっていくことが予測されている。それは，IT人材不足という問題であり，

図表9-4　IT投資未実施企業のIT投資をおこなわない理由

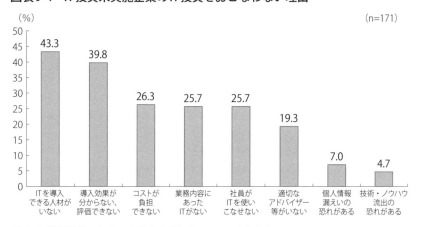

(注) 1. 複数回答のため，合計は必ずしも100％にはならない。
　　 2. IT投資を重要であると回答しているが現在IT投資を行っていない企業を集計している。
　　 3.「その他」の項目は表示していない。
資料：中小企業庁委託「中小企業の成長と投資行動に関するアンケート調査」（2015年12月，
　　　㈱帝国データバンク）
出所：中小企業庁（2016）p.137

極めて近い将来に大変なIT人材の需給ギャップが生じることへの警鐘が鳴らされているのである（みずほ情報総研, 2019:17）[4]。

　中小企業にとって，IT人材の不足は，生産性向上に向けての取組にマイナスの影響をおよぼすことになるであろうし，経営を圧迫することにもつながることが容易に推測される。IT人材をめぐる需給ギャップは，IT人材とされる側からみれば売手市場となり，彼らを必要とする企業にとっては，人材獲得のためのコストが増加することになる。

　もともとIT人材がいない，あるいは不足している中小企業にとって，このコスト増は，経営を圧迫することにもなる。また，せっかく育成したIT人材

---

(4) 経済産業省の委託事業として実施されたIT人材需給にかんする調査結果として2016年に公開された資料によれば2030年には78.9万人のIT人材需給ギャップ，すなわち不足が生じるという試算がなされている（みずほ情報総研, 2019）。

図表9-5　ITの導入・利用を進めようとするさいの課題

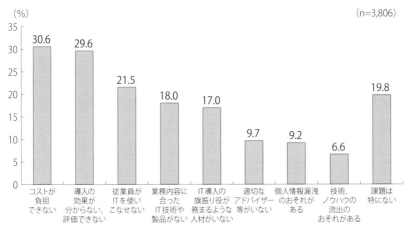

(注) 1. 複数回答のため，合計は必ずしも100％にならない。
　　 2.「その他」の回答は表示していない。
資料：三菱UFJリサーチ＆コンサルティング㈱「人手不足対応に向けた生産性向上の取組に
　　　関する調査」（2017年12月）
出所：中小企業庁（2018）p.215

が流出していくケースも増えるであろうし，中小企業にとっては，IT人材の
獲得と維持がさらに難しくなるのは必定である。

　IT人材を獲得するためのコストが増加していく動きは，中小企業でIT導入
が遅れているもう1つの内的要因である資金面でのハードルと一体化して，中
小企業のIT導入とその活用可能性の拡大を阻む厳しい状況を強いることに
なっていくと思われる。

　次に外的要因についてであるが，それに先立って，思い起こしておきたい光
景がある。2020年春からコロナ禍への対応として実施された助成金や特別給
付金支給の手続きにおける現場での大変な対応の様子である。当時，連日のよ
うに報道されていたことであるが，電子申請されたデータを各行政機関側で再
入力したり，アナログ的な確認作業で対応するなど，人海戦術に依存した対応
をし続けている光景は，驚きをもって受け止められたのではなかろうか。

あらゆる場面に存在し，多くの人も企業も使わないものはいないほどに普及し続けているITがあるがゆえに，上記のような様子は信じられないものであったと思われる。この現象の背景にあるのは，これまで日本がIT化を進めてきた過程で，連携に向けての共通化をはかることができず，業界ごと，企業ごとなど，個々の対応で独自の仕組が築かれてきたことである。このことから，利用者側にとっては，特定の範囲での囲い込みといってもよい状況となっていたのである（伊丹他, 2001:175-180）。

　そして，それぞれの仕組には，独自のシステム開発として高額な投資が必要であり，いったんつくられた仕組を変えるには，さらに新たな投資が必要となる。それゆえ，多くの場合，いったんつくった仕組を，改修・改訂しながら使い続けてきたのが実態であろう。その行為の連続は，それぞれの仕組をますます個別化させていくことになったのである。結果として，相互連携できないさまざまな仕組が群生することになり，連携が必要となったさいには，アナログ的対応にならざるをえない必然が進行していたのである。

　このことが，中小企業のIT化推進，IT経営推進の遅れにどのように関係するのかということについて触れておきたい。上記のようにいったんできあがった仕組は，それぞれの企業において改修・改訂が繰り返されることにより，個別化が進むことになった。

　取引関係において交渉力（影響力）の強い企業が，取引のベースにその仕組をおくと，相手先企業は当然その影響を受けざるをえないのである。これに関してもっとも典型的な例は，EDI（Electronic Data Interchange）である。EDIの歴史は，けっして新しいものではないし，その有効性についても評価されている。それにもかかわらず，EDIの普及度合は，ほかのアプリケーションに比べて極めて低いのである。その理由は，まさにこれまでのEDIが，交渉力（影響力）の強い企業による個別化された仕組がバラバラに存在し，相互の連携が制限されていたからといえる。

　1970年代に受発注業務の効率化をはかるために導入され始めたEDIは，当然ながら標準化が求められることになった。当時から，製造業，流通業，金融

図表9-6　業種別のEDI導入状況

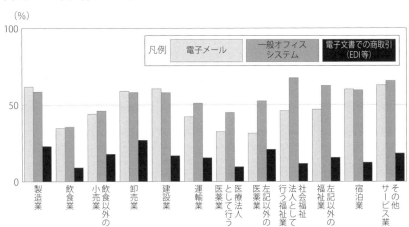

凡例　電子メール　｜　一般オフィスシステム　｜　電子文書での商取引（EDI等）

出所：ITコーディネータ協会（2018）p.6

業など，さまざまな業界でEDI標準化にむけたルールづくりは展開されていたのである。しかし，今日の日本の現状をみても，企業ごとに異なる仕様での開発，導入となっているケースが多く，これまでの標準化の動きが，広く中小企業のEDI利用につながっているとは思えないのが実態である。

　そのため，中小企業がEDIを利用しようとすると，取引相手ごとの仕様に対応したEDIを導入しなければならなくなり，それぞれに導入費用がかかってしまう。またそれぞれのEDIの運用費用負担も中小企業にとっては決して軽いものではない。それゆえ，中小企業はコスト面での考慮もしたうえで，受注業務をはじめ，取引先とのやり取りを電話やファクシミリを使った方法で続けてきているのである（ITコーディネータ協会, 2018:6）。

　この受注業務のアナログ的な対応を図表9-1で示したステージ類型に当てはめてみると，たとえ他の業務をIT化していたとしても，「部門の壁」を超えて全社最適を実現するためには，アナログ的対応であらためて入力作業をするなどでデータ化して，他の業務アプリケーションやデータとの連携をはからなければならず，非効率を生むのである。

結果として，中小企業のIT活用によるIT経営の段階に進むことができていないものが多くなってしまうのである。

4. 中小企業経営者に求められる意識と対応

ここまでは，中小企業のIT経営取組の現状，中小企業経営者の意識変革の必要性，そして，企業の内的要因，外的要因がIT経営取組を遅らせている実態についてみてきた。

この実態を踏まえ，IT経営推進の遅れについての問題を克服し，IT経営取組を進めるには，経営者の意欲と意識が重要であると指摘されていた。そしてこれまでは，「中小企業経営者のIT経営への意識が低いのではないか」という見方をされることが少なくなかった。とくに経営者の年齢が高いほど，ITは敬遠されがちであり，経営者の年齢と中小企業のIT経営実践の進展は関連性があることを前提に，まずは，中小企業経営者にIT経営による企業の成長発展の可能性を知ってもらうとともに，IT経営取組の意識向上につながる啓蒙が必要であるといわれ続けてきた。

もちろん，この認識の重要性は現時点でも変わらないと思われるが，経営者の年齢と「IT経営の意識」の関係について，これまでの見方を変えなければならないことを示す興味深い調査結果がある。

東京商工会議所が，2020年に実施した調査からみえてきたのは，中小企業経営者の年齢とIT経営取組の意識は，これまでいわれてきたほどの大きな相関関係はないのではないかというものである（東京商工会議所, 2021）[5]。

---

(5) 東京商工会議所が2020年10月に実施したアンケート調査において，中小企業のIT活用レベルを経済産業省が策定した『攻めのIT活用指針』を参考にして，以下のようにレベル1からレベル4と設定して実態把握を試みている。
　レベル1：「口頭連絡，電話，帳簿での業務が多い」
　レベル2：「紙や口頭でのやり取りをITに置き換えている」
　レベル3：「ITを活用して社内業務を効率化している」
　レベル4：「ITを差別化や競争力強化に積極的に活用している」

図表9-7　経営者の年齢とIT活用

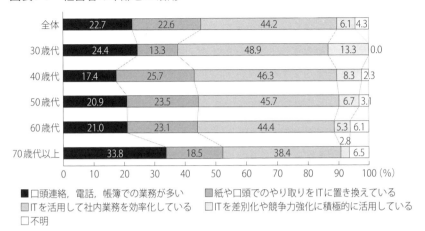

出所：東京商工会議所（2021）

　図表9-7にみられるように，IT活用の実態において，経営者の年齢が70歳以上の場合は，他の年代に比べてアナログ的な状況の割合が高いとみられるが，それ以外の年齢層においては，IT活用の現状にとくに大きな差をみることはできない。

　経営者が，IT化の進展による社会の変化，企業をめぐる環境変化を把握し，ITを用いてそれに対応していくということに関して，経営者の年齢層と間の相関関係は，これまでいわれてきたほどの大きな問題ではないとみられるのである。

　そのうえで，むしろ問題視しなければならないことは，図表9-8にみられるように，従業員の平均年齢とIT活用の実態との間に明らかな相関関係がみられたということである。

　これまで，中小企業のIT経営推進において，経営者の年齢を問題視することが多かったが，中小企業経営者には，年齢にかかわらず，デジタル化に対応するための従業員の意識変革と「組織づくり」をこれまで以上に意識した対応が求められるのである。

205

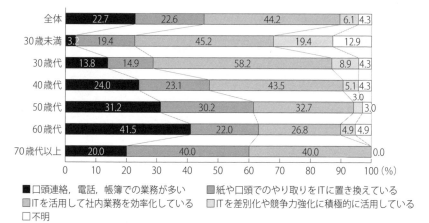

図表9-8　従業員平均年齢とIT活用

凡例:
■ 口頭連絡，電話，帳簿での業務が多い
■ 紙や口頭でのやり取りをITに置き換えている
■ ITを活用して社内業務を効率化している
□ ITを差別化や競争力強化に積極的に活用している
□ 不明

	口頭連絡	紙や口頭	IT活用効率化	IT差別化	不明
全体	22.7	22.6	44.2	6.1	4.3
30歳未満	3.2	19.4	45.2	19.4	12.9
30歳代	13.8	14.9	58.2	8.9	4.3
40歳代	24.0	23.1	43.5	5.1	4.3
50歳代	31.2	30.2	32.7	3.0	3.0
60歳代	41.5	22.0	26.8	4.9	4.9
70歳代以上	20.0	40.0	40.0		0.0

出所：東京商工会議所（2021）

5.「組織づくり」の意識と取組の重要性

　中小企業のIT経営推進において，「組織づくり」の重要性は，IT経営の前提として以前から指摘されていた。企業のIT化の推進，今日的にはデジタル化対応を進めるためには，「部門の壁」を超えた全社最適をはからなければならない。そして，全社最適を目指すためには，全社一丸となって取り組んでいく必要があること，同時に，デジタル化に対応できる組織となっていなければならないのである。このことについて，エリック・ブリニョルフソンの研究は，今日的にみても日本の中小企業経営にとって重要な意義がある。

　ブリニョルフソンは，IT投資の有効性をめぐる研究のなかで，「組織のデジタル度」という概念をもって，IT投資の効果と組織のデジタル度の相関関係についての実証的な研究を展開し，IT経営には組織のあり方が極めて重要な要素であることを指摘している。

　彼が提唱した「組織のデジタル度」という概念では，重視すべき7つのポイ

ントを「デジタル組織の7原則」[6]として示し，それぞれの視点から，企業の組織的対応の現状を確認することでデジタル化に対応できる組織に向かうことの必要性を説いている（エリック・ブリニョルフソン，2004:38-40）。

「デジタル組織の7原則」は以下のように要約できる。

「従来の紙ベースのシステムから，その関連技術を使うデジタルシステムに移行することからはじめ，意思決定に責任を持つ人を幅広く増やし，意思決定責任と決定権を分散するとともに，社内の情報アクセスを促進し，コミュニケーションを活発にする。そして，個人の業績に基づいた給与体系にして，報奨制度とリンクさせる。さらに事業目的を絞り込み，組織の目標を共有すること。そして，最高の人材を採用し，社員教育や研修など人的資本への投入に力を入れることである。」（岡田，2012:10）

そして，デジタル度の高い企業では，IT投資効果も高く，デジタル度の低い企業では，IT投資効果も低いという結果であり，IT投資効果を高めるためには，組織のデジタル度を高めなければならないということを論じている。

逆の見方をすれば，「組織づくり」のできていない企業は，ITによる目標達成の可能性を低くしていることであり，ITに振り回されて，かえってマイナス効果となってしまうのである。

そして，この示唆にかかわるのであるが，組織のあり方と企業業績の関係について，もう1つ注目しなければならない研究がある。それは，経済産業省が中小企業のIT経営を推進するための施策の一環として実施した顕彰制度に申請した中小企業を対象としてIT経営のための要因を分析したものである（注(1)で示している「IT経営百選」において，一定の評価を得た企業を対象にしている）。

そこでは，IT投資と企業業績との間に明らかな相関関係があり，その関係

---

(6) ブリニョルフソンは，デジタル組織の7原則として，①デジタル業務プロセスへの移行，②意思決定責任と決定権の分散，③コミュニケーションの促進と情報の共有，④成果主義の導入，⑤事業目的の絞り込みと組織目標の共有，⑥最高の人材の採用，⑦人的資本への投資，という7つのポイントをあげている。

に影響する要因として組織能力が重要な役割を果たしているということが指摘されているのである（平野，2008:37-43）[7]。

　組織能力は，H.メンデルソンとJ.ジーグラーによって提唱された「組織IQ」というフレームワークでとらえられ，組織の意思決定能力に重きを置いているものである（Mendelson and Zieglaer, 1998:3-5）[8]。この「組織IQ」とIT投資効果との間に正の相関関係が実証されているということを考慮すれば，中小企業がIT経営取組を進めていくためには，「組織づくり」を前提条件としなければならないということなのである。

　IT投資と企業業績の関係に影響する組織能力の重要性については，中小企業のIT化推進施策の展開初期の頃から指摘されてきたのであるが，今日でも，IT投資をIT利活用へと結びつけることができていない中小企業，組織能力を高めていない中小企業がまだ多数存在しているのである[9]。それは，投資対象であるツールとしてのITは，技術進歩を背景に利活用すれば，その成果と効果を高めていくことを可能とする存在なのであるが，使用する側である企業がその対応に追いついていけない状況が今日まで長く続いているということなのである。

　さらに，ITは年々進歩しているため，その進歩に追いつくための組織能力の有無が，企業成果の差を生み出す要因であり，たんなるIT投資ではなく，組織能力をもって，企業成果に結び付けていかなければならないという課題

---

(7) 組織能力が高いときには，IT投資額の増加は収益性の増加に貢献するが，組織能力が低いときには，IT投資額の増加は収益性を増加させず，逆に収益性を減少させる可能性があるという分析結果が出されている。
(8) 「組織IQ」とは，①外部情報認識，②意思決定アーキテクチャー，③内部知識流通，④組織フォーカス，⑤事業ネットワーク（のちに継続的革新に変更）の5つの視点から，組織の意思決定能力を測るツールとして提唱されたものである。
(9) 東京商工会議所が2020年に実施した「中小企業の経営課題に関するアンケート」で，IT活用について，「活用している」と回答している企業は全体の47％という状況である。IT投資が進んでも，IT活用につながらない背景には，中小企業の組織能力の不足や，技術進歩に組織能力が追いつけていないという問題があると考えられる。さらに，同年実施した「IT活用実態調査」において，IT活用状況と企業業績の関係について，正の相関性がみられることが示されている。

208

は，これまで以上に重要性を高めているといえる。

6.　おわりに

　ここまで，中小企業のIT経営推進に向けて克服しなければならない課題や経営者の意識のあり方と組織づくりの重要性について述べてきた。これらを議論する背景には，日本の社会と経済がおかれている厳しい状況がある。少子高齢化の進展など，今後さらに厳しさが増していく問題を抱える日本の社会と経済が，その難局を乗り越えていくためには，企業社会において圧倒的多数を占めている中小企業の活性化が必須の条件である。

　しかし，中小企業をめぐる現実は厳しいものであり，倒産や廃業による企業数の減少傾向が続いているのが実態である。この状況において，中小企業が生産性を高め，事業の継続を確実なものにしていくためには，ITの活用が必要となる。

　現代社会において，ITはあらゆる場面に浸透し続け，その技術レベルの進展もめざましい。それはすなわち，IT活用の可能性の拡大であり，企業経営にとっては成功可能性の拡大につながることを意味しているといってもよい。

　残念ながら，現状では，中小企業がITを効果的に活用し，ITの可能性を十分に引き出しているとはいえないが，逆の見方をすれば，ITを十分に活用していくことによる中小企業経営の「伸びしろ」は，大きく残されているということである。つまり，より多くの中小企業がIT経営に取り組んでいくことで，企業社会全体の成長可能性を高めるといえるのである。

　今次，コロナ禍の影響で，ハード，ソフトともにIT導入が相当にすすみ，働き方の変化など，その利用範囲も拡大させてきていることは，「伸びしろ」を多く残している中小企業にとって，IT導入とIT経営の意識を高める契機とみることもできる。つまり，コロナ禍は，これまでさまざまな理由や事情によってIT導入やIT利用をしてこなかった企業にとって，否応なくITを使用しなければならない状況を作り出しているのである。

さらに，コロナ禍以前の2016年からスタートしたIT導入補助金へのニーズは増加し続けており，中小企業のIT投資を促進してきている。それゆえ，コロナ禍による「やむなし」というきっかけと，施策による投資促進のきっかけが重なり，中小企業のIT導入はこれまで以上に進んでいると思われるし，今後さらに進んでいくと思われる。この動きをたんなるIT導入やIT使用に留めるのではなく，IT利活用，IT経営につなげていかなければならない。

　中小企業の存続と成長発展は，日本経済の再興，成長発展にとって不可欠であり，その前提として，IT使用からIT利活用，IT経営の遂行へと移行していかなければならないのである。そして，この移行を実現するために，経営者の意識変革と組織づくりを進める「企業家力」の発揮が中小企業経営者に求められている。

【参考文献（アルファベット順）】

エリック・ブリニョルフソン著，CSK訳・編（2004）『インタンジブル・アセット』ダイヤモンド社。

中小企業庁編（2016）『中小企業白書 2016年版』日経印刷。

中小企業庁編（2018）『中小企業白書 2018年版』日経印刷。

平野雅章（2008）「IT投資の収益性に対する組織特性の影響の研究：経済産業省『IT経営百選』の分析」経営情報学会『経営情報学会誌』第16巻第4号：31-49.

伊丹敬之＋伊丹研究室（2001）『情報化はなぜ遅れたか』NTT出版。

IT経営協議会（2008）『IT経営ロードマップ』。

ITコーディネータ協会（2018）『平成28年度 経営力向上・IT基盤整備支援事業報告書』。

経済産業省（2010）『「IT経営力指標」を用いた企業のIT利活用に関する現状調査（第2回）』。

経済産業省（2018）『デジタルトランスフォーメーションを推進するためのガイドライン Ver.1.0』。

経済産業省（2020）『第6回 サステナブルな企業価値創造に向けた対話の実質化検討会参考資料』。

Mendelson, H. and Zieglaer, J. (1998) *Survival of the Smartest*, John Wile & Sons.

みずほ情報総研（2019）『IT人材需給に関する調査　調査報告書』。

岡田浩一（2012）「中小企業の成長・発展に向けたIT利活用」商工総合研究所『商工金融』第62巻第9号：4-16.

Stolerman, E., Fors, A.C. (2004) "Information Technology and the Good Life." In: Kaplan, B., Truex, D.P., Wastell, D., Wood-Harper, A.T., DeGross, J.I. (eds), Information Systems Research. International Federation for Information Processing, vol.143. Springer, Boston, MA. https://doi.org/10.1007/1-4020-8095-6_45

東京商工会議所（2020）『中小企業の経営課題に関するアンケート』。

東京商工会議所中小企業のデジタルシフト推進委員会（2021）『IT活用実態調査報告書』。

岡田浩一

第10章
オランダにおける小規模企業増加に学ぶ
──起業増・起業文化醸成につながる社会連携

1. はじめに
──なぜ，日本では起業活動が依然として活発でないのか？

　毎年の『中小企業白書』の巻末に掲載されている開業率・廃業率（「経済セ
ンサス」を原資料とするもの）をみると，1990年代以降，開業率は廃業率を
下回ったままである。後継者難は深刻な問題で，廃業が近年増え続けて最近で
は年間3万件にも達し，日本の企業数は1996年に510万社であったものが，
2009年には420万社，2016年には360万社にまで減少している。『中小企業白
書 小規模企業白書 2021年版』では日本の開廃業率を米英独仏といった主要
先進国と比べているが，各国ごとに統計の性質が異なるため単純な比較はでき
ないとはいえ，国際的に見て日本の開廃業率は相当程度低水準であることが示
されている（中小企業庁編，2021:144）。日本では，この四半世紀ほどの間，
さまざまな創業支援の取組にもかかわらず，起業活動はなかなか活発になって
いないようである。

　『中小企業白書（2020年版）』に掲載された総務省「就業構造基本調査」の
調査結果によれば，起業に関心をもつ人（＝起業希望者）の数は，2007年に
は100万人を越えていたが，以降減少の一途をたどり，2017年には72万人と
なり，10年で3割ほど減少してしまっている。「起業希望者」の減少とともに
「起業準備者」も減少しているが，起業を準備し実現にいたる「起業家」の数
は毎調査年度でほぼ一定しており，いったん起業に向けて具体的な準備活動を
起こせば，その実現の可能性は高くなっていると解釈できる。しかし，このま
ま「起業希望者」の顕著な減少傾向が続けば，中長期的には「起業準備者」の
減少をつうじて「起業家」も減少してしまうことになりはしないか，という危
機感を感じざるをえない。

　どうすれば人々が起業に関心をもち，起業に踏み出すようになるのか。本章

では，起業（企業）が増えている先進国の例としてオランダを取り上げ，とくに「教育」のありかたに注目して同国の状況を紹介していくこととしたい。EU創設以来進展し続ける経済社会のグローバル化のなかで，オランダの社会は非常に多くの深刻な課題を抱え，苦悩してきた。とくに若い人々が社会のなかで経済的自立を得にくく，社会的にも非常に不安定な状況にあった時期も長く続いたが，地域社会を構成するさまざまな立場の人々が協力し合い，問題の解決に向けて努力してきた過程を，とくに「教育」を中心にして紹介していく。国の制度やその背景となる歴史的経緯や文化的・民族的特徴など，多くの点で日本とは違いがあるので，直接的に比較することはかえって誤解を招きやすいが，多くの示唆に富む点があるものと考える。

2.　オランダにおける起業（企業）の現状 　　―増え続ける「ひとりビジネス」

（1）増え続ける「ひとりビジネス」

　まず，オランダにおける起業（企業）の現状について統計的に確認する。図表10-1はオランダ中央統計局（Centraal Bureau voor de Statistiek，以下「CBS」と記す）が発表する統計に基づく，オランダの企業数の推移である。2007年には100万社弱であったオランダの企業数は年々増え続け，2021年初めには190万社を超えるほどに増加している。

　この増加分のほとんどが従業者1人の「ひとりビジネス」（以下「ZZP」[1]と記す）であり，毎年数％ずつ着実に増加している。ZZPは2007年にはオランダ企業全体の63％ほどであったが，2021年には78％を超えている。また，2019年には15〜75歳の働く人のうち12.3％がZZPであり[2]，同国の経済社会

（1）ZZPは "Zelfstandigen Zonder Personeel" というオランダ語の略で，直訳すれば「従業員なしの自営業」である。

（2）CBSのウェブサイトに掲載されている記事より（https://www.cbs.nl/nl-nl/dossier/dossier-zzp/hoofdcategorieen/is-elders-in-de-eu-het-aandeel-zzp-ers-zo-hoog-als-in-nederland-）。同記事によれば，15〜75歳の働く人のうち自己雇用者（self-employed）の占める割合はEU全体では10.2％であり，オランダはこれを上回っている。

図表10-1　オランダの企業数（単位：社，従業者規模別：各年初）

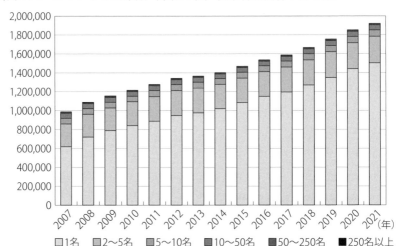

出所：オランダ中央統計局ウェブサイト（www.cbs.nl）"StatLine"より筆者作成

動向の1つの特徴といえる。

　ZZPは，日本でいえば個人事業主，あるいはフリーランスにあたる存在である。オランダでは，会社でも個人でも，独立して事業活動をおこなう者はすべて商工会議所（Kamer van Koophandels, KvK）に登録して，登録番号を取得する義務がある[3]。つまり，日本におけるフリーのカメラマンや翻訳家のように単発で仕事を請け負って報酬を得る個人であっても，給与所得や年金所得を主たる所得としている者が副業的に事業をおこなう場合であっても，商工会議所の登録番号をもたなければならないし，オランダでは統計上，彼らも一個の企業としてカウントされるのである。したがって，企業といっても自由業の

---

[3]　商工会議所へZZPの登録をおこなうには，以下の要件を満たさなければならない。①オランダ国内に居住していること（住民登録が必要），②BSNナンバー（BurgerServiceNummer：市民管理ナンバー。日本でいうマイナンバーのようなもの）をもっていること，③事業計画書を提出すること，④ビジネス用の銀行口座を開設し，4,500ユーロ以上の預金があること。オランダで活動するフリーランスの佐藤まり子氏の以下の記事を参照（https://thinkit.co.jp/article/15338）。

214

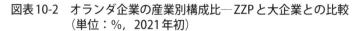

図表10-2　オランダ企業の産業別構成比―ZZPと大企業との比較
（単位：％，2021年初）

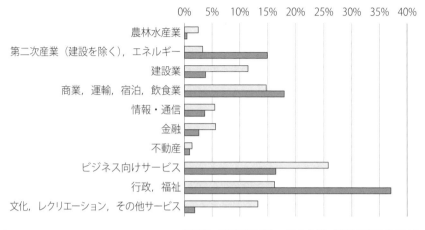

出所：オランダ中央統計局ウェブサイト（www.cbs.nl）"StatLine" より筆者作成

ような人たちもカウントされているぶん，数字が大きめに表われているということを考慮しなければならない。

(2)「ひとりビジネス」の業種別分布

　ZZPはどのような業種で多く活動しているのか。図表10-2は，企業数の産業別構成比（2021年初）をZZP（従業者1名）と大企業（従業者250名以上）とで比べてみたものである。それぞれの規模の企業数合計に対する各産業の企業数の比率をみたものであるが，比率の差がとくに大きく表れている業種として，「建設業」「ビジネス向けサービス」と「文化，レクリエーション，その他サービス」をあげることができる。

　ZZPのなかには農業生産者などのように自己の生産物を販売する者もいるが，約8割のZZPはみずからの技能や労働をサービスとして企業あるいは個人

に提供している[4]。具体的にZZPが携わる業務を，上記主要業種について思い浮かべてみると，「建設業」では，熟練技能をもっていくつもの建設現場をかけもつ建設作業員や，設計・図面制作に携わる建築デザイナーなどが想像される。特定の建設会社の従業員でなく，建設プロジェクトごとに契約を結んで業務に従事する人々である。「ビジネス向けサービス」業種で具体的なZZP業務の例として想起されるのは，たとえば経理事務を受託する人々やウェブデザイナー，経営コンサルタントや人材育成研修などをおこなうトレーナーのような人々であり，「文化，レクリエーション，その他サービス」の場合には，著述業，写真家，芸術家，美容師などが想起される[5]。いずれも，みずからがもつ知識や技能，才能などを使って複数の顧客を相手に仕事をし収入を得ている。

（3）旺盛な若年層の起業

それにしても，オランダにおける人々の起業・独立志向は日本のそれとは比べ物にならないほど旺盛である。CBS（2015: p.26）によれば，2013年には就業人口が約830万人であったのに対して企業数が約130万社に上り[6]，オランダで働いている人の6人に1人は経営者であるといわれている。

図表10-3には，他の企業に従業員として雇われている人に比べたZZPの特徴を示した。ZZPは従業員に比較して男性の割合が高い。年齢別では45歳以上のZZPが6割近くを占めているが，若い世代の起業も旺盛である。最終学歴

---

(4) https://www.cbs.nl/nl-nl/dossier/dossier-zzp/hoofdcategorieen/wie-zijn-de-zzp-ers-
（最終アクセス日：2021年9月11日）。2020年において，ZZPのうち自己の生産物を販売する者は19.1％である。

(5) たとえば，オーケストラは楽団に雇用された「従業員」としての演奏者の集団ではなく，ほとんどの場合，1回の公演ごとに契約で出演するZZPとしての演奏家の集まりである。また，美容師も特定の美容院で雇用されている人は少数で，圧倒的多数は複数のサロンとフリーランス契約を結んでいる。

(6) 労働政策研究・研修機構のウェブサイトに掲載されている「基礎データ」によれば，2018年のオランダの就業人口は880万人であり，同年の企業数166万社と比べると，就業人口に占める経営者の割合はさらに高くなっていると推測できる（https://www.jil.go.jp/foreign/basic_information/netherlands/index.html）。

図表10-3　従業員と比較したZZPの特徴（2020年）

	性別		年齢			最終学歴		
	男性	女性	15~24	25~44	45~	低	中等教育	高等教育
ZZP	59.6	40.4	5.8	35.4	58.8	15.9	36.4	45.9
従業員	51.2	48.8	16.9	41.7	41.4	20.8	40.6	37.4

出所：CBSのウェブサイトより

図表10-4　オランダにおける起業家の年齢（2007～2016年）

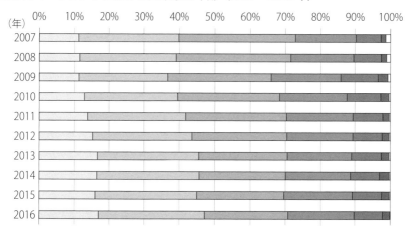

□25歳以下　■26~35歳　■36~45歳　■46~55歳　■56~65歳　■66歳以上　□不明

出所：CBSのプレスリリースによる。脚注（8）参照

では半数近くが高等教育を終えている。

　オランダでは，とくに若い世代が起業に前向きであるとみられている。CBSによれば，35歳以下の起業は2007年には全体の40％ほどであったが，2016年には47％と半数近くにまでなっており，とくに25歳以下の起業が割合として大きくなっている（図表10-4）[7]。また，GEM（Global Entrepreneur-

---

(7)　CBSのプレスリリースによる。https://www.cbs.nl/nl-nl/nieuws/2017/50/helft-startende-ondernemers-jonger-dan-35-jaar（最終アクセス日：2021年9月11日）

ship Monitor) のTEA（Total early-stage Entrepreneurial Activity：総合起業
活動指数）をみると，オランダの2013年における25〜34歳の13.1％が起業準
備または起業してから3年半未満の状態にあると報告されており，35歳以上
の同指数と比べても高い水準にある（Stel, Span, and Hessels, 2014:24）。

3. 「ひとりビジネス」の生産性と成長性

　一般に，日本でも，フリーランスや個人事業主と呼ばれる人には「自分の好
きな仕事をしたい」「時間を自由に使いたい」などの自己実現指向が強く，売
上や利益を増やしたり従業員を雇って規模を拡大したり，などという意欲はあ
まりない，と思われがちである。したがって，このような「起業」ばかりが増
えても一国全体としての雇用や経済成長にはあまり寄与せず，政府が政策的に
促進すべき起業の対象とはなりにくいのではないか，とも考えられる。これと
の関連で，オランダにおける「ひとりビジネス」の生産性と成長性について，
言及しておきたい。

(1) ZZPの労働生産性

　図表10-5はオランダ企業の労働生産性の分布を従業員規模別，業種別（製
造業，商業，ビジネス向けサービス業の3業種）にみたものである。それぞれ
の業種について各規模の労働生産性平均が示されているほか，同一業種や同一
規模区分における労働生産性上位20％企業，20〜80％企業，下位20％企業の
労働生産性平均値も示されている。

　これをみると，どの業種や規模についても企業間で生産性に相当大きなばら
つきがあることがわかる。また，規模が大きいほど生産性が高くなる，という
わけでもなく，より規模の大きな企業と同等かそれ以上の生産性をあげている
ZZPは一定程度存在することがわかる。たとえば「ビジネス向けサービス業」
においてはZZP（従業者1名），零細規模（同2〜9名），小規模（10〜49名）
を比べてみると労働生産性の平均値はほぼ同じである。むしろ，各規模の上位

218

図表10-5　オランダ企業の労働生産性（業種別・従業員規模別，2018年）

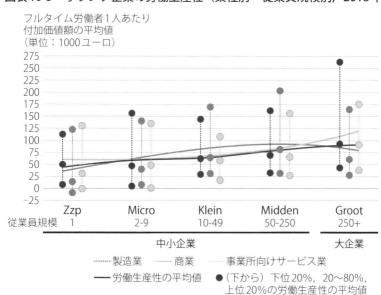

フルタイム労働者1人あたり
付加価値額の平均値
（単位：1000ユーロ）

出所：Nederlands Comité voor Ondernemerschap (2020), p.45

20％企業の平均値をみれば，ZZPのほうが小規模企業よりも生産性は高くなっている。想像の域を出ないが，非常にニッチな分野で高度な技能や専門的知識を保有し他の追随を許さないZZPが少なからず存在することが想像できる。

(2)「ひとりビジネス」からの規模拡大の可能性

　図表10-6は，2011年に存在した企業の従業員規模が2019年に変化したかどうかを表したものである。①同じ従業員規模の範疇にとどまっているか（規模変動なし），②より大きな規模の範疇に移ったか（規模拡大），③より小さな規模の範疇に移ったか（規模縮小），④存在しなくなってしまったか（退出）の4分類で表示されているが，ほとんどの従業員規模では「規模拡大」よりも「規模縮小」のほうが多くなっている。

　ZZPでは半数近くが市場から退出している一方，自分のほかに従業員を雇

219

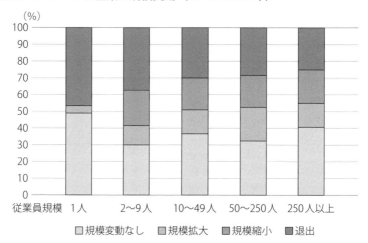

出所：Nederlands Comité voor Ondernemerschap (2020), p.47

い規模を拡大させた企業も4％程度存在する。一見，微々たる数のように見えるかもしれないが，前掲の図表10-1によれば，2011年には約88万のZZPが存在していたので，それから8年経って3万ほどのZZPが従業員を雇って規模を拡大させた，という計算になる。この数字が多いか少ないかは判断が難しいが，ZZPがより規模の大きな企業となりうる可能性がまったくないわけではない，ということは認識しておく必要があろう。

（3）成長企業の「苗床」としてのオランダの「ひとりビジネス」

　以上，簡単ではあるが，オランダのZZPの業種分布と生産性，規模成長について確認した。興味深かったことは，①より規模の大きな企業にも引けをとらない高い生産性をあげるZZPが少なからず存在すること，②より規模の大きな企業となりうる可能性が一定程度あること，の2点であった。

　経済政策的な観点から「起業」を考えるとき，革新的な技術や経営手法をもって市場に参入する起業活動が盛んになることで，全体としての生産性，雇用，所得の上昇が期待される。一方，フリーランスとしての起業は規模拡大を

目指さず，自己実現や自分らしいライフスタイルを表現するために「雇われない働き方」を追求しているので雇用や所得の拡大には寄与しにくい。したがって経済政策の観点から支援すべき対象となる創業のあり方とは別のものとして解釈されてしまう向きもあったかもしれない。

　しかし，以上で確認したオランダの動向は，ZZPの成長可能性を否定するものでなかった。誰もが知っている有名大企業も創業当初は中小零細企業であったことを考えれば，みずからが独立して事業を営もうとする人がたくさんいて，しかもその数が増え続けるオランダの状況は健全であり，将来への可能性を感じさせる。昔から「中小企業は大企業の『苗床』」といわれてきたが，そのことをあらためて確認できたように思われる。

4.　起業増加の社会的要因
　──とくに教育の果たす役割に注目して

　オランダではなぜ，起業活動が活発で企業数が増え続けているのか。その要因や背景には，経済的要因のみならず，この国の歴史的，文化的背景などもあり，複雑である。しかし，起業活動が活発であるのは，①人々にとって（程度の差はあれ）起業が魅力的なキャリア選択であると感じられるからであろうし，あるいは②キャリア選択の選択肢として，起業以外の選択肢がそれほど大きくないからなのかもしれない。本節では，前半で過去数十年ほどの歴史を振り返るなかで，オランダの人々を企業に向かわせた要因をいくつかあげる。また，後半では，みずからの経済的自立能力を獲得し，起業への関心を高め後押しするような「教育」のありようについて紹介することにする。

（1）多民族共生社会における「多様な働き方」の選択肢としての起業

　過去数十年の歴史を振り返れば，オランダの経済社会は国の内外にさまざまな問題を抱え，その対応に追われるなかで，1990年代，「ポルダーモデル」と称するワークシェアリングによる雇用拡大と経済成長，財政収支改善の同時実

現に成功し，「オランダの奇跡」と各国から注目を集めた[8]。とくに1996年の労働時間差差別を禁止する法律の導入によって，フルタイム労働とパートタイム労働が社会保障や昇進・昇給などの面で平等になり，人々は多様な働き方の選択をすることが可能になった。このことは現在の同国におけるZZPの増加に大きな影響を与えていると考えられる。

　一方で，厳しい国際競争のなかで，1990年代までは，オランダにもそれなりの規模の鉄鋼メーカーや製薬メーカー，航空機メーカーなどが存在したが，少なからぬ数の企業が倒産，あるいは他社の傘下に組み込まれるなどして競争力を失っていった。企業によっては積極的に事業を再編して特定分野に特化したり，好業績にもかかわらず人員削減などの合理化をおこなったりすることも珍しくない。こうしたオランダ大企業をめぐる事業再編の歴史から，ZZP増加の背景要因として既存企業（とりわけ大企業）の雇用吸収力の低下があるものと推測される[9]。

　また，過去数十年の歴史のなかで，総人口の4分の1近くを占める外国系住民による起業が，オランダにおける起業の一定割合を占めていることにも注目する必要がある。図表10-7は1997年，2007年および2017年の3か年のオランダの人口にかんするデータを並べたものである。この20年間にオランダの総人口は約10％，数にして150万人ほど増加している。この増加分のうち130万人は外国系住民で，しかもそのうちの95万人は非欧米系（non-western background）で，出身国別にいえば，とくにトルコやモロッコ出身の移民とその家族が多い（彼らの多くはイスラム教徒である）。

　オランダ系と非欧米系住民との間には，所得水準や失業率，大学教育を受けた人の割合，犯罪率など各種の統計指標において，現在でも，なお一定の格差がみられる。もちろんこれは平均値的な統計上の観察結果であり，非欧米系住民のすべてが低所得なわけでも犯罪者であるわけでもない。ただ，かつて欧州

---

(8) 当時の事情は長坂（2000），水島（2012）に詳しく記述されている。
(9) 堀（1997b, 1998, 2021）を参照。

図表10-7　オランダの人口構成（出身国・地域別）

	1997	2007	2017	1997〜2017 増加数	1997〜2017 増加率
総人口	15,567,107	16,357,992	17,081,507	1,514,400	9.7%
オランダ系	13,012,818	13,187,586	13,218,754	205,936	1.6%
外国系	2,554,289	3,170,406	3,862,753	1,308,464	51.2%
うち非欧米系	1,221,128	1,738,452	2,173,723	952,595	78.0%
うち欧米系	1,333,161	1,431,954	1,689,030	355,869	26.7%
移民第一世代計	1,310,705	1,601,194	2,001,175	690,470	52.7%
うち非欧米系	785,999	1,014,476	1,199,972	413,973	52.7%
うち欧米系	524,706	586,718	801,203	276,497	52.7%
移民第二世代計	1,243,584	1,569,212	1,861,578	617,994	49.7%
うち非欧米系	435,129	723,976	973,751	538,622	123.8%
うち欧米系	808,455	845,236	887,827	79,372	9.8%

出所：オランダ中央統計局ウェブサイト（www.cbs.nl）"StatLine"より筆者作成

諸国で非欧米系住民への差別や移民・難民排斥の運動が高まりをみせるなど社会不安が起こりかねない動きがあることから，これら諸格差の縮小と多様な民族のオランダ社会への統合を目指した諸施策が今世紀初頭からとられてきている[10]。

　起業は，第二世代も含めた移民系の人々にとっては，オランダ社会においてみずからの経済的地位を確立し社会参加を果たすための1つの方法となりうる。かつては，オランダ系と非欧米系の間では，起業家となる人の割合に一定の差があったようである[11]が，今日では出身国・地域別にみた中小企業経営者の構成もオランダ全体の人口構成とほぼ同じになっている（図表10-8）。それだけこの国に住む外国人の起業が一般的になってきていることにも注目する

---

(10)　水島（2012）を参照。とくに第4章に2000年以降のオランダ政府のさまざまな「統合化」への取組が記述されている。
(11)　商工会議所の登録データからの推計による出身国別の起業家数（第一世代）の労働力人口に占める割合は，1986年において，オランダ8.0%に対して，トルコ4.4%，モロッコ3.3%，スリナム2.0%，アンティル2.9%であった。Jansen et al. (2003) pp.10-11を参照。

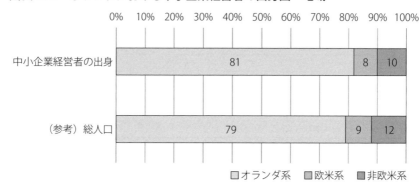

図表10-8　オランダにおける中小企業経営者の出身国・地域

出所：CBS (2015) p.32

必要がある。

（2）オランダの高等教育機関における「起業教育」

　オランダの人々（とくに若い人々）を起業へと後押しする社会的要因がほか にあるとすれば，それは教育の果たす役割である。起業は，自己実現を果たす 重要な手段であると同時に，起業家みずからを含む新たな雇用を創出し，これ までにない製品やサービスを世の中に提供するなど社会的にも意義のある活動 である。人々が教育を受ける過程でこのことを認識することができれば，起業 に関心をもつ人々を増やすことができるし，起業という活動そのものに対する 理解や経緯も深まるものと考えられる。

　以下では，オランダで人々の経済的自立を促し，起業を促進するために重要 な役割を果たすと考えられる教育の役割について，とくに大学などの高等教育 機関における取組を中心に，いくつか特徴的な事例を紹介する。

　オランダの高等教育には，学術研究を主たる目的とする「大学（WO： Wetenschappelijk Onderwijs。英語ではAcademic UniversityまたはResearch University）」とおもに職業に直結する教育を施す「応用科学大学（HBO： Hoger Beroeponderwijs：英語ではUniversity of Applied Sciences）」の2種類

が存在する。

　現在，オランダ国内には19のWOと36のHBOが存在する[12]。かつてはこの2種類の高等教育機関は完全に別物と考えられていて，WOは研究と学術的な知識の教授をおもな役割とし，HBOは卒業後実社会において即戦力となる人材を育成するための知識と経験を身に付けさせる教育機関として機能してきた。かなり大雑把にいえば，WOで勉強する人材は修士号あるいは博士号取得までを視野に入れ，卒業後は一流の大企業や政府系機関，研究機関などで働く人材となることが期待される。一方で，HBOでも勉強した人材はおもに中小企業に就職したり，大企業の生産・販売部門等の現場のマネジャーになったりということが想定されていた。したがって，たとえばHBOで学ぶ学生には，抽象的な理論をそのまま教えるよりも仕事の現場で起こる問題との関連で必要となる学術的な知識を適宜教える，といったかたちがとられてきた。また，専攻分野によっては現場での経験を数多く踏ませることにより，具体的な経験をとおして学ばせる手法がとられることもある[13]。

　しかし，最近20年ほどの間にその区別はかなりあいまいなものとなり，教育内容にかんする相当程度の「接近」がみられる。たとえば，WOで勉強する若者のなかにもみずから起業を志す人が増えてきて，実務的な知識や経験にかんするニーズが求められるようになってきた。あるいはHBO卒業生がおもに就職する中小企業のなかにも，グローバル化の進展とともに外国市場を積極的に開拓して業容を拡大しようとする企業が増えてきて，たんなる実務的な知識以外にも幅広く社会をみるためのさまざまな知識や抽象的・論理的思考能力が

（12）オランダ大学協会（VSNU：http://www.vsnu.nl/），およびオランダ応用科学大学協会（VH：http://www.vereniginghogescholen.nl/）の加盟大学数。2021年8月末現在。

（13）一例として，教員養成系学部の場合，毎年一定期間の教育現場での実習があるという。リヒテルズ（2010）によれば，小学校の正規教員養成コースの場合は，はじめは学校の教室で担任教師の助手としての役割からスタートするが，徐々に授業を部分的に受け持ち，生徒指導や保護者との折衝などにも参加する。最終年度の4年めには，完全に普通の担任教師と同じ仕事をこなすことを求められる，という（p.150）。

必要とされるようになってきている。このような動向に対応して，かつては明確に存在した2つの高等教育機関における教育内容の棲み分けが次第にはっきりしなくなり，互いのあり方が少しずつ接近しつつあるようである。

　学校によっては，企業や地域社会との連携のなかで，かなり本物に近い実習設備を用意したり，総合的で実践的な教育を実践したりする例が出てきている。紙幅の関係で実際の事例紹介は他稿に譲ることとしたいが[14]，長期のインターンシップやインキュベーション施設での起業体験など，学校ごとに，専門分野ごとにこのような実践的な人材育成の手法やカリキュラムはたくさんあるが，概ねHBOでの教育の特徴としてあげられるのは，以下の3点であろうと考えられる。

①「知識を得る」ことよりも「経験をさせる」ことに教育の重点を置いていること。将来，どのような会社でどのような仕事をするのかは個々人によって異なるが，「仕事をした経験がある」人は「経験がない」人に比べて圧倒的に自信をもって物事に取り組むことができる。

②総合的・学際的な学習を重視していること。企業の直面する課題は複雑であり，企業経営に関わる人材は財務だけできてもITにだけ詳しくても不十分で，いつも多面的な思考能力が必要とされる。国際情勢にも異文化理解にもある程度精通していなければならない。多面的な思考能力を育てるためには，ある専門分野にかんする知識や理論を複数学ばせるのではなくて，ある事例を使ってそれらを総合的に学ばせる方がはるかに役に立つと考えている。

③「本物こそが最良の教育の場」だと考えていること。外国語を学んだのな

---

(14) 堀（2017a）では，ロッテルダムの造船所跡を利用した産学官連携による新たなキャンパス構築と，そこでの産学共同研究開発活動や人材育成，起業支援の例について紹介している。また堀（2017b）では，こうした実践的教育がいっそう意識しておこなわれるようになった政策的な背景としての「トップセクター政策」や，起業家マインド育成のための実践教育の例として，Hogeschool Rotterdam（ロッテルダム応用科学大学）のRotterdam Business School (RBS)でおこなわれている「輸入プロジェクト」を紹介している。

らそれを実際にその国で使ってみるのが一番，企業経営を学んだのであれ
ばそれを実際の企業で生かすのが一番。そのような現場主義，徹底した実
践的教育がオランダの高等職業教育の特徴なのである。

(3) オランダにおける「早期離学」問題にみる地域における社会連携

　高等教育における教育機関と地域の企業，地方自治体などの連携だけでな
く，オランダでは学校と企業，行政機関やその他の組織との問題意識の共有や
問題解決に向けての連携が広範におこなわれているようにみえる。その1つの
例を「早期離学」問題にみることができる。

　オランダではとくに今世紀に入って以降，深刻な社会問題として，義務教育
を終える前に学校をやめてしまう「早期離学者[15]」が多数存在することが認識
されてきた。最低限の生活・労働能力を形成するはずの義務教育すら終了でき
ない若者たちは就業しにくく，社会にも適応できず，犯罪などに手を染めてし
まう可能性もある。オランダ教育省はこうした「早期離学者」の属性として，
①非欧米系外国人（niet-westers allochtonen）の学生がドロップアウトしやす
い，②大都市において早期離学がより発生しやすい，③「両親とも働いてな
い」「少なくとも一方の親が（病気などの理由で）社会保障給付を受けている」
とか「両親と一緒に住んでいない」など，家庭に何らかの問題を抱えている場
合には，早期離学者の発生する可能性が高くなる，といった要素をあげた
（CBS, 2007）。

　前述したように，とくに今世紀初頭，異なる民族や宗教，出自の人々が対立
しあうことに起因する社会不安が深刻な問題と認識されたこともあり，「早期
離学者」問題はたんなる教育問題ではなく，地域社会全体で解決すべき問題だ
と認識されることになる。政府がイニシアティブをとり，若者たちへの学習や

---

(15) オランダ語で"voortijdig school verlaters"と記す。略してvsv。英語に翻訳する
と early school leavers となる。オランダでは進路によって義務教育の終了年齢が異な
るのだが，概ね18歳で修了するはずの教育内容が23歳になっても修了できていない
人をと「早期離学者」してカウントしているようである。

就労機会の拡充，そのための相談窓口の設置など各種の対策が講じられた[16]。その結果，学校だけでなく，地方自治体や地域の企業社会の協力もあり，「早期離学者」の数は，2000年代の初めには70,000人ほどであったが，2019年9月から始まる学校年度では22,785人まで減少，出身国などによる格差も縮小してきている[17]。

　以上のような，学校と実社会とを結び，実践的な学びを若者たちに提供することで，就業経験のない若者に就業機会を，起業経験のない若者たちに起業機会を提供しているのがオランダの特徴であるといえる。

5. まとめにかえて
―起業増・起業文化醸成につながる社会連携

　これまで，起業活動の盛んな国の例としてオランダを取り上げ，「ひとりビジネス」を主とした企業（起業）増加の状況，その背景について説明をしてきた。文化的，歴史的，制度的背景などが大きく異なるので，日本の起業状況と直接的に比較することや，日本の起業政策にすぐに参考となることはそれほど多くないかとは思われる。しかしそれでも，いくつかの点で，日本の中小企業政策担当者や中小企業研究者，中小企業に関心をもつさまざまな立場の人々が参考にすべきことが確認できたのではないかと思われる。

　本章のまとめにかえて，以下の3点を指摘しておきたい。

（1）フリーランスを「企業」と認識するか
―「起業」の意味を問い直すべきか

　オランダの企業数増加の大部分はZZPと呼ばれる「ひとりビジネス」の増加であった。日本ではフリーランスとか個人事業主とか呼ばれるものがこれに

---

(16) 具体的にとられた対策とその背景については，堀（2007）を参照されたい。
(17) CBSの発表資料による。https://www.nji.nl/cijfers/voortijdig-schoolverleten（最終アクセス日：2021年11月7日）

対応するのだと考えられるが，日本でも，ZZPと同じような働き方をする人たちは相当数存在する。

　現在，フリーランスや単発で仕事を請け負うギグワーカーなど「雇われない働き方」を選択する若者が注目を集めている。「時間が自由に使える」「方向性を自分で決められる」「自分の頑張りが収入につながる」といった魅力からその数は年々増加の一途をたどっているといわれ，いまやその数は1,600万人，日本の労働力人口の24％にものぼるとする調査もある[18]。本章冒頭にも述べたように，日本では，この四半世紀ほどの間，さまざまな創業支援の取組にもかかわらず，起業活動はなかなか活発になっていないと考えられているが，彼らのようなフリーランスや「雇われない働き方」を選択する人々を含めて「起業」について考えることはできないだろうか。

(2) フリーランスや個人事業主の「生産性」に注目しよう
　　―「成長企業の苗床」として考える

　日本においては，フリーランスや個人事業主は「自由に働く人」「他人に雇われずに働く人」「自分らしい生き方を追求する人」という先入観のようなものがあり，彼らがおこなっていることを「ビジネス」と考えたり，彼らが事業を始めることを「起業」として認識したりすることは，なかったように思われる。これまでにないアイデアを事業化することで多様なイノベーションを創出し，それをつうじて事業の拡大や雇用の増加など国民経済の成長に寄与する可能性が大きい事業を「起業」と考えると，「雇われずに働く」「自分らしい生き方を追求する」といった自己実現に重点を置いた個人の活動は，「起業」とは（似ている部分が少なからずあるとしても）少し別の次元のものとしてとらえられてしまうのではないか，と感じられる。

　しかし，前述したように，オランダでは生産性の高いZZPの存在が一定程

---

(18) ランサーズ（株）『フリーランス実態調査2021』
　　https://speakerdeck.com/lancers_pr/huriransushi-tai-diao-cha-2021

度確認されるし，数％程度ではあるが，共に働く従業員を雇い入れて規模を拡大するZZPも存在することが確認された。このような視点を日本でも取り入れて，フリーランスにかんする実態調査をおこなっていく必要があるのではないか。やはり，中小企業は「大企業の苗床」なのである。

(3) 起業増・起業文化醸成につながる社会連携を
──「総合政策」としての起業政策

　本章では，とくに人々の起業にかんする関心を高め，起業活動が活発になるために教育の果たす役割に注目した。大学など高等教育機関でおこなわれている実践的教育，そして人々の経済的自立を促すための地域における社会連携の動きを，オランダにおける「早期離学」問題を例にしながら紹介した。

　本章で強調したことの1つは，オランダでは，若者たちの起業を含むみずからのキャリア形成支援のために，教育機関だけでなく地域の企業社会や公的機関などが，それぞれにできる範囲のことをおこなって互いに協力し合っている，ということであった。これは，就業促進や起業促進に関わるさまざまな取組が教育政策や経済政策としておこなわれている，ということ以上に，人々が犯罪や社会不安などに悩むことの少ない安心した社会づくりのために総合的におこなわれていることである。

　「起業が盛んな国」というのは，ただ会社を設立しやすいということだけでなく，住む人の安心や将来への希望をもつことのできる社会でもあるのかもしれない。そう考えれば，日本においても今後，起業政策を経済・産業政策としてだけでなく，労働政策，社会政策，教育政策などとあわせた「総合政策」として考えていく必要があるのではないだろうか。

【参考文献（アルファベット順）】

Adviesraad voor wetenschap, technologie en innovatie (2015) *Mkb en hogescholen: Partners in innovatie*, Den Haag.

Centraal Bureau voor de Statistiek (2007) *Jaarboek onderwijs in cijfer.*

Centraal Bureau voor de Statistiek (2015) *De staat van het MKB 2015.* https://www.cbs.nl/-/media/imported/documents/2015/48/de-staat-van-het-mkb-2015.pdf?la=nl-n.

中小企業庁編（2021）『中小企業白書　小規模企業白書　2021年版（上）』日経印刷。

中小企業庁編（2021）『中小企業白書　小規模企業白書　2021年版（下）』日経印刷。

GEM (2011) *Global Entrepreneurship Monitor 2010 Global Report.* http://www.gemconsortium.org/report.

堀潔（2005）「『起業教育のための産学連携』の必要性―オランダの起業教育事例に学ぶ―」三井逸友編著『地域インキュベーションと産業集積・企業関連携―起業家形成と地域イノベーションシステムの国際比較』御茶の水書房：5-24.

堀潔（2006）「オランダにおける大学インターンシップ制度」桜美林大学産業研究所『大学インターンシップ制度の国際比較研究』：33-44.

堀潔（2007）「オランダにおける「早期離学」の動向と就業資格制度―オランダにける若年者の就業問題とその対策」桜美林大学産業研究所『桜美林大学産業研究所年報』第25号：187-199.

堀潔（2017a）「産学官連携によるイノベーションと人材育成―オランダにおけるRDM Campusのケース―」関智宏・中山健編著『21世紀中小企業のネットワーク組織』同友館：97-112.

堀潔（2017b）「オランダにおける起業（企業）増加の背景―GlobalizationとDiversityの進展のなかで―」大阪経済大学中小企業・経営研究所『中小企業季報』第183号：13-25.

堀潔（2018）「オランダにおける小規模起業の増加―我が国起業政策への示唆―」商工総合研究所『商工金融』第68巻第11号：40-53.

堀潔（2021）「『雇われない働き方』が経済社会に与える影響―オランダの経験からわが国は何を学べるか―」『日本政策金融公庫論集』第52号：69-82.

Jansen, Milan, Jan de Kok, Judith van Spronsen, and Sten Willemsen (2003) *Immigrant entrepreneurship in the Netherlands: Demographic determinants of entrepreneurship of immigrants from non-western countries*, Scientific Analyses of Entrepreneurship SMEs.

権丈英子（2018）「オランダの労働市場」労働政策研究・研修機構『日本労働研究雑誌』第693号：48-60.

桑本香梨（2021）「公庫調査からみる創業の多様なかたち―広がる創業の裾野に着目して―」日本政策金融公庫総合研究所『日本政策金融公庫調査月報』2021年3

月号：4-17.

水島治郎（2012）『反転する福祉国家―オランダモデルの光と影』岩波書店。

長坂寿久（2000）『オランダモデル―制度疲労なき成熟社会』日本経済新聞出版社。

内閣官房・公正取引委員会・中小企業庁・厚生労働省（2021）「フリーランスとして安心して働ける環境を整備するためのガイドライン」。

中谷文美（2015）『オランダ流ワーク・ライフ・バランス―「人生のラッシュアワー」を生き抜く人々の技法』世界思想社。

Nederlands Comité voor Ondernemerschap en Financiering (2016) *Jaarbericht Staat van het MKB 2016.*
https://cms.staatvanhetmkb.nl/wp-content/uploads/2016/11/De-staat-van-het-MKB2016jaarbericht-i_.pdf.

Nederlands Comité voor Ondernemerschap en Financiering (2017) *Jaarbericht Staat van het MKB 2017.*
https://cms.staatvanhetmkb.nl/wp-content/uploads/2017/11/Jaarbericht-De_staat_van_het_MKB-2017-4MB.pdf.

Nederlands Comité voor Ondernemerschap (2018) *Jaarbericht Staat van het MKB 2018.*
https://cms.staatvanhetmkb.nl/wp-content/uploads/2018/10/Jaarbericht-De_staat_van_het_MKB-2018-4MB.pdf

Nederlands Comité voor Ondernemerschap (2019) *Jaarbericht Staat van het MKB 2019.*
https://cms.staatvanhetmkb.nl/wp-content/uploads/2019/10/Jaarbericht-De_staat_van_het_mkb-2019-6MB.pdf.

Nederlands Comité voor Ondernemerschap (2020) *Jaarbericht Staat van het MKB 2020.*
https://cms.staatvanhetmkb.nl/wp-content/uploads/2020/12/Jaarbericht-staat-van-het-mkb-2020.pdf.

大槻紀夫（2016）『オランダから見える日本の明日―〈しあわせ先進国〉の実像と日本飛躍のヒント』悠書館。

リヒテルズ直子（2010）『オランダの共生教育―学校が〈公共心〉を育てる』平凡社。

Stel, André van, Tommy Span, and Jolanda Hessels (2014) *Global Entrepreneurship Monitor The Netherlands 2013 National Report*, Panteia.

堀　潔

第11章
自治体における中小企業支援の
トレンドと展望

1. はじめに

　新型コロナウイルスは世界的に感染が拡大し，日本においても企業活動や市民生活，情報流通をはじめデジタル経済にも大きな影響をおよぼし（総務省，2020），地域の景況感が急速に悪化した。2021年8月時点においても，その後の政策的対応により改善の兆しが見受けられたものの，景気回復は厳しく，原材料価格高騰などの新たな要因により地域経済の活性化に向けた政策への期待は大きい。

　こうしたなか，地域経済活性化の大きな責務をもつ地方自治体がどのように中小企業政策を施し，その役割を果たしうるのか，政策形成の実態を詳細に検討することにより，地方自治体の役割を見い出していく必要がある。また，福田（2021）は自治体の産業政策を持続可能な自治体経営の観点から，地域経済の維持・振興を図る政策として，その意義をあらためて見直す時期にあるとも指摘している。

　本章は，工業集積研究会（2010）および本多（2012）を比較資料として，2020年に筆者が実施したアンケート調査から，全国の自治体（市）の産業振興担当課への政策形成にかかる事項を対象に分析・考察をおこない，自治体における中小企業支援のトレンドと展望を明らかにすることを目的としている。

2. 中小企業政策の広がり

　1970年代以降，日本の中小企業政策において「地域」は重要な切り口となっている。グローバル化やそれにともなう産業空洞化が進展し，地域産業は大打撃を受け，政府はそれに対して当初は保護的な対応をとったが，1990年代

に入ると地域に自立や産業の高度化を求めるものに変わっていった。また，2010年代後半に入ると，地域の中核企業への支援を重点化し，地域経済効果を生み出すことが期待されている（福嶋，2020）。この間，地域における中小企業政策の主体である自治体政策にかんする研究として，関（1995），今井（1996），植田（2007）などが発表され，とくに2010年代に入るとより実証研究の意味も深まり，岡田ほか（2010），植田・北村・本多編（2012），本多（2013），田中・本多編（2014），日本都市センター編（2016），藤原（2018），梅村（2019a），河藤（2019），松平（2020）などが相次いで発刊されており，自治体における中小企業政策の現状と課題，展望が今後もより多く検証されることが期待されている。

　自治体における中小企業政策の草分け的存在といわれる東京都墨田区や大田区の政策をモデル事例として，自治体が独自の産業政策を創造，展開する動きが活発化し始めたとされる[1]。

　墨田区は，1977年に墨田区内全事業所を対象とした「墨田区製造業実態調査」を約200名の係長で実施し，この実態調査により，産業振興が区にとって重要なものであるという認識をもったとされる。その成果を基に1979年「中小企業振興基本条例」が制定された。この条例の特徴として，第1に，まちづくりのなかに産業振興が位置づけられていること，第2に，中小企業の振興策を国にまかせきりにするのではなく，区が企業，区民とともに推進するとしていることである。この条例を受けて，研究者や専門家を交えた「墨田区中小企業振興対策調査委員会」が設置され，具体的な振興策の内容と体制づくりが検討され，墨田区に対し提言がおこなわれた。そして，その提言を実現し具体化する審議会として，1980年に「墨田区産業振興会議」が設置され，墨田区独自の産業政策が強化されることになった（吉田，1996）。こうした墨田区の政策形成の展開事例は，産業集積を抱える自治体の産業政策のモデルとなり，多

---

(1) 墨田区の取組は関（1995），木村（2016），大田区の取組は今井（1996），植田（2007）を参照。

くの自治体が参考にしている[2]。その後，1999年の中小企業基本法の改定により，自治体の役割を重視する方向性が打ち出されたことは自治体産業政策の転機となり，2000年代に入ってから，各地に広がってきた（本多，2018）。とくに，関西地域では，大阪市，東大阪市，八尾市，尼崎市などが地域性豊かな独自の政策を実施している。たとえば，尼崎市[3] では，従来から展開している①企業立地促進，②技術・開発支援，③経営支援，④金融支援，⑤人材育成にかかる政策に加え，工業振興と商業振興の総合的な連携策として2003年から「メイドインアマガサキ」を実施している。具体的には，尼崎ならではの商品や製品，人物を顕彰する「メイドインアマガサキコンペ」事業，メイドインアマガサキコンペで選ばれた尼崎自慢を一家で紹介する「尼崎一家の人々」事業などであり，東大阪市など多くの自治体において類似の政策展開がみられる[4]。

　このように自治体における中小企業支援の広がりを生む要因として，本多（2012）は各自治体独自の中小企業支援の展開が，自治体の「能動的」な地域経済振興策の重要性への認識を高めたことにあると指摘している。

　また，90年代のバブル経済崩壊にともなう産業空洞化は，各産業集積地域にも強い危機感を与えたことから，自治体相互に政策を学び合う機会の創出づくりの機運が高くなり，自治体政策を検討するネットワーク組織として1996年に中小企業都市連絡協議会（以下，協議会）が設立された。協議会は，中小企業が高度に集積する全国10都市[5] の自治体と商工会議所が，その立地条件

---

(2) 一方で，産業政策は多くの自治体内でも馴染みのない政策のため，墨田区モデルは先進的かつ効果の高いものであることは理解できるが，一般的に実施にあたっての政策推進の課題解決（庁内の理解促進，企業および経済団体の調整）は非常に難しいといえる。
(3) 尼崎市の取組は梅村（2019a）を参照。
(4) メイドインアマガサキの本質は「自らのモノを自ら褒め称える」である。詳しくは，長坂・梅村（2017）を参照。
(5) 1996年の創設時の加入自治体は，川口市，墨田区，大田区，岡谷市，東大阪市，尼崎市，浜松市，岡山市，燕市，八尾市の計10自治体。なお，2004年浜松市脱退，2005年岡山市，燕市脱退，2007年八尾市脱退，2016年加賀市加入。2021年8月現在，

図表11-1　中小企業都市サミットのテーマ

	開催年月	開催都市	メインテーマ
第1回	1997年5月	東大阪市	産業の空洞化の解決
第2回	1998年11月	大田区	魅力ある中小企業都市の創造－21世紀のものづくり，人づくり－
第3回	2000年6月	墨田区	地域ものづくり人材の育成とその人々の活躍
第4回	2002年5月	尼崎市	知恵の交流による地域産業活力の創出
第5回	2004年5月	川口市	新しい中小企業の道標と中小企業都市～グローバリゼーションの中での集積メリットの再構築～
第6回	2006年10月	岡谷市	地域社会を元気にする中小企業郡像～「元気組」の創造に向けて～
第7回	2009年7月	東大阪市	モノづくり中小企業における経済危機克服と新たな成長への針路
第8回	2011年8月	大田区	ものづくり日本の再興
第9回	2013年8月	墨田区	ものづくりの新たな魅力発信とネットワーク
第10回	2016年8月	尼崎市	今こそ！「ひと」が主役でチャレンジする「ものづくり」
第11回	2018年10月	川口市	新しい時代を牽引する人材と技術を支え持続・発展する中小企業都市～地域を元気にする中小企業応援宣言～
第12回	2020年5月	岡谷市	※新型コロナウイルスの影響により中止

出所：墨田区web「中小企業都市連絡協議会」を参照。

や都市の成り立ちの違いを踏まえながら，中小企業の振興に関わるさまざまな課題について連絡協議し，地域経済の発展を図ることを目的としている。協議会は，2年に1回各都市持ち回りで中小企業都市サミット[6]を実施しているが（図表11-1），毎年各自治体の政策について勉強会が実施されている。とくに，詳細かつ膨大な資料に基づき，政策形成のディスカッションがなされ，今後の政策立案の「学びの場」としての機能も保有していることは重要である。一方，こうした産業政策が蓄積されてきた自治体だけでなく，新たに産業政策・中小企業支援に注力し始める自治体も多くなっている。たとえば，茨城県取手

7自治体加入。
(6) 中小企業サミットの各テーマから，産業集積都市におけるその都度の全体的な課題が見える。

市は，2015年に取組の中核組織として「一般社団法人とりで起業家支援ネットワーク（理事長・取手市長）」を設立した。おもに，起業支援を目的とした事業を担当しているが，一般的にこうした業務は自治体から関連機関や民間機関等に委託されることが多いなか，取手市では「起業家タウン」を標榜し，市と民間事業者が共同運営組織を編成していることが特徴となっている（奥田，2019）[7]。

　このように自治体産業政策は，目的は同じながらも政策主体のカタチ，協働・連携の手法，クラウドファンディングなどの資金調達の導入など多様な実践が始まっている。

3.　自治体アンケート調査からの示唆

　2020年調査結果概要については，梅村（2021a）にて紹介していることから，本章ではおもに政策的動向に関連する項目に限定し，工業集積研究会（2010）および本多（2012）にて示された2009年調査データとの比較分析および地域間比較を試みている。また，質問項目はおもに工業施策を対象として，政策を推進するうえで必要な人，情報，予算，人材育成，政策の傾向などについて調査している。なお，地域別でのクロス集計を実施しているが，総務省地方分局（総合通信局）の管轄地域をもとに図表11-2のように設定した。

3-1.　工業施策担当職員数

　工業専任の職員数は，「0人」がもっとも多く53.4％，次いで「4人以上」が10.3％となっている。平均値は1.27人である。工業以外との兼任の職員数は，「2人」がもっとも多く21.2％，「3人」が18.8％，「4〜6人」が17.8％となっている。平均値は3.44人である。工業専任と工業以外との兼任の職員数を合

---

(7)　同様の組織として，岐阜県飛騨市にて「㈱飛騨の森で熊は踊る」が2015年創設されている（梅村，2019b）。

図表11-2　区分および調査概要，調査項目

区分	含まれる都道府県
北海道・東北地方	北海道，青森県，岩手県，宮城県，秋田県，山形県，福島県
関東地方	東京都，神奈川県，埼玉県，千葉県，茨城県，栃木県，群馬県，山梨県
北陸・信越地方	新潟県，長野県，富山県，石川県，福井県
東海地方	愛知県，岐阜県，静岡県，三重県
近畿地方	大阪府，兵庫県，京都府，滋賀県，奈良県，和歌山県
中国地方	鳥取県，島根県，岡山県，広島県，山口県
四国地方	徳島県，香川県，愛媛県，高知県
九州・沖縄地方	福岡県，佐賀県，長崎県，熊本県，大分県，宮崎県，鹿児島県，沖縄県

	2009年調査	2020年調査
対象者	全国の自治体（市）の産業振興担当課	
実施期間	2009年8月6日～10月9日	2020年8月17日～9月15日
配布・回収方法	郵送による配布，紙媒体もしくはWEB・メールで回答	郵送による配布，紙媒体もしくはWEB上で回答
配布・回収数，回収率	配布数：806件 有効回収数： 　591件/回収率73.3%	配布数：834件 有効回収数： 　416件/回収率49.9%

A	基礎情報	工業施策の職員数，工業施策に関わる課の有無
B	地域工業の状況等について	地域工業の特徴や課題の説明資料，地域工業の現況資料の活用状況，「コロナショック」の影響把握，5年後の工業事業者数と工業従業者数，地域工業の現状把握のために活用している資料，地域工業や政策関連の情報収集に係る対話の相手
C	予算について	工業振興の課題の位置づけ，工業振興に関わる新規事業の要求，最近5年度間の工業振興予算額
D	政策立案について	工業振興に関する新規事業の発案者，他の部署との課題調整・政策連携，産業振興ビジョン等の策定状況，工業施策の検討時に意識する事項，常設型の委員会や協議会等の有無
E	人事異動について	工業施策担当の専門性，工業施策担当者の平均的な在課年数，望ましい在課年数
F	具体的な産業振興施策について	産業振興施策の重点施策，事業承継（後継者問題）に係る取組状況，工業施策メニューの運営主体，工業担当課における情報発信手段，今後の施策展開で重視していきたいこと（自由意見）

出所：梅村（2021c）

238

図表11-3　工業施策の担当者数

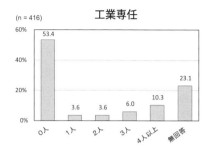

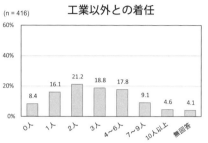

上段：工業専任　　下段：工業以外専任

		平均値（人）	専任＋兼任
地域	全体（n＝416）	1.27 3.44	4.71
	北海道・東北地方（n＝58）	1.68 3.98	5.66
	関東地方（n＝104）	1.18 3.30	4.48
	北陸・信越地方（n＝45）	2.43 3.45	5.88
	東海地方（n＝45）	1.13 4.42	5.55
	近畿地方（n＝62）	0.89 2.92	3.81
	中国地方（n＝29）	1.55 3.52	5.07
	四国地方（n＝19）	— 3.53	3.53
	九州・沖縄地方（n＝52）	0.73 2.94	3.67
	無回答（n＝2）	1.00 1.50	2.50

出所：梅村（2021c）

計すると，平均値で4.71人である。2009年調査（以下，前回調査）では，工業専任は平均値で2.1人，工業系以外との兼任は2.7人，合計で4.8人となっており，ほぼ同様の担当職員数となっている。

　地域間比較では，工業専任と工業以外との兼任の職員数を合計すると，5人を超えている地域では，北陸・信越地方が5.88人，北海道・東北地方が5.66

図表11-4　政策的位置づけ

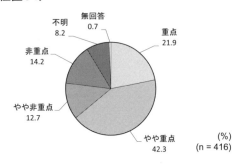

不明 8.2
無回答 0.7
重点 21.9
非重点 14.2
やや非重点 12.7
やや重点 42.3
(%)
(n = 416)

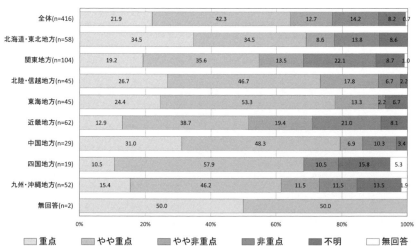

全体(n=416)　21.9　42.3　12.7　14.2　8.2　0.7
北海道・東北地方(n=58)　34.5　34.5　8.6　13.8　8.6
関東地方(n=104)　19.2　35.6　13.5　22.1　8.7　1.0
北陸・信越地方(n=45)　26.7　46.7　17.8　6.7　2.2
東海地方(n=45)　24.4　53.3　13.3　2.2　6.7
近畿地方(n=62)　12.9　38.7　19.4　21.0　8.1
中国地方(n=29)　31.0　48.3　6.9　10.3　3.4
四国地方(n=19)　10.5　57.9　10.5　15.8　5.3
九州・沖縄地方(n=52)　15.4　46.2　11.5　11.5　13.5　1.9
無回答(n=2)　50.0　50.0

□ 重点　■ やや重点　■ やや非重点　■ 非重点　■ 不明　□ 無回答

出所：梅村（2021c）

人，東海地方が5.55人，中国地方が5.07人となっている。一方，近畿地方，四国地方，九州・沖縄地方では平均値3点台であり，相対的に西日本地域の方が低い傾向にある。

3-2.　工業振興の政策的位置づけ

令和2（2020）年度施策方針における工業振興の位置づけについては，「やや重点」がもっとも多く42.3％，次いで，「重点」が21.9％となっている。工

240

図表11-5　予算額の増減傾向

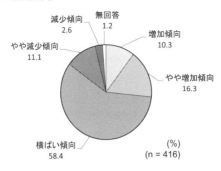

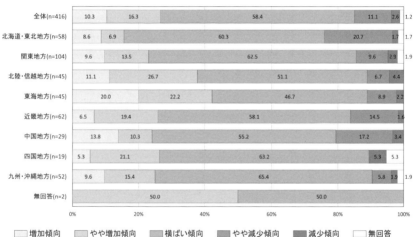

出所：梅村（2021c）

業振興については，約6割の自治体が重点をおいているという回答である。前回調査では，工業振興の位置づけについて，「やや重点」がもっとも多く33.2％，次いで，「重点」が30.6％となっている。重点をおいていると回答した割合は，2020年調査（以下，今回調査）と同様に約6割である。

　地域間比較では，「重点」と「やや重点」の合計では，中国地方がもっとも高く79.3％，以下，東海地方が77.7％，北陸・信越地方が73.4％となっている。一方で，近畿地方は51.6％に留まっており，他地域と比べてもっとも低い。

3-3. 工業振興予算額の増減傾向

　最近5年度間（平成28（2016）年～令和2（2020）年）の工業振興予算額については、「横ばい傾向」がもっとも多く58.4％となっている。「増加傾向」（10.3％）と「やや増加傾向」（16.3％）の合計では、26.6％であるのに対して、「減少傾向」（2.6％）と「やや減少傾向」（11.1％）の合計は13.7％となっている。このことから、近年の5年間の工業振興予算額は、横ばいから少し上向きの傾向にあるものと推測される。前回調査では、最近5年度の工業予算について、「横ばい傾向」がもっとも多く41.6％となっている。「増加傾向」（13.2％）と「やや増加傾向」（21.3％）の合計では、34.5％であるのに対して、「減少傾向」（6.6％）と「やや減少傾向」（14.6％）の合計は21.2％となっている。地域間比較では、最近5年度間の工業振興予算額について、「増加傾向」と回答した割合は、東海地方がもっとも多く20.0％、以下、中国地方が13.8％、北陸・信越地方が11.1％となっている。工業振興に重点をおいている地域ほど、予算額が増加傾向と回答している割合が多い。

3-4. 新規事業の政策発案者（複数回答）

　最近5年度間（平成28（2016）年～令和2（2020）年）における新規事業の発案について、1位としてあげられた項目では、「首長から」がもっとも多く21.9％、次いで、「担当係・グループ・班長から」が14.2％となっている。2位、3位では「担当課長」や「担当係・グループ・班長から」の割合が多くなっており、工業振興の担当セクションからの発案が多いものと推測される。前回調査では、新規事業の発案について、1位としてあげられた項目では、「首長から」がもっとも多く18.6％、次いで、「担当係・グループ・班長から」が17.4％となっており、今回調査と同様の結果である。

　地域間比較について、ポイント算出にて分析すると、いずれの地域でも「首長から」が高い傾向にある。一方、北海道・東北地方や中国地方のように、「担当課長から」や「担当係・グループ・班長から」が首長よりも高くなっているケースもある。

242

図表 11-6　新規事業の発案者

(n = 416)

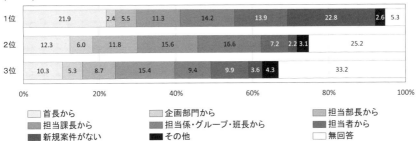

凡例：
- □ 首長から
- □ 企画部門から
- ▨ 担当部長から
- ■ 担当課長から
- ■ 担当係・グループ・班長から
- ■ 担当者から
- ■ 新規案件がない
- ■ その他
- □ 無回答

		合計	首長から	企画部門から	担当部長から	担当課長から	担当係・グループ・班長から	担当者から	新規案件がない	その他
全体	1位	1,248	273	30	69	141	177	174	285	33
	2位	832	102	50	98	130	138	60	18	26
	3位	416	43	22	36	64	39	41	15	18
	合計	2,496	418	102	203	335	354	275	318	77
北海道・東北地方	1位	174	36	3	9	21	33	30	33	6
	2位	116	6	8	22	28	20	4	2	0
	3位	58	10	2	5	8	7	2	5	1
	合計	348	52	13	36	57	60	36	40	7
関東地方	1位	312	60	6	12	39	21	42	93	12
	2位	208	28	14	20	22	30	10	4	12
	3位	104	5	7	10	15	12	7	1	6
	合計	624	93	27	42	76	63	59	98	30
北陸・信越地方	1位	135	36	6	6	12	27	24	15	0
	2位	90	10	4	18	16	10	14	0	0
	3位	45	5	2	9	8	5	7	0	0
	合計	270	51	12	33	36	42	45	15	0
東海地方	1位	135	42	9	9	18	30	9	15	0
	2位	90	22	8	18	12	10	2	2	6
	3位	45	11	4	9	6	5	1	1	3
	合計	270	75	21	36	36	45	12	18	9
近畿地方	1位	186	42	6	6	27	27	15	51	6
	2位	124	12	8	8	22	18	14	4	6
	3位	62	8	5	7	6	4	8	2	1
	合計	372	62	19	21	55	49	37	57	13
中国地方	1位	87	18	0	0	12	21	18	15	3
	2位	58	6	2	4	12	16	10	0	0
	3位	29	3	1	3	5	2	6	3	0
	合計	174	27	3	7	29	39	34	18	3
四国地方	1位	57	9	0	15	6	3	9	12	0
	2位	38	8	0	0	4	6	2	2	0
	3位	19	0	1	2	0	4	2	1	0
	合計	114	17	1	17	10	13	13	15	0
九州・沖縄地方	1位	156	27	0	12	6	15	27	48	6
	2位	104	10	6	8	14	28	4	4	0
	3位	52	9	2	2	10	6	3	1	0
	合計	312	46	8	22	30	49	34	53	6

出所：梅村（2021c）

3-5. 工業施策を考える時, 意識的に参照しているもの（複数回答）

　担当課が工業施策を考える時, 意識的に参照しているものについては,「市（区）の政策指針（条例, 総合計画, ビジョン等）」がもっとも多く69.7%, 以下5割を超えているものとして,「首長の意向」が58.4%,「都道府県の施策」が56.7%,「地域工業界の要求・要望」が53.1%,「国の施策」が50.2%となっている。前回調査では, 工業施策を考える時, 意識的に参照しているものについて,「市（区）の政策指針」がもっとも多く64.8%, 以下5割を超えているものとして,「首長の意向」が52.8%,「都道府県の施策」が51.9%となっている。「国の政策」については, 前回調査は38.1%であったが, 今回調査では50.2%へ上昇している。

　地域間比較では, 工業施策を考える時, 意識的に参照しているものについて, いずれの地域でも「市（区）の政策指針（条例, 総合計画, ビジョン等）」,「首長の意向」,「都道府県の施策」,「地域工業界の要求・要望」,「国の施策」の5つが多くなっている。

3-6. 産業（工業）もしくは中小企業にかんする振興ビジョンの存在

　最近5年以内に策定された振興ビジョンの有無については,「持っている」がもっとも多く51.9%, 次いで,「持っていない」が39.2%となっている。前回調査では, 5年以内に策定された振興ビジョンの有無について,「持っていない」がもっとも多く54.7%, 次いで,「持っている」が33.3%となっている。今回調査では,「持っている」が半数を超えており, この10年間で振興ビジョンの策定が進んでいることがわかる[8]。地域間比較では, 最近5年以内に策定された振興ビジョンの有無について, いずれの地域でも5割前後となっている。

---

(8) たとえば, 中小企業振興にかんする条例は, 基本条例と助成条例の2タイプがある。基本条例は墨田区中小企業振興基本条例が最初とされ, 2021年4月に高知県中小企業・小規模企業振興条例が制定されたことにより, 47都道府県のすべてが基本条例を制定するほど広がりを見せている（地方自治研究機構HP）。

図表11-7　意識的に参照しているもの

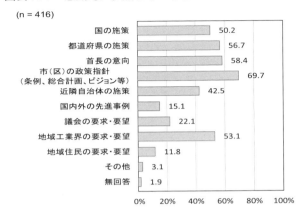

(n = 416)

項目	値
国の施策	50.2
都道府県の施策	56.7
首長の意向	58.4
市（区）の政策指針（条例、総合計画、ビジョン等）	69.7
近隣自治体の施策	42.5
国内外の先進事例	15.1
議会の要求・要望	22.1
地域工業界の要求・要望	53.1
地域住民の要求・要望	11.8
その他	3.1
無回答	1.9

上段：度数　下段：％

		合計	国の施策	都道府県の施策	首長の意向	市（区）の政策指針（条例、総合計画、ビジョン等）	近隣自治体の施策	国内外の先進事例	議会の要求・要望	地域工業界の要求・要望	地域住民の要求・要望	その他	無回答
	全体	416 100.0	209 50.2	236 56.7	243 58.4	290 69.7	177 42.5	63 15.1	92 22.1	221 53.1	49 11.8	13 3.1	8 1.9
地域	北海道・東北地方	58 100.0	33 56.9	29 50.0	39 67.2	40 69.0	16 27.6	9 15.5	10 17.2	31 53.4	7 12.1	— —	2 3.4
	関東地方	104 100.0	51 49.0	59 56.7	60 57.7	76 73.1	42 40.4	14 13.5	33 31.7	58 55.8	14 13.5	5 4.8	1 1.0
	北陸・信越地方	45 100.0	28 62.2	25 55.6	33 73.3	33 73.3	21 46.7	4 8.9	15 33.3	31 68.9	9 20.0	2 4.4	— —
	東海地方	45 100.0	16 35.6	26 57.8	23 51.1	31 68.9	17 37.8	7 15.6	9 20.0	23 51.1	3 6.7	— —	1 2.2
	近畿地方	62 100.0	30 48.4	38 61.3	30 48.4	44 71.0	36 58.1	10 16.1	7 11.3	26 41.9	4 6.5	3 4.8	1 1.6
	中国地方	29 100.0	18 62.1	22 75.9	21 72.4	19 65.5	13 44.8	5 17.2	2 6.9	17 58.6	2 6.9	1 3.4	
	四国地方	19 100.0	5 26.3	6 31.6	8 42.1	7 36.8	7 36.8	4 21.1	4 21.1	9 47.4	3 15.8	— —	2 105
	九州・沖縄地方	52 100.0	27 51.9	30 57.7	29 55.8	38 73.1	23 44.2	10 19.2	11 21.2	25 48.1	7 13.5	1 1.9.	1 1.9
	無回答	2 100.0	1 50.0	1 50.0	— —	2 100.0	2 100.0	— —	1 50.0	1 50.0	— —	1 50.0	— —

QD-4工業施策を考える時，意識的に参照しているもの

出所：梅村（2021c）

245

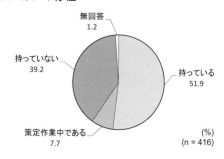

図表 11-8　振興ビジョンの存在

```
                              無回答
                               1.2
              持っていない
                39.2
                                        持っている
                                          51.9

              策定作業中である              (%)
                 7.7                  (n = 416)
```

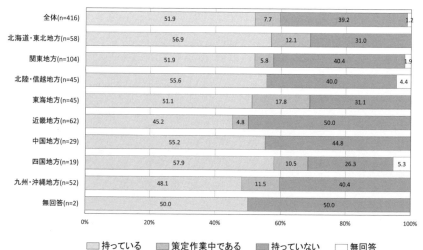

	持っている	策定作業中である	持っていない	無回答
全体(n=416)	51.9	7.7	39.2	1.2
北海道・東北地方(n=58)	56.9	12.1	31.0	
関東地方(n=104)	51.9	5.8	40.4	1.9
北陸・信越地方(n=45)	55.6		40.0	4.4
東海地方(n=45)	51.1	17.8	31.1	
近畿地方(n=62)	45.2	4.8	50.0	
中国地方(n=29)	55.2		44.8	
四国地方(n=19)	57.9	10.5	26.3	5.3
九州・沖縄地方(n=52)	48.1	11.5	40.4	
無回答(n=2)	50.0		50.0	

出所：梅村（2021c）

3-7.　常設型の委員会や協議会の存在

　自治体における工業施策に地域中小企業や市民の意見を反映するための政策検討に係る常設型の委員会や協議会などの場については，「ない」が61.5％，「ある」が37.0％となっている。前回調査では，工業施策の検討にかかる常設型の委員会や協議会などの場について，「ない」が73.1％，「ある」が23.7％となっている。「ある」と回答した割合は，今回調査37.0％へ上昇しており，振興ビジョンの策定と同様に，この10年間で設置が進んでいることがわかる。

図表11-9　委員会や協議会の存在

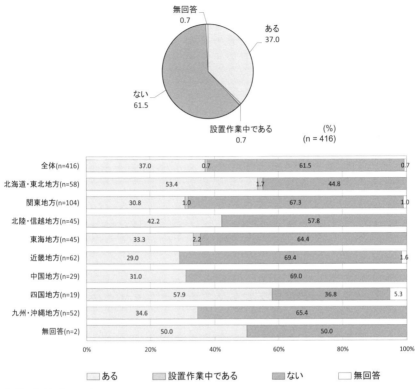

出所：梅村（2021c）

地域間比較では，常設型の委員会や協議会などの場が「ある」と回答した割合が半数を超えたのは，四国地方（57.9％）と北海道・東北地方（53.4％）のみである。

3-8. 産業政策における重点項目

最近5年度間（平成28（2016）年～令和2（2020）年）での重点政策については，「企業誘致」がもっとも高く68.0％，次いで，「創業支援」が65.1％となっており，この2つが双璧となっている。

図表11-10　重点政策の項目

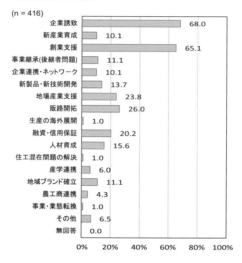

(n = 416)

項目	%
企業誘致	68.0
新産業育成	10.1
創業支援	65.1
事業継承(後継者問題)	11.1
企業連携・ネットワーク	10.1
新製品・新技術開発	13.7
地場産業支援	23.8
販路開拓	26.0
生産の海外展開	1.0
融資・信用保証	20.2
人材育成	15.6
住工混在問題の解決	1.0
産学連携	6.0
地域ブランド確立	11.1
農工商連携	4.3
事業・業態転換	1.0
その他	6.5
無回答	0.0

上段：度数　下段：%

		合計	企業誘致	新産業育成	創業支援	事業継承（後継者問題）	企業連携・ネットワーク	新製品・新技術開発	地場産業支援	販路開拓	生産の海外展開	融資・信用保証	人材育成	住工混在問題の解決	産学連携	地域ブランド確立	農工商連携	事業・業態転換	その他	無回答
	全体	416	283	42	271	46	42	57	99	108	4	84	65	4	25	46	18	4	27	—
		100.0	68.0	10.1	65.1	11.1	10.1	13.7	23.8	26.0	1.0	20.2	15.6	1.0	6.0	11.1	4.3	1.0	6.5	—
地域	北海道・東北地方	58	45	7	37	3	3	8	16	10	—	9	15	—	5	6	1	—	6	—
		100.0	77.6	12.1	63.8	5.2	5.2	13.8	27.6	17.2	—	15.5	25.9	—	8.6	10.3	1.7	—	10.3	—
	関東地方	104	60	8	72	17	16	14	14	31	2	29	11	2	4	10	6	2	4	—
		100.0	57.7	7.7	69.2	16.3	15.4	13.5	13.5	29.8	1.9	27.9	10.6	1.9	3.8	9.6	5.8	1.9	3.8	—
	北陸・信越地方	45	27	9	22	6	3	9	10	11	—	9	10	—	5	4	4	—	5	—
		100.0	60.0	20.0	48.9	13.3	6.7	20.0	22.2	24.4	—	20.0	22.2	—	11.1	8.9	8.9	—	11.1	—
	東海地方	45	38	5	31	5	2	6	8	10	1	13	8	1	1	3	1	—	3	—
		100.0	84.4	11.1	68.9	11.1	4.4	13.3	17.8	22.2	2.2	28.9	17.8	2.2	2.2	6.7	2.2	—	6.7	—
	近畿地方	62	33	3	47	6	10	11	12	15	1	8	5	1	3	10	3	1	3	—
		100.0	53.2	4.8	75.8	9.7	16.1	17.7	19.4	24.2	1.6	12.9	8.1	1.6	4.8	16.1	4.8	1.6	4.8	—
	中国地方	29	24	3	17	4	4	4	14	8	—	5	7	—	1	4	—	1	2	—
		100.0	82.8	10.3	58.6	13.8	13.8	13.8	48.3	27.6	—	17.2	24.1	—	3.4	13.8	—	3.4	6.9	—
	四国地方	19	14	2	9	1	—	1	8	9	—	1	5	—	—	3	—	—	2	—
		100.0	73.7	10.5	47.4	5.3	—	5.3	42.1	47.4	—	5.3	26.3	—	—	15.8	—	—	10.5	—
	九州・沖縄地方	52	41	5	34	4	4	3	17	14	—	9	4	—	5	6	3	—	2	—
		100.0	78.8	9.6	65.4	7.7	7.7	5.8	32.7	26.9	—	17.3	7.7	—	9.6	11.5	5.8	—	3.8	—
	無回答	2	1	—	2	—	—	1	—	—	—	1	—	—	1	—	—	—	—	—
		100.0	50.0	—	100.0	—	—	50.0	—	—	—	50.0	—	—	50.0	—	—	—	—	—

（表上部見出し：QF-1 最近5年度間で重点的に実施している産業振興施策）

出所：梅村（2021c）

　前回調査では，5年度間での重点項目について，「企業誘致」がもっとも高く69.7％，次いで，「融資・信用保証」が45.9％となっている。前回調査における「創業支援」は16.6％に留まっており，今回調査で大きく上昇したことがわかる。

　地域間比較では，最近5年度間での重点項目について，いずれの地域でも「企業誘致」と「創業支援」が抜きん出ている。「地場産業支援」については，中国地方（48.3％），四国地方（42.1％），九州・沖縄地方（32.7％）で多くなっている。また，人材育成については，四国地方（26.3％），北海道・東北地方（25.9％），中国地方（24.1％），北陸・信越地方（22.2％）が他地域と比べてやや多くなっている。

4.　インプリケーション─トレンドと展望

　これまで自治体の中小企業支援について，アンケート調査により明らかになったデータを基に分析結果を示してきた。以下，本研究のインプリケーションを示したい。

4-1.　アンケートの比較検討結果

①　専任者減少だが組織運営をおこなっている

　工業施策に携わる職員数について，工業専任と工業以外との兼任者の合計数（平均値）をみると，今回調査では4.71人，前回調査は4.8人となっており，全体の数としては，ほぼ横ばいである。ただし，工業専任の数をみると，前回調査が2.1人に対して，今回調査は1.27人と減少しており，兼任者を増加させることで，組織運営をおこなっているものと推測される。また，工業施策に携わる職員数については，北陸・信越地方や東海地方などは，平均値を上回る5人以上となっているが，近畿地方は3.81人と平均値を下回っており，地域間での格差が生じている。

② 工業政策の重点化割合に変化なし

令和2年度施策方針における工業振興の位置づけについては，「やや重点」がもっとも多く42.3％，次いで，「重点」が21.9％となっている。工業振興については，約6割の自治体が重点をおいているという結果である。前回調査でも，工業振興の位置づけについて，「やや重点」がもっとも多く33.2％，次いで，「重点」が30.6％となっている。重点をおいていると回答した割合は，今回調査と同様に約6割であることから，重点化についてはほぼ変化なしと考える。地域間比較について，「重点」と「やや重点」の合計では，中国地方がもっとも高く79.3％，以下，東海地方が77.7％，北陸・信越地方が73.4％となっている。一方で，近畿地方は51.6％に留まっており，他地域と比べても著しく低くなっている。

③ 予算額は微増加傾向

最近5年度間の工業振興予算額については，「横ばい傾向」がもっとも多く58.4％となっている。「増加傾向」（10.3％）と「やや増加傾向」（16.3％）の合計では，26.6％であるのに対して，「減少傾向」（2.6％）と「やや減少傾向」（11.1％）の合計は13.7％となっている。このことから，近年の5年間の工業振興予算額は，横ばいから少し上向きの傾向にあるものと推測される。地域間比較では，「増加傾向」と回答した割合は，東海地方がもっとも多く20.0％，以下，中国地方が13.8％，北陸・信越地方が11.1％となっている。工業振興に重点をおいている地域ほど，予算額が増加傾向と回答している割合が多い傾向にある。

④ 現場からの政策立案が前進

政策立案について最近5年度間における新規事業の発案について，1位としてあげられた項目では，「首長から」がもっとも多く21.9％，次いで，「担当係・グループ・班長から」が14.2％となっている。2位，3位では「担当課長」や「担当係・グループ・班長から」の割合が多くなっており，工業振興の担当

セクションからの発案も多いものと推測される。前回調査でも，1位としてあげられた項目では，「首長から」がもっとも多く18.6％，次いで，「担当係・グループ・班長から」が17.4％と，今回調査と同様の結果である。地域別比較では，新規事業の発案者について，「首長」がいずれの地域でも多く，「トップダウン型」での政策立案が見受けられるものの，北海道・東北地方や中国地方のように，「担当課長」や「担当係・グループ・班長」が「首長」よりも多くなるケースもあり，現場からの政策立案も一定程度進んでいるものと推測される。

　また，工業施策を考える時，意識的に参照しているものとして，「国の政策」への関心が高まっていることは，地方分権の進展，地方創生の拡大や新型コロナウイルス感染症への対応など国と地域が密着した政策展開の対応が求められているからであろう。

⑤　仕組づくりの進展

　政策立案の根拠となる中小企業にかんする振興ビジョンについては，今回調査では「持っている」と回答した割合が51.9％となっている。前回調査では33.3％に留まっていたことから，全国各地の自治体で策定が進んでいることが浮き彫りとなった。また，工業施策の検討に係る常設委員会についても，今回調査では「ある」と回答した割合は37.0％となっており，前回調査の23.7％から上昇している。前述したように，エビデンスに基づく政策立案や振興ビジョン作成，そして地域中小企業や市民の意見を吸い上げる仕組づくりがこの10年間で進展したものと推測される。

⑥　重点政策の変移：創業支援

　最近5年間での重点政策としては，「企業誘致」が68.0％，「創業支援」が65.1％とこの2つが双璧となっている。前回調査では，「企業誘致」がもっとも高く69.7％，次いで，「融資・信用保証」が45.9％となっている。「企業誘致」は前回調査でももっとも多いが，「創業支援」は16.6％から大きく上昇し

た。地域間比較では，いずれの地域でも「企業誘致」と「創業支援」が双璧となっている。地域的な特徴として，「地場産業支援」については，中国地方（48.3％），四国地方（42.1％），九州・沖縄地方（32.7％）で多くなっている。また，人材育成については，四国地方（26.3％），北海道・東北地方（25.9％），中国地方（24.1％），北陸・信越地方（22.2％）などが他地域と比べてやや多くなっている。自治体間競争が激しい企業誘致は継続的に進める一方で，創業支援による担い手育成や地場産業への支援など，施策メニューの多様化を進めることで，地場産業の底上げにも注力するようになったものと推測される。

また，2020年アンケートの自由意見をみると，新型コロナウイルス感染症をふまえた新しい地域産業のあり方や，政府が掲げるデジタルトランスフォーメーション（DX）の推進など，新しい課題への取組意欲を見せている自治体も存在している。

4-2. 中小企業支援の展望

以上の検討により，中小企業支援の必要性がこれまで以上に理解されるとともに，ヒト・カネの注力と現場の考えが政策に反映されてきたことから，政策の重点化が進み，若干ではあるが自治体中小企業政策の広がりを確認することができた。とくに，2020年アンケート調査後の複数の自治体へのインタビューから，2014年まち・ひと・しごと創生法の制定により，産業政策を重要視していなかった自治体も国の「地方創生」の後押しから地域経済活性化に取り組み始めたケースもみられ，広がりの要因の1つとして考えている[9]。

自治体の中小企業政策に関係する直近の研究において，基礎自治体の中小部門職員数（2005〜2019年）の充実が図られていること（近藤, 2021），2015年以降中小企業振興条例が急増していること（大貝, 2021）などからも自治体が産業政策の主体として地域課題解決に向けて政策展開していることが明らか

---

[9] 2020年11月から12月にかけての関東・関西地域の自治体産業振興担当への電話インタビューに基づく。

図表11-11　おもな自由意見

■ 産業集積・クラスター形成
- 自動車関連産業や流通産業など，時代に対応した新たな産業の誘致
- 輸送機関連産業，医療機器・医薬品関連産業，再生可能エネルギー関連産業など，成長性の高い分野の集積
- 新型コロナウイルス感染症の影響を踏まえた地域産業（工業）の振興

■ 創業・事業承継・人材育成
- 新規創業の支援
- 人口減少への対応として，創業・事業承継に注力
- 優良あるいは将来に成長発展が見込まれる事業者の事業継承への支援
- コワーキングスペース等を活用した創業支援

■ 人材確保・育成
- 産学官民の連携による産業を担う人材育成の推進
- 商工会議所・商工会と連携した人材確保
- 地場企業の人材確保支援
- 外国人労働者等を含めた人材確保支援

■ AI・IoT活用，DX推進
- IoTや機械制御技術（ロボティクス）等の新産業参入支援
- 市内企業のデジタルトランスフォーメーションの推進
- IoT，AI等先進技術導入による生産性向上
- デジタル技術導入促進と先導的役割を担う人材の育成
- 研究開発，ICT技術，ロボット等導入による生産性向上

■ BCP策定
- 事業継続計画（BCP）策定・改定の支援にも注力したい
- BCP対策の受け皿としての工業団地の造成と誘致活動

■ コロナ対応・対策
- withコロナ，コロナ後に対応した新しい産業のかたちを検討
- 新型コロナウイルスの影響に対する経済対策
- コロナショックによる経営の回復および雇用の維持

■ その他
- SDGsをとおした産業の活性化
- イノベーションフレンドリーなものづくりのまちを実現するために，クリエイターとの出会いやオープンファクトリーの推進によるオープンイノベーションの促進

出所：梅村（2021c）

であるといえよう。

　また，重点政策として「創業支援」が高い伸びを示した要因は，従来からの企業立地やコミュニティビジネスなどの支援に加え，テレワークや副業などの多様な働き方への対応，ダイバーシティの浸透および新型コロナウイルス感染

症による社会・経済への深刻な影響を解決するためなどに，積極的に取組まれたからではないだろうか。佐竹編（2002）において指摘されていたベンチャー・ビジネス輩出に向けた文化的・社会的枠組がようやく整備されてきたともいえる。

　今後も企業や事業者の挑戦を促すコトへの支援はますます重要となってくる[10]。とくに，地方都市にて取り組まれるサテライトオフィス誘致は企業誘致に加え，新たな創業支援にもつながる注目される政策であると考える（梅村，2021b）。

　これからの自治体における中小企業支援は，地域や企業が向き合わなければならない課題が複雑さを増し続けていることに加え，製造業のサービス化やICT（Information Communications Technology：情報通信技術）の発展，コロナ渦の影響によるリモートワークの進展など，企業や事業のあり方はこれまで想定していたものとはその様相を変えており，迅速な変化への対応がますます求められている。そうしたなか，不確実性が高まる時代にあって，今求められる「レジリエンス（resilience）」の元となるのがやはり活力ある中小企業の存在であろう。自治体における中小企業支援の充実とさらなる深化が待たれている。

〔付記〕

　本章は梅村（2021c）を元に加筆，修正したものである。最後に，いつも叱咤激励を頂戴していた故佐竹隆幸先生の早すぎるお別れは大変残念でなりません。その教えを胸に引き続き精進していく所存である。心から御冥福をお祈り申し上げる。

---

(10) たとえば，兵庫県IT戦略推進事業（目的：兵庫経済の持続的成長に向けたイノベーションの創出や，人口減少地域における情報通信産業の振興と地域活性化を図るため，新たに事業所を開設するIT起業家等に経費の一部を補助する）では，2020年度予算として19事業所の補助予定であったが，申込件数60事業所となっており，起業意欲の高さが伺える（2020年10月20日兵庫県新産業課へのインタビューより）。

【参考文献（アルファベット順）】

福嶋路（2020）「平成の中小企業政策：産業集積政策を振り返って」商工総合研究所『商工金融』第70巻第8号：5-20.

福田敦（2021）「基礎自治体による産業振興計画策定上の今日的視座」『関東学院大学経済経営研究所年報』第43集：1-13.

藤原直樹（2018）『グローバル化時代の地方自治体産業政策』追手門学院大学出版会。

本多哲夫（2012）「産業政策・中小企業政策」植田浩史・北村慎也・本多哲夫編『地域産業政策—自治体と調査』同友館：219-233.

本多哲夫（2013）『大都市自治体と中小企業政策—大阪市にみる政策の実態と構造』同友館。

本多哲夫（2018）「自治体中小企業政策と地域貢献」大阪経済大学中小企業・経営研究所『中小企業季報』第187号：1-13.

今井照（1996）『市民自治としての産業政策—「空洞化」論を超えて』公人の友社。

河藤佳彦（2019）『市民参加による自治体産業政策—基礎自治体における取組みを中心として』同友館。

木村元子（2016）「地域産業政策における地方自治体の役割に関する一考察」明治大学政治経済研究所『政経論叢』第84巻第5・6号：707-727.

近藤健一（2021）「基礎自治体中小企業政策部門の実施体制の現状と課題」日本中小企業学会編『中小企業研究の継承と発展—日本中小企業学会40年間の軌跡』同友館：167-180.

工業集積研究会（2010）『地域産業政策（工業を中心）に関する自治体アンケート調査』。

松平好人（2020）『自治体の中小企業イノベーション促進政策—政策効果の実証分析による可視化』同友館。

長坂泰之・梅村仁（2017）「次代に向けた中心市街地の商業活性化事業の在り方についての研究」文教大学湘南総合研究所『湘南フォーラム2017』第21号：57-68.

日本都市センター編（2016）『これからの自治体産業政策—都市が育む人材と仕事』日本都市センター。

大貝健二（2021）「中小企業振興条例の現段階」大阪経済大学中小企業・経営研究所『中小企業季報』第196号：19-34.

岡田知弘・高野祐次・渡辺純夫・西尾栄一・川西洋史（2010）『中小企業振興条例で地域をつくる—地域内再投資力と自治体政策』自治体研究社。

奥田浩二（2019）「茨城県取手市・龍ケ崎市に見る起業支援の仕組み作り」『関西べ

　ンチャー学会誌』第11号：51-60.

佐竹隆幸編著（2002）『中小企業のベンチャー・イノベーション―理論・経営・政策からのアプローチ』ミネルヴァ書房。

関満博（1995）『地域経済と中小企業』筑摩書房。

総務省（2020）『情報通信白書令和2年版』。

田中宏昌・本多哲夫編著（2014）『地域産業政策の実際―大阪府の事例から学ぶ』同友館。

植田浩史（2007）『自治体の地域産業政策と中小企業振興基本条例』自治体研究社。

植田浩史・北村慎也・本多哲夫編著（2012）『地域産業政策―自治体と実態調査』創風社。

梅村仁（2019a）『自治体産業政策の新展開―産業集積の活用とまちづくり的手法』ミネルヴァ書房。

梅村仁（2019b）「地域産業振興における政策的公民連携」地域デザイン学会『地域デザインNo.14』：105-122.

梅村仁（2021a）「自治体産業政策に関するアンケート調査報告―政策形成の実態分析」大阪経済大学中小企業・経営研究所『経営経済』第56号：83-102.

梅村仁（2021b）「新型コロナ（COVID-19）の影響とテレワークへの期待―サテライトオフィスの立地・活用―」大阪経済大学中小企業・経営研究所『経営経済』第56号：103-120.

梅村仁（2021c）「自治体産業政策の現状と潮流―政策形成の視点から」大阪経済大学中小企業・経営研究所『中小企業季報』第198号：15-30.

吉田敬一（1996）『転機に立つ中小企業―生産分業構造と転換の構図と展望』新評論。

墨田区web「中小企業都市連絡協議会」
　　https://www.city.sumida.lg.jp/sangyo_jigyosya/sangyo/monodukuri_sien/summit.html（2021年7月28日アクセス）

地方自治研究機構HP「中小企業振興に関する条例」
　　http://www.rilg.or.jp/htdocs/img/reiki/068_Small_and_medium-sized_enterprises.htm（2021年7月28日アクセス）

梅村　仁

あとがき

　本書は，私たち敬愛して止まない故佐竹隆幸先生の追悼論文集です。

　佐竹隆幸先生は病気療養中のところ，2020年9月23日にご逝去されました。享年59歳でした。佐竹隆幸先生に対して，ご生前のご功績にあらためて感謝するとともに，心より追悼の意を表します。

　佐竹隆幸先生は，20年余に渡り勤務された，神戸商科大学（現在の兵庫県立大学）を2016年3月に退職（兵庫県立大学名誉教授2016年4月），母校である関西学院大学大学院経営戦略研究科長（2019年4月）・教授として奉職，2019年には，日本中小企業学会会長に就任されました。研究教育においても，また学会運営においても，まさに尽力されている最中でのご逝去でした。

　佐竹隆幸先生の専攻分野は，「中小企業」・「産業構造」・「地域振興」・「企業倫理」でした。これらを中心とした学問研究を深く追求し，今日の中小企業研究の第一人者として，現代中小企業の存立における高度な理論的研究をベースに，各専攻分野の視点から現代中小企業の存立にかんする研究成果を多様に展開し，中小企業研究において幾多な業績をあげられ，貢献を果たされてこられました。

　佐竹隆幸先生と中小企業研究との出会いは，佐竹隆幸先生が関西学院大学経済学部3回生のとき，金子精次先生（関西学院大学名誉教授・元関西学院大学経済学部教授・1993（平成5）年5月25日没）のゼミナールに所属したことに始まりました。金子先生の研究における方法論は「戦後日本経済における成長と構造」をテーマとし，日本経済と産業構造・経済政策とのかかわりに関して実証的に研究を進めていくというものでした。その研究スタイルを学ばれ，金子先生を指導教授として博士課程前期課程・博士課程後期課程と進学されました。不幸にも金子先生は急逝されたため，金子先生亡き後は，森本隆男先生（関西学院大学名誉教授・元関西学院大学商学部教授・1998（平成10）年5月21日没）からとくに経営経済学的な文献研究による理論的研究展開について学ばれました。

日本中小企業学会では，上田達三先生（関西大学名誉教授・元関西大学社会学部教授・元日本中小企業学会理事・2004（平成16）年9月20日没），二場邦彦先生（立命館大学名誉教授・元立命館大学経営学部教授・元京都創成大学（成美大学）学長・元日本中小企業学会副会長），田中充先生（関西大学名誉教授・元関西大学経済学部教授・元日本中小企業学会副会長・2014（平成26）年3月23日没），髙田亮爾先生（流通科学大学名誉教授・元流通科学大学商学部教授・元日本中小企業学会会長）の各先生のご指導をつうじ，ご自身の中小企業研究を進めてこられました。

　佐竹隆幸先生は，2020年11月22日にご還暦を迎えられるはずでした。この論文集は，本来ですと，佐竹隆幸先生のご還暦を祝すための企画であり，その刊行に向けた準備をしておりました。常日頃，研究面・教育面をはじめ，地域振興や人財育成などにおいて，いろいろとご指導をいただいてきた私たちとしましては，佐竹隆幸先生がご生前のときからご構想されていた論文集の企画を何としても実現したいと考えました。そしてその思いをかたちにするべく，深い悲しみから奮い立ち，2020年11月末に，研究職に就く門下生のなかから，私を代表とし，さらに長谷川英伸先生（玉川大学）と山下紗矢佳先生（武庫川女子大学）の3名で佐竹隆幸先生追悼論文集編集委員会を立ち上げました。

　本論文集では，編集にあたって，佐竹隆幸先生の学問にゆかりの深い方々に我々から寄稿の呼びかけをさせていただきました。佐竹隆幸先生と親しくされている研究者や，佐竹隆幸先生から指導を受け，門下生としてご活躍されている先生方も非常に多いなかで，すべての方々から稿を募ることは不可能でした。そこで，佐竹隆幸先生から薫陶をうけた研究者の方々と，とくに佐竹隆幸先生のご意向に添い，先生との信頼関係をもち，長きにわたり先生との交流が深く，専門分野も近い研究者の方々に限って，寄稿のお願いをさせていただきました。最終的にいろいろな諸事情から，お声がけをさせていただいた方々すべてからご寄稿をいただけたわけではありませんが，この企画にご賛同いただきました皆様方に，この場をお借りして，あらためて感謝の意を表します。

　佐竹隆幸先生は，私たちのような若輩にも分け隔てなく接して下さるなど，

258

世代を超えて学問の志を同じくする者同士の付き合いの重要性を教えてくださいました。佐竹隆幸先生のバイタリティ溢れる行動力，尽きない探究心，知識の深さにもう触れることができないことを非常に残念と感じるとともに，その一方で，大切な学びの場や志のある人たちとの出会いの場をいくつもつくっていただいたことに，あらためて感謝しております。

　最後に，編集者を代表しまして，私の個人的な思いを書かせていただくことをお許しください。佐竹隆幸先生は，私が学部生のときから，初めての門下生として快く受け入れてくださいました。そして，その後に折り重なって困難な状況が生じたさいにも，つねに私を導いてくださり，研究者としての未来を切り開いてくださいました。その過程で，私を含む多くの学生や中小企業家と接するさいの佐竹隆幸先生の人情味を私が日々感じるなかで，私は，中小企業に関心をもつ1人の研究者また教育者としての姿勢を多く学ばせていただきました。今となっては，佐竹隆幸先生にはこれまでに頂戴した多くの恩を返す術はありませんが，この論文集を書籍として世に出すことが，せめてもの恩返しとなれば幸いです。出版情勢が厳しいなかで出版の労をとっていただきました，同友館ならびに同社編集者の佐藤文彦氏にこの場をお借りして感謝の意を表します。

　末筆ではありますが，あらためて佐竹隆幸先生のご冥福をお祈り申し上げるとともに，この書籍が，佐竹隆幸先生のご研究を継承し，日本の中小企業研究の新たな地平を開く起点になることを祈願いたします。

2021年11月22日
在外研究中の英国ロンドンから
恩師である佐竹隆幸先生との豊かな数々の思い出を振り返って

同志社大学商学部教授

関　智宏

索　引

欧文

あ行

か行

さ行

【資　料】

佐竹隆幸（さたけ　たかゆき）

関西学院大学専門職大学院経営戦略研究科前研究科長・元教授

兵庫県立大学名誉教授，日本中小企業学会第14期会長，博士（経営学）

1960年11月22日生（2020年9月23日没）

1990年　関西学院大学大学院経済学研究科博士後期課程単位取得退学

1999年　神戸商科大学商経学部経営学科助教授

2004年　兵庫県立大学（前神戸商科大学）経営学部事業創造学科教授

2016年　兵庫県立大学名誉教授

2016年　関西学院大学専門職大学院経営戦略研究科教授

2019年　関西学院大学専門職大学院経営戦略研究科長

2019年　関西学院大学評議員

<主要業績>

［単著］

『中小企業存立論―経営の課題と政策の行方』（ミネルヴァ書房，2008年）

『「地」的経営のすすめ』（神戸新聞総合出版センター，2012年）

『「人」財経営のすすめ』（神戸新聞総合出版センター，2014年）

『中小企業政策論―持続可能な経営と新しい公共』（関智宏編集責任，関西学院大学出版会，2021年）

［編著など］

『中小企業論の新展開―共生社会の産業展開』（共編著，八千代出版，2000年）

『中小企業のベンチャー・イノベーション―理論・経営・政策からのアプローチ』（編著，ミネルヴァ書房，2002年）

『現代中小企業の海外事業展開―グローバル戦略と地域経済の活性化』（編著，ミネルヴァ書房，2014年）

『現代中小企業のソーシャル・イノベーション』（編著，同友館，2017年）

『中小企業金融と地域経済―兵庫県150年の地域金融』（共編著，同友館，2021年）

【編著者紹介】

関　智宏（せき　ともひろ）……………全体編集，序章，第2章，あとがき　執筆
同志社大学商学部教授。博士（経営学）。
著書に『現代中小企業の発展プロセス―サプライヤー関係・下請制・企業連携』（ミネルヴァ書房，2011年），『持続可能な経営と中小企業―100年経営・社会的経営・SDGs経営』（編著，同友館，2020年）など

【著者紹介】※執筆順

髙橋美樹（たかはし　みき）………………………………… 第1章　執筆
慶應義塾大学商学部教授。
著書に『深化する中小企業』（共著，同友館，2022年発刊予定），『日本の中小企業研究　2000～2009　第1巻［成果と課題]』（共編著，同友館，2013年）など

池田　潔（いけだ　きよし）………………………………… 第3章　執筆
大阪商業大学総合経営学部教授。博士（経営学）。
著書に『中小企業研究序説』（共編著，同友館，2019年），『地域活性化のデザインとマネジメント―ヒトの想い・行動の描写と専門分析』（編著，晃洋書房，2019年）など

藤川　健（ふじかわ　たけし）……………………………… 第4章　執筆
兵庫県立大学国際商経学部准教授。博士（商学）。
著書に『アジア大の分業構造と中小企業　日本中小企業学会論集㉝』（共著，同友館，2014年），『東アジア優位産業』（共著，中央経済社，2020年）など

本多哲夫（ほんだ　てつお）………………………………… 第5章　執筆
大阪市立大学商学部教授。博士（商学）。
著書に『大都市自治体と中小企業政策―大阪市にみる政策の実態と構造』（同友館，2013年），『継ぐまちファクトリー』（同友館，2018年）など

太田一樹（おおた　かずき）……………………………………… 第6章　執筆
大阪商業大学総合経営学部教授。博士（経営学）。
著書に『ベンチャー・中小企業の市場創造戦略―マーケティング・マネジメントから
のアプローチ』（ミネルヴァ書房，2008年），『生産性向上の取組み事例と支援策』
（編著，同友館，2020年）など

文能照之（ぶんのう　てるゆき）……………………………………… 第7章　執筆
近畿大学経営学部教授。博士（国際公共政策）。
著書に『ベンチャービジネス論』（共編著，2007年，実教出版），『地域活性化のデザ
インとマネジメント―ヒトの想い・行動の描写と専門分析』（共編著，晃洋書房，
2019年），など

弘中史子（ひろなか　ちかこ）……………………………………… 第8章　執筆
中京大学総合政策学部教授。博士（経済学）。
著書に『中小企業の技術マネジメント―競争力を生み出すモノづくり』（中央経済社，
2007年），『コミュニティ・ラーニング―組織学習論の新展開』（共著，ナカニシヤ出
版，2008年）など

岡田浩一（おかだ　こういち）……………………………………… 第9章　執筆
明治大学経営学部教授。
著書に『ケースで学ぶまちづくり―協働による活性化への挑戦』（共編著，創成社，
2010年），『中小企業のIT経営論』（編著，同友館，2013年）など

堀　潔（ほり　きよし）……………………………………………… 第10章　執筆
桜美林大学リベラルアーツ学群教授。
著書に『地域とイノベーションの経営学―アジア・欧州のケース分析』（共著，中央
経済社，2020年），『21世紀中小企業のネットワーク組織』（共著，同友館，2017年）
など

梅村　仁（うめむら　ひとし）……………………………………… 第11章　執筆
大阪経済大学経済学部教授。博士（創造都市）。
著書に『自治体産業政策の新展開―産業集積の活用とまちづくり的手法』（ミネル
ヴァ書房，2019年），『実践から学ぶ地域活性化―多様な手法と多彩なカタチ』（編著，
同友館，2021年）など

2022年2月28日　第1刷発行

中小企業研究の新地平
―中小企業の理論・経営・政策の有機的展開―

監　修	佐竹隆幸先生追悼論文集編集委員会	
編著者	関　　智　宏	
	高　橋　美　樹	
	池　田　　　潔	
	藤　川　　　健	
著　者	本　多　哲　夫	
	太　田　一　樹	
	文　能　照　之	
	弘　中　史　子	
	岡　田　浩　一	
	堀　　　　　潔	
	梅　村　　　仁	
発行者	脇　坂　康　弘	

発行所　株式会社 同友館

〒113-0033 東京都文京区本郷3-38-1
TEL.03(3813)3966
FAX.03(3818)2774
https://www.doyukan.co.jp/

落丁・乱丁本はお取り替えいたします。
ISBN 978-4-496-05590-4

三美印刷／東京美術紙工
Printed in Japan